O Almofariz de Deméter

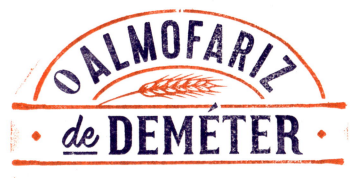

BREVE GEOGRAFIA DE VINHOS, AFEIÇÕES, ALIMENTOS E APETITES

José Guilherme Rodrigues Ferreira

2020

© José Guilherme Rodrigues Ferreira, 2020

Revisão
Ana Paula Soares
Teruka Minamissawa

Projeto editorial
Magno Studio

Capa
Magno Silveira

Editoração eletrônica
Gabriel Sá

Fotografia
Rafael Souza

Dados Internacionais de Catalogação na Publicação (CIP)
(Câmara Brasileira do Livro, SP, Brasil)

Ferreira, José Guilherme R.
O Almofariz de Deméter [livro eletrônico] : breve
geografia de vinhos, afeições, alimentos e apetites /
José Guilherme R. Ferreira. -- 1. ed. -- Santana de
Parnaíba,SP : Pioneira Editorial, 2020.
ePub

ISBN 978-65-87933-01-6

1. Alimentos 2. Culinária 3. Gastronomia 4. Vinho
I. Título.

20-41751   CDD-641.013

Índices para catálogo sistemático:

1. Gastronomia   641.013

Maria Alice Ferreira - Bibliotecária - CRB-8/7964

Todos os direitos desta edição reservados à Pioneira Editorial Ltda
Estrada do Capuava, 1325 Box M
CEP: 06713-630 - Cotia - SP
contatoeditorial@pioneiraeditorial.com.br

Para Ana, meu grande amor

*Com uma pequena
faca Wüsthof,
o romântico fileleno
fatiou champignons
e descobriu
esbranquiçadas
colunas jônicas*

Por intermédio da memória o vivido
apresenta-se à consagração da recordação.

KIERKEGAARD
In Vino Veritas
(tradução José Miranda Justo)

Minha memória não obedece a leis,
mas à saudade que tenho
dos doces de caju em calda.
Divinos cajus de minha infância.
Rubros, dourados, imensamente cheirosos,
de um colorido vibrante à luz do sol.

CÍCERO DIAS
Eu vi o mundo

*O tempo claro de zimbro
anuviou-se em inverno.
Ela nutriu de gim os abrunhos
e lacrou a vasilha de vidro.
Quando a desarrolhei
senti o odor da perturbada
calma acre de um arbusto
subindo da despensa.*

SEAMUS HEANEY
Poemas
(tradução de João Antonio Arantes)

*No armário da cozinha, encontrei molhos mexicanos,
especiarias exóticas, vidros com cogumelos e tomates secos,
latas de azeite e potes de geleia, como se a casa estivesse
preparada para um longo cerco. Comida enlatada e livros
de filosofia, que mais eu poderia desejar? Preparei uma sopa
Campbell de tomate, abri uma lata de sardinhas, torrei pão
congelado e abri uma garrafa de Chenin Blanc. Depois preparei
um café e me instalei num sofá da sala para ver televisão.*

RICARDO PIGLIA
O Caminho de Ida
(tradução de Sérgio Molina)

Ecc. perché la minestra si fredda

LEONARDO DA VINCI
Códice Arundel, folha 245 (1518)

SUMÁRIO

Apresentação – Roberto Taddei 15

À mesa, com convicção 19

Voilà! Sopa para o imperador 27

Sedução das pérolas 35

Caça ao auroque 43

Ossobuco da rainha 49

A América no hambúrguer 55

O almofariz de Deméter 63

Lucullus é mais que acelga 75

O que diz o Testaccio 79

Entre dois rios, 1600 a. C. 87

A caixa de tâmaras 99

Heróis de estômago cheio 105

Enguias de Archestratus 109

Haja *garum*, Apicius! 115

Natureza dos artifícios 121

Dalí serve a musa 125

Schhllurk no elBulli 133

Call me Chowder! 139

Santa Ceia de Piave 145

Kräftskiva de agosto 149

Rainha de Cayman 153

Essências e existências 159

Direito às *lingonberries* 163
O abacateiro da Curuzu 167
O vendedor de castanhas 171
Névoa com amêndoas 175
Ambrosia crocante 181
O DOM das formigas 187
O clarete dos tupinambás 193
O *claret* dos românticos 199
O desembarque de Woodhouse 205
Vermelhos de Carpaccio 209
Hemingway, até os espadartes 217
Bêbados e sábios de Dickens 221
A machadinha de Carry A. Nation 227
A sentença do vinho 237
Frida e Rivera, murais 241
Granadas selvagens 247
Delicadezas de Vatel 251
Latrinas de Marly-le-Roi 255
Zola desce ao ventre de Paris 261
Caneton nº 45.651 273
O fogãozinho de Apollinaire 277
Tirando pedra dos rins 281
Gosto barroco em Noto 285
Parada em Ranholas 289
Chipa com sol rachante 293
Teoria da genialidade 303
Os objetos 312
Agradecimentos 316
Bibliografia de referência 317

Apresentação

Um romance à mesa

E IS UM LIVRO PRECIOSO. Com seus saltos temporais e geográficos, e uma intensa conjunção de culturas, histórias e mitos, está à altura das obras capazes de organizar nossas experiências em grandes narrativas históricas. Mas não se trata, aqui, de história documentada, aquela que procura reconstituir no tempo as intrigas humanas. Estamos em outro registro, mais visceral: é o paladar, o estômago e o intestino quem decidem os rumos desse romance constituído de fragmentos gastronômicos. Não é pouco.

Somos o que comemos e, como dizia o poeta John Keats, "talvez eu coma para me persuadir que sou alguém". Aquilo que comemos tem história, muito mais história do que rastro de carbono, muito mais riquezas do que as que gastamos quando escolhemos os pratos no cardápio, muito mais enredos do que aqueles dos almoços de domingo. Aquilo que comemos, desde Troia, desde Alexandria, e antes mesmo da história, sempre foi determinado pela terra, pelas condições do solo, dos ventos, das chuvas. O tempo, enfim, da deusa Deméter, quem modifica a paisagem terrestre com abundância germinadora, ou castigo definhador, a deusa que faz cultivar o solo com suas especificidades geológicas, nas riquezas sedimentares por milênios acumuladas aqui e ali, nas influências da curvatura do eixo solar, das fases da lua.

E é apenas nos últimos e quiçá irrelevantes milênios, se pensarmos nas escalas naturais, que a ação humana passou a alterar essa paisagem e condições, com seus enxertos de plantas, suas engenharias genéticas, com as modificações de temperatura e pressão controladas por *chefs*, cozinheiras e por todos nós, humanos, que nos debatemos com a fome ao menos três vezes ao dia. O que comemos hoje já não é a castanha dos primeiros séculos, mas sim as castanhas cozidas e "vestidas uma a uma em pequenas camisas de tule, quase uma procissão batismal, para um banho lento em calda de açúcar"; as formigas da culinária ameríndia originária hoje são feitas com as "bundinhas atiradas ao óleo fervendo de uma caçarola tocada a muito alho e um tanto de sal", a que o cozinheiro acrescenta farinha de mandioca.

Mas, assim como em tempos imemoriais, ainda hoje é a comida duplamente aquecida, "coberta com panos de pratos bordados com mensagens de amor", como fazem as camponesas mexicanas ao levar as refeições a seus maridos no campo: "Felicidades mi amor". É a comida que sobrevive nas anotações caseiras, que passam de geração a geração, como o caderno de receitas que "herdei da minha mãe, onde a torta com carne de porco tinha assinatura da amiga senhora Ziláh".

E é de causar espanto saber que as comidas que estavam nos banquetes de Ulisses, Agamêmnon, Plutarco, Cleópatra, Marco Antonio, entre tantos outros, eram também as mesmas que estão nos nossos pratos, diariamente. Ao redor do mundo, desde que o homem começou a anotar suas invenções, nos dão força e nutrientes o alho-poró, a cebola, coentro, pimenta, fava, lentilha, cevada, pepinos, agrião, acelga, escarola, damasco, romã, ameixa, cereja, figo, uva, trigo, mel, abacate, tâmara, azeite, mandioca, e tantos outros ingredientes combinados em infinitas possibilidades, como as letras dos alfabetos. Há receitas e poções para tudo, até para o excesso de sobriedade, como o Coquetel Casanova.

A isso, finalmente, a esse mundo transformado de tal maneira pelos homens e mulheres, com mãos fortes e pensamentos delicados, com movimentos ao mesmo tempo glutões e de gentilezas comoventes, a levar-nos na atenção por rebanhos de antílopes, auroques, e atuns, com a mesma atenção que as flores, os legumes, cogumelos e frutas, é a isso enfim que gostaríamos de chamar de Antropoceno, esta "era geológica" em que o homem passa a determinar os rumos do planeta.

Mas a história assim não estaria completa. É preciso lembrar que vivemos também num "cenário onde, em um lugar, há uma guerra muito sangrenta, enquanto em outro lugar pessoas estão vivendo um estilo de vida confortável e decadente". A velha que vende chipas nas ruas de Assunção, Paraguai, "esconde dentes feios, enquanto mostra pães bonitos, como se essas compensações fossem razoáveis". E desde o início dos tempos, a arqueologia nos revela como padeciam as populações vítimas da contaminação de alimentos que, "decidiram guerras, alteraram humores e mudaram cursos da própria história", como o ocorrido com esquadrões inteiros do general Pompeu, em 67 a.C., que "sucumbiram diante das toxinas dos favos de mel da região do Mar Negro".

Este livro, pois, é capaz deste feito, de nos apresentar à lenta invenção da granita italiana com a mesma grandiosidade que costumamos olhar para o rapto de Europa ou o coito forçado de Zeus e Leda (Zeus que, como sabemos, foi criado com leite de cabra, assim como o pintor Diego Rivera); um livro capaz de nos mostrar no cauim indígena a mesma trama de relevâncias das vinhas europeias.

Que esse autor seja capaz de compor uma obra como essa, nos dias de hoje, convivendo entre nós, entre repetições de mensagens apocalípticas e experiências urbanas traumatizantes, é sim motivo de júbilo.

É como se estivéssemos em meio à peste negra do século 14, e aparecesse um Chaucer ou um Boccaccio para nos "cantar" um caminho.

Aqui, nestes "cantos gastronômicos", estamos não só na Europa colonizadora das Américas e de boa parte do globo, a Europa do arado das civilizações, mas também nas montanhas da América Latina, nas tribos ameríndias, nos Estados Unidos, na Ásia, na África, em São José dos Campos, em Botucatu, Minas Gerais, vamos à culinária indígena e voltamos à terra de Chantilly, do Champagne, dos pastéis de Belém à Sicília, como se enfim descobríssemos que o que nos une a todos é o estômago, é a língua, é o intestino. Estamos presos muito mais às nossas vísceras do que às nossas ideias, mais próximos, enfim, de um personagem de Hemingway do que de Descartes, que dizia: "Não fui feito para pensar. Fui feito para comer".

E, como na história do cozinheiro do rei Nicomedes, este livro é uma "onda de encadeamentos de informação, como um bom molho bem apurado", que foi, como diria Byron, "escrito em folhas de cetim".

ROBERTO TADDEI

À mesa, com convicção

O campanilismo do inspetor Montalbano

INSPETOR SALVO Montalbano está diante da *trattoria* San Calogero, em Vigàta, província de Montelusa, mas seus pensamentos estão como que subindo a branca Scala dei Turchi, deslumbrante falésia na costa de Realmonte, sudoeste da Sicília. A ficção, já nesse ponto, não consegue mais esconder que se apoderou do clima da Porto Empedocle natal e da Agrigento do escritor Andrea Camilleri (1925-2019) – e até de alguns de seus mares e aflições – e tornou-se outra monumental realidade. Montalbano pensa nos seus intrincados casos policiais, desses que só se esperam ver nascer na Sicília de verdade. Mas a questão é: está com fome e seu estômago ronca em Vigàta, não em Porto Empedocle.

"O cheiro de tainhas fritas que vinha da *osteria* venceu o duelo. O comissário comeu um antepasto especial de frutos do mar e depois mandou trazer duas percas tão frescas que pareciam estar ainda nadando lampeiras dentro d'água". Vendo-o ainda pensativo, Calù, dono da casa, foi direto ao ponto. Disse a Montalbano que ele estava comendo sem convicção e que "as ideias convém esquecer diante da graça

que o Senhor está lhe concedendo" com tais percas. Era preciso, enfim, cumprir o ritual e prestar mais atenção nos sagrados e encantadores peixes, afogar-se no *"idillio della mangiata"*.

O inspetor Montalbano de Andrea Camilleri é carismático, decente, mas algo turrão. Ganhou série televisiva, com Luca Zingaretti no papel de um Montalbano um pouco mais jovem, mas igualmente íntegro, como o dos livros.

Na obra de Camilleri, *la sicilianità* é constantemente descrita por meio dos ingredientes básicos da ilha, em primeiro lugar o peixe, que acaba por identificar-se com o mar que circunda uma terra afastada do resto da Itália, local endêmico que o comissário deve proteger. Montalbano apega-se à sua missão, privilegiando pratos rigorosamente à base de peixe, analisa Stefania Campo em *I segreti della tavola di Montalbano*. Nessa política de celebração da sicilianidade, Montalbano "come o mar", resume a escritora. E é por isso que o dono de uma certa *osteria* quase tem um treco quando certo dia o inspetor pede uma *cotoletta alla milanese*.

Não à toa Camilleri povoou seus cardápios literários com *antipasti di mare* (com direito a camarão, lula, mexilhão, polvo, vôngole...), indefectíveis trilhas fritas, *sauté di vongole con pangrattato*, merluzas com molho de anchovas, atum branco agridoce, robalo com molho de açafrão, *Sarde a Beccafico* (rolinhos de sardinha recheados com uma mistura de farinha de rosca, *pinoli*, passas, suco de laranja e açúcar).

No avarandado da casa em Marinella, diante do mar, o comissário que lê Faulkner e Borges, doma sempre o ciúme de Lívia, sua *donna*, eterna *fidanzata*, e abre um bom tinto (ou antes de tudo, prepara um uísque) para acompanhar as surpresas que sua empregada Adelina (a que desperta o ciúme) deixa na geladeira: anchovas com cebola, massa fria com manjericão e *passuluna* – azeitonas pretas desidratadas no sal e depois acrescidas de azeite e orégano, olivas com "perfume de acordar um morto".

"Somente na Itália (...) o consumo de comida e vinho é levado com tal reverência", cravou Eric Asimov, crítico de vinhos do *New York Times*, que já dedicou um de seus artigos a Camilleri e seu inspetor. A reverência de Montalbano é expressa com voto de silêncio à mesa (como um bom *isolano*) e a convicção de que a comida é um prazer que exige concentração, longe de toda possível interferência externa, escreve Stefania.

Os italianos em geral estão sempre convictos de que a sua é a melhor cozinha, para além de qualquer ficção. E melhor cozinha que é tão melhor para cada um quanto mais os ingredientes e as caçarolas se aproximam do campanário de seu *paese*, de sua cidadezinha, de sua Vigàta, de Porto Empedocle. Montalbano, sem expressar qualquer nomenclatura sociológica, é retratado como ideal "campanilista" por um Camilleri que foi, conscientemente, um.

O comissário de Vigàta está igualmente atento ao ponto das massas e à qualidade dos molhos e é capaz de excomungar tanto aqueles seres incapazes de preparar uma boa pasta como aqueles dispostos a comê-la mesmo assim. Ou, *Gèsu!*, execrar a hiena que esparrama queijo parmesão sobre um prato de *pasta alle vongole*.

Camilleri e Montalbano, juntos, fazem verdadeiras odes ao *tinnirume*, preparado de folhas e brotos de abobrinha siciliana: "A cada garfada, [Montalbano] sentia que seu corpo se purificava, tornava-se de uma integridade exemplar (...)". Loas também aos ensopadinhos de lula; *à caponatina* colorida (berinjela, azeitonas, alcaparras, vinagre, açúcar, amêndoas e molho de tomate), *caponatina* "natural, espontânea, que tateia na boca as notas da marcha triunfal da Aida"; ao queijo *caciocavallo*, mais magro que o provolone, que nasce literalmente aos pares cavalgando em uma vara de madeira para a cura; à *Pasta 'Ncasciata* (com a devida casquinha do queijo gratinado) que Adelina lhe reserva no refrigerador e à cassata siciliana do Bar Albese, sorvete preparado com ricota fresca, enriquecida com pedaços de chocolate e frutas cristalizadas.

Os *mustazzoli di vino cotto* (docinhos feitos de farinha misturada com mel ou mosto cozido, chocolate, uvas passas, figos secos e amêndoas moídas) Montalbano ganha de presente de Maria Ninna, a irmã de Gegè Gullotta, "amigo de infância, traficantezinho", convocado quando o inspetor precisa de informações da agenda do crime. E lá vem Gegè com os *mustazzoli* de Maria para quebrar o gelo.

As homenagens de Camilleri à sua Sicília chegam aos divinos *arancini* – os bolinhos de arroz que, em casa, Paula, Marina e Ana sempre anseiam no almoço do dia seguinte, depois de um *risotto* de jantar. A receita dos *arancini* de Camilleri é outra coisa quando o italiano é temperado com dialeto siciliano, como acontece em toda sua obra. São mais de 20 livros, somente os dedicados ao inspetor de Vigàta. Aqui uma louvação em *Gli arancini di Montalbano* (1999):

> *Gesù, gli arancini di Adelina! Li aveva assaggiati solo una volta: un ricordo che sicuramente gli era trasùto nel Dna, nel patrimonio genetico. Adelina ci metteva due jornate sane a pripararli. Ne sapeva, a memoria, la ricetta. Il giorno avanti si fa un aggrassato di vitellone e di maiale in parti uguali che deve còciri a foco lentissimo per ore e ore con cipolla, pummadoro, sedano, prezzemolo e basilico. Il giorno appresso si pripara un risotto, quello che chiamano alla milanisa (senza zaffirano, Pi carità!), lo si versa sopra a una tavola, ci si impastano le ova e lo si fa rifriddàre. Intanto si còcino i pisellini, si fa una besciamella, si riducono a pezzettini 'na poco di fette di salame e si fa tutta una composta con la carne aggrassata, triturata a mano con la mezzaluna (nenti frullatore, Pi carità di Dio!). Il suco della carne s'ammisca col risotto. A questo punto si piglia tanticchia di risotto, s'assistema nel palmo d'una mano fatta a conca, ci si mette dentro quanto un cucchiaio di composta e si copre con dell'altro riso a formare una bella palla. Ogni palla la si fa rotolare nella farina, poi si passa*

nel bianco d'ovo e nel pane grattato. Doppo, tutti gli
arancini s'infilano in una padeddra d'oglio bollente e si
fanno friggere fino a quando pigliano un colore d'oro
vecchio. Si lasciano scolare sulla carta. E alla fine,
ringraziannu u Signiruzzu, si mangiano!

Na história *O ladrão de merendas* (1996), o inspetor que prefere sempre uma refeição solitária aceita o convite para o almoço, feito por uma de suas testemunhas, senhora bem vestida, de 70 anos, presa a uma cadeira de rodas. Montalbano titubeia, pensando que Signora Clementina vivia de papinhas de semolina e batatas cozidas. Mas acaba de boca aberta diante de um dos clássicos sicilianos, *Pasta alla Norma*, aquela preparada com molho de tomate, berinjela frita, manjericão e ricota.

– Jesus!, exclama Montalbano.

– Por que tanta surpresa?

– Esses pratos não são um pouco pesados para a senhora?

– Por quê? Tenho um estômago mais forte do que o dessas menininhas de vinte anos que podem ficar o dia inteiro na base de meia maçã e um suco de cenoura.

*

A PASTA ALLA NORMA, uma das preferidas de Montalbano, foi assim batizada em homenagem à ópera mais famosa de Vincenzo Bellini (1801-1835), um siciliano da Catânia. *Norma* foi encenada pela primeira vez em dezembro de 1831, no La Scala, em Milão, tendo como protagonista a meio-soprano Giuditta Pasta (1797-1865). Vizinha de Sthendal no Hôtel des Lillois, em Paris, Giuditta mereceu todas as loas do então jovem escritor encantado com seu timbre: *"Il canto che nell'anima si sente"*. E para uma musicalidade assim, é claro que alguém comporia uma receita que é mais que justa homenagem ao autor e à intérprete.

Entre as histórias sem dono sobre os bastidores do prato, a mais pictórica e poética, e por isso está aqui, envolve um *chef* que queria levantar o moral de Bellini, já que *Norma* não fora justamente um sucesso na estreia. Apelou, sem erro, para um monumento da terra. Recriou na cozinha o inflamadíssimo Monte Etna, colado à Catânia do compositor: sobre a pasta arranjada em cone, o molho de tomate era a lava incandescente do vulcão, os pedacinhos de berinjela frita, escurecidos, entravam em cena despencando como rochas expelidas pelo Etna. A ricota esbranquiçada, a neve no seu cume. A mesma *Pasta alla Norma* que pode ser apreciada na agrigentina San Leone, antes de um passeio pelo épico conjunto de ruínas do Vale dos Templos e outras tantas pedras ensolaradas na vizinhança da casa de Pirandello.

*

MONTALBANO ESTÁ para Camilleri assim como o detetive Pepe Carvalho está para Manuel Vázquez Montalbán (1939-2003). O Montalbano de Camilleri é homenagem declarada ao escritor catalão. O primeiro, representante das delícias da áspera Sicília. Pepe Carvalho, apaixonado pelo ramblático Mercat de la Boqueria, em Barcelona.

Camilleri dizia que, em matéria de gosto, Montalbano é mais parecido com Maigret, o comissário do belga Georges Simenon (1903-1989), do que com Pepe Carvalho, que se empanturra de pratos "que fariam explodir a barriga de um tubarão". Em *Maigret e Monsieur Charles*, última aventura da série, de 1972, Maigret come o tradicionalíssimo *pot-au-feu* que tanto gosta, mas um tanto já desatento. Nada disse Camilleri sobre Hercule Poirot, da britânica Agatha Christie (1890-1976), que dizia: a vida sem mistério seria como um rosbife sem mostarda.

O espírito de Pepe Carvalho pode ser resumido na cena em que explica por que se desfaz de livros que já lhe foram bons companheiros. Radical quando quer expor suas paixões culinárias, diz que não nasceu para crítico literário e que cultura é mesmo "cortar um boi com sabedoria e temperá-lo com chimichurri".

Enquanto isso, o norte-americano Rex Stout explica no preâmbulo de *Cozinheiros Demais*, que usará "o mínimo possível de palavras francesas e outros fricotes" para contar as aventuras do detetive Nero Wolfe. Conseguirá? É lógico que falará de vinhos, do Château Latour 29 que acompanha um *goulash*, por exemplo. E é certo que mostrará um Nero Wolfe comilão muito mais interessado nas irreplicáveis *saucisses minuit* do que na solução de um crime.

Voilà! Sopa para o imperador

Napoleão, pelo estômago

CHAPÉU BICORNE sobre a mesa, Napoleão sai da barraca de campanha direto para a sopa bem quente, tomada em pé mesmo, na companhia de soldados, cheiro de pólvora no ar. Sopa grossa, de verduras cozidas com pouca água. Afinal, o estômago do general, aquele sempre indicado pela mão enfiada no *gilet*, "aguenta tudo e não precisa de nada". É o que escreveu Emil Ludwig, um de seus importantes biógrafos, em *Napoleon* (1926). Verbo no presente, mesmo já sabedor do destino que o estômago tinha reservado ao imperador (ao morrer, não houve necessidade de se procurar por um outro assassino, disse Thierry Lentz, diretor da Fundação Napoleão). Seu repasto particular ganhava o adjetivo espartano, talvez para lembrar o caldo preto, de porco mais vinagre e sal, prato síntese dos guerreiros de Esparta. Só era exigente quando se tratava do seu pedaço de pão, tediosamente branco.

Vaidoso com o traje, o *piccolo caporale* não tinha a mesa *gourmet* entre seus símbolos próprios de poder. No dia a dia, fazia refeições de quinze minutos (quando não as pulava), apressado, etiqueta às favas, a toalha como guardanapo, o pão roubando o molho do prato do vizinho. Cônsul nas Tulherias, apesar de dormir no conforto da cama de Luís XVI, muitas vezes engolia qualquer coisa no desconforto de mesinhas, em meio a montanhas de papéis (estariam ali esboços do seu Código Civil respingados de café?).

Ele preferia um bom pedaço de carne cozida a todos os complicados e suculentos pratos que seus cozinheiros podiam preparar, escreveu Louis Éttiene Saint-Denis, seu segundo valete. De uma pera ou uma maçã, não comia nem um quarto, mas um pedaço de queijo parmesão ou *roquefort* fechava bem uma refeição. Outro criado pessoal e amigo, Louis-Joseph Marchand, oito anos servindo o imperador, fala de pratos ainda mais simples: batatas, lentilhas e os feijões brancos, que Napoleão adorava, mas que sempre comia com o pé atrás, antevendo uma provável indigestão. Apreciava muito era uma xícara de café, que tinha de aparecer à sua frente assim que o desejo surgisse, "num estalar de dedos", conta Jean-Anthelme Brillat-Savarin (1755-1826) em *A Fisiologia do Gosto*, obra de referência da literatura gastronômica, publicada em 1825. (Advogado e juiz, Brillat-Savarin escapara da guilhotina e chegou a ser nomeado por Napoleão para a Suprema Corte de Apelação, em 1801.) Conta-se que, por causa da correria à mesa, o estômago de Napoleão falhou em momentos críticos, como durante as batalhas de Borodino (1812) e de Leipzig (1813).

Napoleão sabia, entretanto, da importância dos banquetes para a diplomacia e apoiava os organizados pelo segundo cônsul Cambacérès ou aqueles comandados por seu ministro das Relações Exteriores, o preciosista Talleyrand (Charles-Maurice de Talleyrand-Périgord), "o primeiro garfo da França". Napoleão reconhecia o poder da mesa como máquina do Estado, reforça Denise Gigante ao apresentar seu *Gusto*, livro que reúne "escritos essenciais" da gastronomia do século XIX. Na mesa do ministro, os pratos eram regados com os vinhos do renomado Château Haut-Brion, propriedade comprada por Talleyrand em 1801.

Ao que se saiba, Napoleão nunca reclamou da truta de Genebra, de 300 francos, que Cambacérès certa vez serviu a convidados. Nada de economia vexatória que comprometa a imagem da França, recomendava. O exercício político da mesa resumia-se à máxima: "Vá e jante com Cambacérès". Reclamava era de gastos crescentes de Joséphine, a viúva *créole* da Martinica que sabia preparar um chocolate como ninguém, pela qual se apaixonou e com a qual se casou em 1796: vestidos de 100 luíses, rouge a 100 francos o pote, 38 chapéus em um mês!

"Foi com esse tipo de conversa que impopularizaram Maria Antonieta!", esbraveja Napoleão, isso, bem entendido, na pena de Alexandre Dumas, filho de um general desafeto do imperador. Está em *O Cavaleiro de Sainte-Hermine*. Joséphine, entretanto, cairia mesmo em desgraça, até a assinatura do divórcio, por não conseguir dar um herdeiro ao imperador.

Napoleão nunca teve a pretensão de reeditar os "jantares públicos" do Antigo Regime na base de "o rei come", com plateia, como fizeram Luíses em Versalhes. A rotina do imperador era alterada apenas em indispensáveis banquetes formais. E foram apenas oito as ocasiões realmente grandiosas, pôs na ponta do lápis o historiador Roy Strong, em *Feast – a History of Grand Eating*. Uma delas, e não era para menos, o noivo não poderia faltar, em 2 de abril de 1810, quando celebrou em Paris o casamento (realizado antes por procuração em Viena) com a arquiduquesa austríaca Marie-Louise de Habsburgo, cunhada do nosso D. Pedro I. O confeiteiro Antonin Carême fez o bolo.

Além das sopas grossas da frente de batalha, Napoleão apreciava igualmente as rústicas feitas com peixe, como aquela que pode tê-lo reconfortado na mesa de humildes pescadores, ao desembarcar na praia, voltando de Elba para seus mais 100 dias. E não teria economizado elogios às tripas preparadas em Lyon. Assim mostrou uma série televisiva e Emil Ludwig, o biógrafo, não negaria. (Enquanto isso, no seu refúgio em Gante, nos Países Baixos, de olho no trono, Luís XVIII engolia sua centena de ostras no começo de cada refeição. Paris consumia então seis milhões de dúzias de ostras por ano.)

Enquanto a França da época ocupava o mais alto patamar da arte culinária, fazendo escola em toda a Europa, com grandes cozinheiros como Laguipierre, Carême, Dunand e com a diplomacia exemplar do banquete do ministro Talleyrand, Napoleão, na essência um rude insulano, militar de ação, sempre considerou a comida uma mera necessidade, a ser consumida o mais rápido possível, permanecendo absolutamente alheio a tudo isso, escreveram as italianas Mariangela Rinaldi e Mariangela Vicini em *La Storia è Servita*.

Mas e o *Frango à Marengo* foi ou não foi a rendição do imperador às artimanhas dos prazeres à mesa? Trata-se de um mito clássico do "prato acidental", definiu o escritor Steven Gilbar. O frango improvisado em pleno campo de batalha tempera o episódio para a história de um imperador que cultivava a imagem da simplicidade.

Napoleão ficou com a alma saciada ao entrar em Milão e deixar "um povo inteiro louco de amor", descreveu Stendhal em *A Cartuxa de Parma*. Mas, passados poucos dias, encontrava-se diante de outra fome. Em jejum, de virada, venceu os austríacos em uma das batalhas mais famosas de sua carreira, a de Marengo, na província de Alessandria, ao sul de Turim, em 14 de junho de 1800. Era preciso, então, comer. Chegara a hora da tropa da cozinha entrar em ação na busca de ingredientes nas vilas e pequenas propriedades da vizinhança.

(Napoleão pode ou não ter declarado que um "exército marcha sobre o seu estômago", mas certamente enfrentou sérias dificuldades com a logística para alimentar La Grande Armée. "Estradas precárias e tempo ruim quase sempre impediam a chegada dos suprimentos – sopa, carne cozida, assado, vegetais – ao campo de batalha a tempo", escreveu a jornalista Nina Martyris, no site *The Salt*.)

Em Marengo, o chef Dunand, a duras penas, conseguiu frango, que

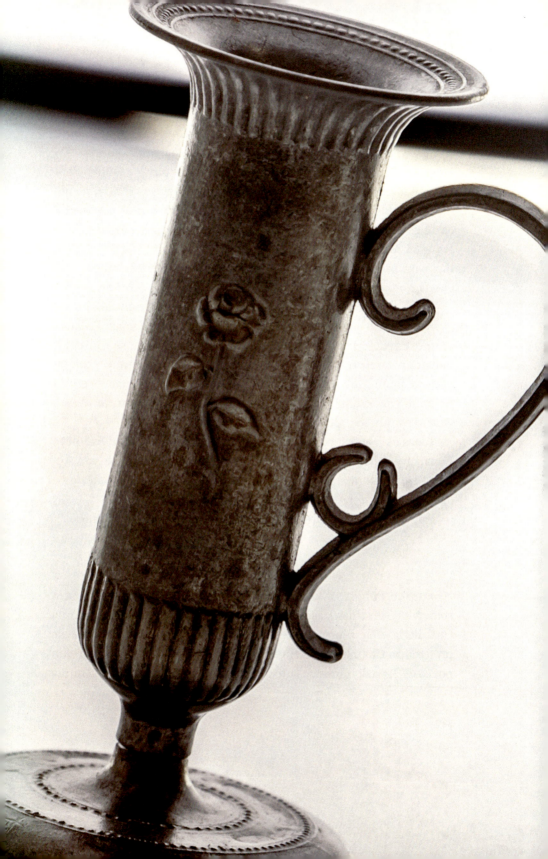

sustentaria o prato, lagostins, tomates, ovos e alho – e amealhou pão da ração dos próprios soldados. A mistura desses alimentos foi batizada de *Frango à Marengo*, virou uma obsessão (há sempre de se aprimorar o mito) e passou a ser servido depois de campanhas vitoriosas.

Steven Gilbar adaptou e publicou a receita atribuída a Dunand em *Chicken à La King & The Buffalo Wing*. O livro traz uma relação de nomes de pratos e das pessoas e lugares que os inspiraram. Numa entrada antes da homenagem à vitória de Marengo, ficamos sabendo que o *Frango à Maintenon*, um simples grelhado, foi assim valorizado pelo *chef* para brindar Françoise d'Aubigné, marquesa de Maintenon, segunda mulher de Luís XIV.

Gilbar faz questão de lembrar, entretanto, que o referencial *The Oxford Companion of Food* desestabiliza a receita-mito do *Frango à Marengo*, mostrando que era cedo no calendário agrícola para se conseguir tomates naquela região. Informa ainda que a primeira receita publicada de tal prato não lista os tomates e que, provavelmente, não foi criada no campo de batalha, mas na cozinha de algum restaurante em Paris. Outros estudiosos apontam para mais anacronismos.

Todas as frentes, contudo, nos levam à glória militar de Napoleão Bonaparte, aquela que pintores como Jacques-Louis David e Jean-Auguste Ingres souberam "empinar" e entronizar antes de Waterloo e da rendição (1815).

Para Funes, o memorioso, de Borges, Napoleão era um número.

*

NAPOLEÃO DISPENSAVA algumas honras aos vinhos. "Sem vinho, sem soldados" é uma das frases a ele atribuída. Para suas tropas havia uma cota diária e ele mesmo apreciava um bom tinto da Borgonha – de preferência Chambertin – envelhecido de 5 a 6 anos, sempre com um pouco de água, lembrando com a mistura a infância em Ajaccio, numa

Córsega onde os Buonaparte tinham terras, cuidavam de vinhedos, de amoreiras para produção de seda e de um moinho.

O general mantinha em posto avançado um ajudante para cuidar de seus estoques de tinto. Consta que o suprimento de Chambertin foi tão grande na aventura ao Egito (1798-1801), que os intendentes trouxeram garrafas de volta, provando a resistência do vinho francês. Vinhos e hieróglifos devidamente decifrados.

Depois de enfrentar o marechal Kutuzov, antes do fogo e da tragédia em Moscou (1812), chegou a cantar vitória também com bom tinto. E lamentou a especulação em torno de vinhos que teriam sido roubados por cossacos e vendidos posteriormente em Paris como "vinhos que sobreviveram à Moscou incendiada" e aos soldados mortos de frio e de fome. *"C'est la Bérézina!"*

Outra reverência do imperador era feita ao Champagne. Napoleão ficou amigo de Jean-Rémy Moët, dono da Moët Chandon, e fez várias visitas às adegas em Épernay, no coração da região de Champagne – encontros registrados em mais de uma gravura de época. *Je ne peux vivre sans champagne, en cas de victoire, je le mérite; en cas de défaite, j'en ai besoin.* "Não posso viver sem champagne; na vitória, eu o mereço; na derrota, preciso dele", cunhou para sempre o imperador dos franceses.

No exílio em Santa Helena, "rochedo perdido" no Atlântico Sul, teve suas taças cheias de Porto e Vin de Constance (preciosidade da ponta de uma África que estava mais perto da prisão do Cabo de Longwood, do que a prisão estava da França do seu Chambertain). Documentos originais sobre a provisão de vinhos e comida para Napoleão e seus acompanhantes em Santa Helena foram arrematados há poucos anos na casa Woolley & Wallis, em Salisbury, na "inimiga" Inglaterra. Por meio desses papéis sabe-se que a ração diária previa 50 garrafas, incluindo uma única de champagne, mais sidra, madeira, claret e 31 garrafas de "Cape Wine", entre outros. Uma provisão mensal paralela, de mais 34 garrafas, garantia à mesa Vin de Constance, vinhos de Málaga e Alicante, e Cognac.

O conde Emmanuel de Las Casas, que esteve com Napoleão em grande parte do exílio, conta que, uma ou duas vezes, o imperador [mostrando-se ainda muitíssimo poderoso!] conseguiu "trocar" algumas garrafas de Bordeaux por outras de Borgonha. Ah, o Chambertain!

Plutarco certamente escreveria uma *Vida* para o romano Napoleão, que se comparava era a Xerxes.

Sedução das pérolas

$$CaCO_3 + 2CH_3COOH > Ca(CH_3COO)_2 + H_2O + CO_2$$

DEPOIS QUE CLEÓPATRA incluiu, com costumeira teatralidade, a poção de pérolas em banquete para Marco Antônio, a história da sedução à mesa nunca mais foi a mesma.

É verdade que, mais de mil anos antes da alexandrina Cleópatra (69-30 a.C.) governar o Egito, Hatshepsut, a primeira autoproclamada rainha-faraó, da 18ª dinastia, também revolucionara sua mesa em direção à afetividade. Até a ascensão de Hatshepsut, meio na marra (ela começou como regente no governo do sobrinho Tutmose III), estamos no início do século XV a.C., homens e mulheres ficavam em lados separados no salão de banquetes. "Eu permiti que se sentassem juntos", diz a rainha Hatshepsut, na voz da antropóloga e historiadora da culinária Eugenia R. Van Vliet. Eugenia escreveu, em corajosa primeira pessoa, a autobiografia "gastronômica" de 44 mulheres que fizeram história, incluindo a própria Hatshepsut, passando por Lucrécia Bórgia da sopa de espinafre, chegando a Indira Gandhi do apimentado frango *Vindaloo*.

A cerveja que Hatshepsut mandava servir nessas ocasiões era coada e cremosa. O Egito, que também aprendeu a vinificar a uva, cuidava com mais carinho de suas cervejas, dada a abundância de água. Na mesa de Hatshepsut havia queijos e iogurtes, feitos principalmente com leite de cabra. Também patos e aves selvagens, estes consagrados à arqueira Satet, deusa das plantações, associada à fertilidade, e nada menos do que "mãe" de todo o transbordante Nilo. Domesticado e empanturrado o ganso, os egípcios criaram o *foie gras*, que alimentava de gordura as festas de Hatshepsut e ganhou muito tempo depois a cozinha dos franceses (e os cartazes dos grupos protetores dos animais).

Na lista de carnes vermelhas, as de carneiro e cabra, mas também de gazelas e antílopes. A carne de vaca era considerada uma comida sagrada e alimentava pessoas de todas as classes. Artesãos das tumbas no Vale dos Reis eram recompensados com alguns cortes. O pernil e a alcatra eram do faraó.

O pão pita dos egípcios podia ser regado com azeite temperado com ervas (coentro, cominho) ou acompanhar uma mistura dourada, refogado de alho-poró e cebola, os mais antigos vegetais crescidos no Egito, desde tempos pré-históricos. O cardápio da corte incluía refrescante salada de pepino e agrião. (Uma múmia foi encontrada segurando uma cebola, mas não mais dotada de óxidos sulfúricos, que estão na origem do choro nas cozinhas de todas as épocas.)

De sobremesa, damascos, romãs e ameixas, estas introduzidas no Egito no faraonato de Hatshepsut. O damasco seco, fruta de predileção do deus Sol e alimento de fácil transporte e consumo, era ração de soldados em suas longas jornadas. Ninguém dispensava um vinho de tâmara, alcoólico e doce.

*

UMA CENA DE PAREDE: a princesa Nefertiabete, produzida com longo vestido de oncinha, está pronta para a lauta refeição. Imortalizada no painel de pedra calcárea conservado ainda com muitas cores no Museu

do Louvre, a filha de Queóps (2590-2565 a. C.), da 4ª. dinastia, está diante de uma despensa onde não faltam pombos, perna de veado, pão, peixe, frutas, cereais, bebidas... Está pronta para partir.

"Esse inventário pródigo nos permite inferir o menu de uma refeição que poderia ter sido servida em grande banquete faraônico", escreveu Yves Pinard, então *chef* do restaurante Le Grand Louvre, que assinou com Paul Bocuse o livro *Food in the Louvre*. Em 2018, o bistrô Benoit substituiu Le Grand Louvre, abaixo da pirâmide de vidro de I.M. Pei.

O menu desdobrado dos ingredientes incluiria: *wafers* na cerveja, mingau com melado, badejo, *ful medammas* (um prato de favas), *tahini, hummus, molokhia* (sopa feita a partir de folhas de juta), espetinhos de cordeiro, pombos em *freekeh* (tipo de trigo que é colhido verde, consumido há milênios), peixes recheados com passas e pinhões, e figos.

*

ERA 41 a.C. . Cleópatra, a última rainha do Egito, chegou a Tarsus de barco, pelo rio Cydnus (Berdan). Quem estava às suas margens, na boca da cidade, se extasiou com um alegre desfile de ouros e brilhos. Convidada por Marco Antônio para um banquete em Tarsus, capital da antiga província da Cilícia (na atual Turquia), cidade que ainda veria nascer São Paulo, Cleópatra inverteu a programação com uma série de faustosas festas para o general romano. Marco Antônio precisava de recursos para subjugar o Império Parta e via Cleópatra como possível financiadora de sua campanha militar. Cleópatra não estava interessada apenas no discurso entre prováveis aliados: o barco com remos de prata e velas púrpuras levou a Tarsus Cleópatra vestida de Afrodite. Era uma mensagem.

O biógrafo Plutarco percebeu as extravagâncias desses dois governantes, relatadas em *Vida de Marco Antônio*. Para que oito javalis selvagens no espeto se havia apenas 12 convidados, perguntou certa vez um médico de Alexandria ao visitar a cozinha do general romano. E o cozinheiro explicou com conhecimento de causa: pode acontecer de Antônio mandar servir o jantar imediatamente, e logo depois, talvez, pode suspender a ordem pedindo mais uma taça de vinho, ou engatar uma conversa com alguém. Assim, não um, mas muitos jantares vão sendo preparados, para a hora precisa e o ponto perfeito.

Um dos menus de Cleópatra em Tarsus incluiu lúcio, perca e salmonete em molho azedo, em "receitas treinadas em tantos peixes abundantes nas águas do Nilo e do Mediterrâneo". E ainda atum com hortelã e coentro, uma homenagem aos molhos aprendidos com os romanos. Além dos peixes, peito de pato assado com avelãs ou outra ave dessas que cruzam o Egito, em viagens migratórias (nas profundezas das pirâmides, faraós são retratados em caçadas de pato e outras aves aquáticas). E ainda um prato para Marco Antônio lembrar-se que sua amada e os egípcios não dispensavam uma sopa grossa, com cevada, carne e favas. No Egito de Cleópatra, um mingau saboroso era preparado com caldo de galinha, amêndoas e ervas. Uma boa salada incluia acelga vermelha e agrião assados com queijo de cabra, temperados com pimenta do reino à moda dos romanos. Mas nada disso superaria em surpresas o seu programado banquete "mais caro de toda a história". Era assim que a própria rainha o anunciara, desafiando toda e qualquer "pobre" *bacchanalia* dos romanos.

Os criados trouxeram uma pequena vasilha com vinagre e a colocaram diante de Cleópatra. Ela retirou a pérola de um de seus vistosos brincos, dissolveu-a no vinagre e engoliu a diluição de uma só vez. Todos sabiam o valor daquela pérola: 10 milhões de sestércios, dinheiro para sustentar 10 mil soldados romanos durante um ano. (O general Vitélio ficaria marcado muito tempo depois ao vender uma pérola da mãe para iniciar uma campanha militar.) Marco Antônio teria ficado abismado com o que via. Tinha sido rendido na competição de luxos e dos sexos. E ao perceber que Cleópatra preparava-se para repetir o gesto com a pérola da outra orelha, impediu-a.

Plínio descreveria a pérola de Cleópatra como "inigualável obra da natureza". Outros cronistas trataram de lembrar a paixão algo exagerada das romanas pelos adereços de pérola. Só das romanas, não. Pois teria sido Pompeu o introdutor dessa mania, depois de vencer Mitrídates, rei do Ponto. No desfile para marcar seu triunfo, em 61 a.C., exibiu um retrato seu feito inteiramente com pérolas. Muitos artistas do século XVIII foram seduzidos por essas histórias. Giambatista Tiepolo (1696-1770) foi mestre no seu *O Banquete de Cleópatra*, hoje uma das grandes atrações de museu em Melbourne. Gerard Lairesse (1641-1711) pintou Cleópatra no momento em que foi impedida de destruir a segunda pérola (destinada a Marco Antônio?). Mais tarde, quando capturada, – conta Plínio, em sua *História Natural* –, Cleópatra teve a pérola salva do vinagre confiscada e dividida ao meio para servir de olhos a uma estátua de Vênus, então no Panteão de Roma. Há aqueles que a procuram em vão até hoje.

Estudiosos derrubam a história da poção, mas não a natureza e factibilidade do encontro, enquanto curiosos na pele de cientistas, ou vice-versa, tratam de esmagar todo traço de poesia em debates na Internet. Vinagre, independente da concentração de ácido acético, não dissolveria uma pérola, muito menos na velocidade desejada por Cleópatra, provam alguns. "Pérolas grandes" têm de 12 a 14 mm e não poderiam ser engolidas tão facilmente, dizem outros. Há aqueles que continuam realizando e publicando resultados de testes com pérolas de vários tamanhos, submetidas a soluções de ácido também variáveis, todos para mostrar que, no máximo, uma solução forte faz apenas estragos deformantes nessas belas esferas de carbonato de cálcio, mas nunca acabam com elas.

Dante, conhecedor dos poderes de Cleópatra, a posicionou no segundo círculo do seu Inferno (*Divina Comédia*), no Vale da Luxúria. A deusa-rainha, movida pelos ventos da paixão, tinha certeza que a consagrada fórmula $CaCO_3 + 2CH_3COOH \rightarrow Ca(CH_3COO)_2 + H_2O + CO_2$ funcionaria.

The primordial hunger,
thirst, and tribulations,
all the nights and moons before the coming of man,
will continue to live
and hunger with us, thirst
and be tormented with us – as long as we live.

NIKOS KAZANTZAKIS
Report to Greco

Caça ao auroque
Fogueira às margens do Tjonger

Aprende-se a ser cozinheiro,
mas se nasce assador.

BRILLAT-SAVARIN
A Fisiologia do Gosto

ÊXTASE E LAMENTO correm juntos e juntos se dissipam no vale do rio Tjonger. O relutante auroque cai na armadilha e é abatido com uma pancada na cabeça. Poderia ter morrido perfurado pela ponta de pedra de uma lança. Os caçadores sabem muito bem o que fazer. Usando lâmina dura e afiada de pedra lascada, esfolam o animal, carneiam a caça. Os ossos das pernas são cortados para que o tutano possa ser sugado.

Prato principal, costelas são assadas numa fogueira. Está ali o fogo sagrado de pelo menos 400 mil anos que iluminou e protegeu o homem na viagem aos cozidos. Questão cultural, o cozido entrou na teoria antropológica criada e defendida pelo primatólogo Richard Wrangham, da Universidade de Harvard, em *Catching Fire – How Cooking Made us Human*. Wrangham atribui à dieta da carne ao fogo mudanças nas próprias características físicas do homem em evolução. Em síntese, com o alimento cozido gastava-se menos energia com a mastigação, a comida ficava mais fácil de digerir e havia uma sobra de energia para o crescimento do cérebro, por exemplo.

Outros cortes do auroque, fartos, alguns muito pesados, ainda sangrando, são levados para o festim do grupo inteiro. Há mais gente para comer ao redor de outra grande fogueira, não tão perto dali – conforto sempre transitório do alimento que se busca para viver ou sobreviver, em todas as eras.

Ossos sem sombra de carne e a ferramenta de pedra dos magarefes pré-históricos ficaram perdidos na região do Tjonger durante 9.700 anos, já contando o período em que estiveram conservados sob providencial terra alagada, no final da Idade Média. O Tjonger corre na Frísia, província do norte da Holanda. Os homens-caçadores que abateram sem pena o auroque viveram no final do Mesolítico, cerca de mil anos antes do assentamento dos primeiros agricultores na região.

A reconstrução arqueológica desse churrasco é possível pela associação das peças, encontradas umas próximas das outras. A ferramenta de pedra, aparentemente esquecida ao pé da fogueira, está ligada às marcas deixadas nos ossos que dormiam nesse mesmo lugar – cicatrizes da destreza ou inabilidade do retalhador, pistas para um inventário dos cortes da caça. Já as manchas pretas, rastros de fogo, indicam como o repasto pode ter sido preparado. Sabemos de tudo isso porque arqueozoólogos experientes conseguem ler e decifrar os talhos envelhecidos nas carcassas. Os achados no Tjonger foram descritos por Wietske Prummel e Marcel Niekus, da Universidade de Groningen, Holanda, na edição de julho de 2011 do *Journal of Archaeological Science.*

O auroque caçado na região do rio Tjonger em 7.700 a. C. era bem menor do que o mastodôntico exemplar de 5,2 metros de comprimento vislumbrado em 1940 por meninos que se aventuravam nas florestas de Montignac, Dordonha, numa França já ocupada por Hitler. Ao correrem para salvar o cão que se metera num buraco – *ici, Robot, ici, Robot!* –, descobriram Lascaux, a monumental caverna de homens do

Cro-Magnon, aqueles que ali viveram de c. 40 a 10 mil anos atrás. Os meninos viram então na parede não só um deslumbrante auroque, mas muitos cavalos, rinocerontes, veados, um urso, um bisão – todos ali (são cerca de 1.500 pinturas), alguns em bando, desenhados em ocre e carvão na pedra de sempre – itens de um documento rupestre "escrito" milênios antes do menu do Tjonger.

Um auroque de peso podia chegar perto de uma tonelada e a quase dois metros de altura, medido da cabeça ao chão, descontada a imponência dos chifres curvos, colosso que por muito tempo despertou admiração e curiosidade. "Na grandeza, são pouco inferiores ao elefante", descreveu o imperador Júlio César em seu *Commentarii de Bello Gallico*, relato das vitórias romanas contra os gauleses, entre 58 a. C. e 50 a. C.. Os jovens das tribos germânicas são citados pelo romano como foram vistos: conduziam o auroque forte e veloz para uma vala onde o enfrentavam até a morte, os chifres como troféus da luta e, depois, como copos enfeitados com prata.

Roma veria alguns desses animais debatendo-se contra gladiadores até o século IV – personagens de tauromaquias mais ou menos ritualizadas que atrairam nossos antepassados desde muito antes dos gregos. Preservados estão os acrobatas cretenses de Cnossos em saltos sobre longilíneos e elegantes bichos – aí uma questão tanto de religião quanto de simbiose. Também resistiu ao tempo o faraó Ramsés II correndo na parede do templo de Seti I, em Luxor (antiga Tebas), pronto para laçar um touro selvagem. Já o sereno Moschophoros (c.570 a.C.), exibido no novo Museu da Acrópolis, em Atenas, carrega para sempre, e sem pressa, seu novilho-oferenda. Como se heróis e mesmo simples mortais, tais os celebrados por Homero, pudessem esperar, com tanta fome em jogo, a partilha da carne após os sacrifícios.

Das pedras cruas dos altares às ruas da Pamplona de Hemingway; das carnes dos nossos rodízios e churrascos ao escolhido *ojo de bife* do Don Julio, no Palermo Soho, em Buenos Aires: o sangue que mancha

arenas e consciências é o mesmo que avermelha o cepo machucado dos açougueiros. Está lá no Louvre o boi aberto de Rembrandt. Cheira para sempre nos livros a viva carcaça no ateliê do pintor expressionista bielorusso Soutine.

O auroque *(Bos primigenius)*, antepassado robusto e direto do nosso gado doméstico, ainda chega aos pratos por via genética depois da luta de onívoros, vencendo com força atávica outras armadilhas, desta vez dietéticas e até ideológicas. Na mesa, carne e vinho tânico.

O último exemplar de um auroque, uma fêmea como a holandesa do Tjonger, morreu na floresta de Jaktorów, na Polônia, em 1627. A sobrevida da espécie se deveu a leis protecionistas rígidas, contra a caça, que podiam ser desobedecidas somente pelos monarcas. Um dos chifres dessa auroque, ornamentado, virou troféu de guerra do Exército da Suécia, depois da invasão da Polônia (1655-1660). É peça de museu do Livrustkammaren, em Estolcolmo.

O Tjonger foi canalizado.

Ossobuco da rainha

Iguaria dos homens caçadores

PARA CAVOUCAR os ossos bem cortados centrados em carne tenra de vitela e deles delicadamente arrancar saboroso tutano, a frágil rainha Anne da Inglaterra, Escócia e Irlanda, a última monarca da linhagem dos Stuart, que reinou entre 1702 e 1714, usava uma colher delgada, tais as forjadas na oficina do respeitado artesão Andrew Archbold, com selos marcados em precisos 197 mm e 33 gramas de prata.

Hastes finas, bojos duplicados como singelas canoas ancoradas em ambas as extremidades, um mais largo outro mais estreito, este escavado na prata do cabo quase como um detalhe, a longilínea colher (como se fosse um retrato sem rosto desenhado por Modigliani) era capaz de atender a nobreza diante dos supremos desafios de garimpar delícias escondidas em ossos de calibres diferentes.

Ainda em ritmo barroco, essas ferramentas bem desenhadas dos salões de Anne entravam em sintonia com o *design* dos seus próprios móveis. Mobília leve e delicada substituiu a pesada e escura e, décadas depois da morte da rainha, ainda era febre na colônia americana. Em uma dessas cadeiras, desses sofazinhos, sentou-se Handel (1685-1759), quando levou óperas e oratórios para a Inglaterra de uma Anne musical, que ganhou do compositor uma ode-mimo-de-aniversário. Anne: "fonte eterna de luz divina", dedicou-lhe Handel.

A sofrida filha mais nova e protestante do católico James II – aquela que "alcançou distinção feminina ao contrair a gota" e carregava a dor de mãe que viu todos seus filhos sem vida – no primeiro discurso ao Parlamento apareceu coroada com um decotado vestido de veludo vermelho, está na pintura, e não se sabe de onde tirou forças para levar o seu reino um passo adiante na estrada gastronômica das *lamb pies* e das ervilhas.

É do reinado de Anne, "notável *gourmande*", a edição de *Royal Cookery* (1710), livro póstumo com a assinatura de Patrick Lamb. Lamb foi *chef* de Anne e, antes, tinha servido à cozinha de Charles II (o rei que, ao elogiar um pedaço de lombo bovino, dizendo que mereceria ser nomeado cavalheiro, batizou o *"sirloin"*). Cozinhou também para James II, pai de Anne, modos de fazer posteriormente reunidos em *Royal Cookery*, que estimularia a indústria dos livros de receita. Com a rainha Anne, o Palácio de Saint James alcançou sua glória como residência do monarca britânico, dando vigor às lojas instaladas perto dali, na Saint James Street. O triunfo do chá também se deve à sua ascensão, assim como a proliferação das *coffee houses*.

A tradição dos talheres ingleses, incluída a variedade da mesa de Anne, aqueles com os quais a nobreza escarafunchava o ossobuco e que iria desembocar na parafernália da Era Vitoriana, nasceu em Sheffield, ao som do martelar de moedas de prata. As colheres requintadas eram o oposto da retidão republicana e puritana das fabricadas nos anos dos Cromwell (1653-1659). As colheres menores apareceram em cena com o advento do chá e do café. Inúmeras versões de garfos com cinco dentes, devidamente curvados para garantir a integridade de frágeis sardinhas na viagem do grande prato ao prato de cada um, atestam a "obsessão vitoriana em ter um utensílio especial para cada e toda comida". Alguém duvida da utilidade de uma colher com haste longa e bojo com desenhados furos na caça a azeitonas em seus líquidos? Ou da beleza de uma colher especial para geleias, "canoa" decorada com frutas em cornucópia?

O escritor Geoffrey Chaucer (c.1343-1400), numa das passagens de *Os Contos da Cantuária*, já tinha sacramentado o poder das lâminas forjadas em Sheffield, norte da Inglaterra. Era preciso ter cuidado com o moleiro exibicionista que carregava escondida sob as calças uma eficiente adaga de Sheffield. Zelar pela qualidade dessas ferramentas de mesa (e nem só dela) é o objetivo, até hoje, da entidade The Company of Cutlers of Hallamshire, fundada em 1624, que trabalha nos moldes das velhas guildas medievais.

Há alguns anos, a Antique Silver Company, de Londres, encontrou e vendeu a um colecionador uma raríssima colher de prata de lei (105 mm e outras 7 gramas de requinte) criada pelos artesãos William Charles e Henry Eley, em 1824. Com uma pequena "pazinha" como essa, o estiloso glutão George IV, que governou a Inglaterra entre 1820 e 1830, não caçava somente tutanos de ossos furados. Ele também pescava carnes das patinhas de caranguejo, como um rei.

*

Os PRIMEIROS HOMENS amassavam e quebravam os ossos da caça à procura do tutano pela mesma razão que levam comensais de hoje a buscá-lo no prato de ossobuco. Não partiam desenfreadamente para a iguaria porque não houvesse mais nada para comer. E sim porque gostavam do sabor e da consistência, explica a historiadora Linda Civitello, especialista em história da alimentação, que ensina no Le Cordon Bleu.

A diferença, segundo Linda, é que os primeiros hominídeos "limpavam" os ossos com as mãos, ao redor do fogo, enquanto os pratos de ossobuco podem ser apresentados com alguns requintes, quando o garçom está habilitado a oferecer as finas colheres-coletoras ou quando há, por exemplo, vinho Barolo para acompanhá-lo. Nas *trattorias* e restaurantes da Lombardia, terra do ossobuco contemporâneo, não falta ironia. Alguns milaneses ainda hoje chamam a ferramenta de *esattore* (coletor de impostos).

As receitas de ossobuco (literalmente osso com buraco, o *oss bus* do dialeto milanês) são conhecidas desde o século XVIII. Na tradição milanesa, o prato traz o pedaço da carne de vitela com seu osso central, selado depois de passado na farinha, bem cozido em vinho, temperos e tomates bem picados. Ensinam bons cozinheiros que o prato precisa ser preparado lentamente, no fogo baixo, porque trata-se de um corte duro, que os açougueiros tiram do músculo da coxa dianteira ou traseira do boi, justamente aquela parte da perna que trabalhou pesado durante a vida inteira do animal. Com o cozimento, a carne e sua essência ficam extremamente tenras em um molho escuro e espesso.

No restaurante Rosmarinus, em Visconde Mauá (RJ), nas franjas da Mata Atlântica, o ossobuco nos foi servido com polenta cremosa. Até com batatas dizem que o ossobuco vai bem, mas os acompanhamentos tradicionais do prato são o *Risotto alla Milanese*, "dourado de açafrão", e a *gremolata* (molho de alho, ervas e raspas de limão siciliano). Esse preparado pode muito bem ser adicionado à carne nos momentos finais da cocção, segundo indicam tradicionais manuais de receitas da Lombardia.

Há naturalmente muitas variantes para o prato, em aventuras regionais, mas sempre calcadas na vitela. Quando não se tem o tomate, por exemplo, o prato torna-se o ossobuco *in bianco*. Versão florentina inclui ervilhas e *pancetta*. Mas todas as variações fazem poesia com o tutano.

Amo o som do osso contra o prato
e sua aparência de fortaleza,
alojado diante de mim em um fosso de risoto,
a carne macia como uma perna de anjo
que viveu uma existência em casto voo.
E o melhor de tudo, o secreto tutano (...)

(Tradução livre de versos dedicados ao ossobuco, do poeta norte-americano Billy Collins, em *The Art of Drowing*.)

*

O TUTANO saiu dos ossos também para uma outra vida de sofisticação. A iguaria foi listada como ingrediente de muitas receitas de Auguste Escoffier (1846-1935), o *chef* que deu forma e sistematizou a alta cozinha francesa moderna a partir do caldo base (à base de ossos) de inúmeros pratos. No seu *Le Guide Culinaire* de cinco mil receitas, o tutano aparece para integrar o *Pouding l'Américaine e Pouding à La Moelle*. Inspirado em Carême, Escoffier levou a cozinha clássica francesa às alturas quando esteve à frente das caçarolas do Hotel Ritz, aberto em Paris em 1898, e no Carlton, em Londres, cinco anos mais tarde.

O britânico Ivan Day, historiador da alimentação, tem ensinado hoje grupos de cozinheiros amadores, *chefs* e curiosos do mundo todo a "cozinhar historicamente" na sua casa de campo-museu em Lake District, noroeste da Inglaterra. Ele tem todos os apetrechos de época e diz que a receita renascentista de marmelo com tutano pode sair do forno como antigamente.

*

Certa vez, em Gramado (RS), um açougueiro serrou ossos ao meio, como jangadas improvisadas carregadas de tutano (evanescentemente untuoso), para ser devorado com contrastante agrião, na mesa de Mário Ranzani.

A América no hambúrguer

A Coca-Cola e as cerejas de Andy Warhol

> *VINCENT: And you know what they call a... a... a Quarter Pounder with Cheese in Paris?*
>
> *JULES: They don't call it a Quarter Pounder with cheese?*
>
> *VINCENT: No man, they got the metric system. They wouldn't know what the fuck a Quarter Pounder is.*
>
> *JULES: Then what do they call it?*
>
> *VINCENT: They call it a Royale with cheese.*
>
> *JULES: A Royale with cheese. What do they call a Big Mac?*
>
> *VINCENT: Well, a Big Mac's a Big Mac, but they call it le Big Mac.*
>
> *JULES: Le Big Mac. Ha ha ha ha. What do they call a Whopper?*
>
> *VINCENT: I dunno, I didn't go into Burger King.*
>
> *QUENTIN TARANTINO*
> *Pulp Fiction (1994)*

UMA ESPÁTULA de cabo comprido com 30 cm, acomodada numa caixa de madeira, brilha no acervo da Ohio State Historical Society, em Columbus, Ohio, Estados Unidos. A assessora de imprensa me enviou uma fotografia recente. Podemos imaginar os pontos de luz e as pulsões de seus devotos. Com essa ferramenta até um pouco desengonçada do início dos anos 1920, um hambúrguer ancestral foi engenhosamente prensado contra a chapa quente até a glória de rechear um pão especialmente projetado para esse fim. Alguns milhões de hambúrgueres são diariamente preparados ao redor do mundo no formato em que foram concebidos, há quase cem anos, mostrando a força de um "desenho básico", que aparentemente dispensa evolução. *"Its a gastronomic endpoint ."*

A sacralidade da espátula e a força do sanduíche ícone dos Estados Unidos foram descritas no livro *The Hamburger* por Josh Ozersky, então editor de comida da *New York Magazine* online e autor de um guia "carnívoro" de Nova York. Ozersky mostra como os hambúrgueres (e a carne, antes de tudo) estão intimamente ligados à própria história do seu país.

No imaginário que o cinema americano tanto explorou com seus *westerns*, vimos os intermináveis rebanhos (e suas poeiras) tocados por caubóis em tempos de conquista de novas fronteiras (e de massacre de índios). "Carne para alimentar o país inteiro", resumiria John Wayne em *Rio Vermelho* (1948), antes de conduzir milhares de cabeças de gado do Texas ao Missouri, em épicas jornadas de mais de 1.600 quilômetros. As manadas de verdade ganhavam as terras planas que foram um dia dos imponentes bisões, praticamente dizimados.

A chamada Era de Ouro do Beef nos Estados Unidos tem como marco a criação dos vagões refrigerados, desenvolvidos no final dos anos 1880 por Gustavus Swift, açougueiro de uma família de New England, o Swift que virou a marca de carnes e de enlatados mundialmente conhecida. A carne passou a chegar, de trem, de Chicago aos mercados da Costa Leste. Até a produção da primeira geladeira doméstica, em 1913, reinava na maioria das cidades americanas a carne seca *(jerky)*, receita que algumas tribos americanas já conheciam havia muito mais tempo, para aproveitamento de seus búfalos.

Descontadas algumas experiências pontuais autocelebradas como pioneiras, a história do hambúrguer começa mesmo após a Primeira

Grande Guerra, com a fundação da White Castle, a primeira rede de *fast food* de hambúrgueres dos Estados Unidos – e do mundo. A White Castle foi criada em 1921 por E.W. Billy Ingram e Walter A. Anderson, em Wichita, no Kansas. Ingram e Anderson conseguiram rapidamente multiplicar seus negócios criando uma "metodologia universal do hambúrguer", com formato padrão e assepsia como receita, na qual a espátula de Ohio é símbolo de uma linha de produção eficiente, fartamente reproduzida. Ingram foi o Henry Ford dos hambúrgueres, escreve Ozersky.

Depois da Segunda Guerra Mundial, o hambúrguer encontrou seu caminho ao lado das grandes estradas que passaram a ser construídas em um Estados Unidos com pressa. Tempos do alegre *drive-in*, que foi se corrompendo, chegando ao desestabilizado *drive-thru* (os porta-copos de papel não garantem muita coisa). É quase um milagre que o McDonald's, criado em 1940, mantenha-se em pé diante da dissecação explícita dos "venenosos" ingredientes de seu carro-chefe e da exibição aterrorizante de seu poder desintegrador, tudo expresso na dieta do "cine *reality*" *Super Size Me*.

O hambúrguer que escapou da "mcdonaldização", saindo da linha e da armadilha da padronização, entrou em cena nas últimas décadas pelas mãos de criativos *chefs*, para resgatar seu valor primordial e celebrar chapas e chapeiros de invenção. Sempre inspirador e lembrado pelos historiadores é o pão com carne e cebola que, no século XIX, era servido a imigrantes alemães que chegavam aos Estados Unidos pela Companhia de Navegação Hamburg Süd und Nort. Em 1837, um tal *Hamburger Steak* aportaria pela primeira vez no menu do histórico restaurante Delmonico's, na Baixa Manhattan. Mas ainda estava longe de ser um hambúrguer. *"No bun, no burger."*

*

FICOU PIOR. Até uma década atrás, quando o governo russo queria mandar uma mensagem de que estava, digamos, descontente com os Estados Unidos, ameaçava fechar os McDonald's instalados nas suas cidades, recuperando táticas da Guerra Fria. O hambúrguer é sempre considerado o imperialismo na forma de sanduíche, a arma de dominação criada na América com mira apontada para os estômagos ao redor do mundo.

Quando o ex-presidente Barack Obama queria mostrar que estava muito feliz com a Rússia, convidava seus dignatários para um descontraído hambúrguer. Obama e o então presidente russo Dmitri Medvedev foram vistos certa vez almoçando no Ray's Hell Burger, comida rápida para quem está em Arlington, sul de Washington. Chegaram na mesma limusine. Estudadamente informais, sem paletós, mangas das camisas igualmente arregaçadas, sentaram-se na pequena mesa, a cadeirinha irritantemente pregada ao chão, e pediram... cheesesbúrgueres.

O *Washington Post* fez graça do encontro: "Quando em Roma, vá ao Ray's Hell Burguer", a rede comandada por Michael Landrum. Obama pediu um *cheddar* cheesbúrguer com cebolas, mais salada de tomate, picles e pepino. Medvedev, uma versão mais condimentada: sua carne deveria ser acompanhada de cebolas, pimentas verdes mexicanas *(jalapenos)*, alho e champignons. Dividiram uma porção de fritas. Obama pagou a conta. Tivessem visto na Internet os comentários de *seraphina21* sobre a lanchonete teriam desistido das fritas: *"The fries are awful at Ray's. Save your money! "*.

(No dia 25 de maio de 2011, Obama e o ex-primeiro-ministro britânico David Cameron prepararam hambúrgueres para veteranos de guerra, em churrasqueiras montadas nos jardins da Downing Street, 10, em Londres. Nada mais norte-americano do que o churrasco com hambúrgueres no quintal. Além das iguarias esferóides, na grelha dos anfitriões havia salsichas, costelas de carneiro e milho verde. Nada se sabe sobre o milagre das camisas brancas dos churrasqueiros sem um só pingo de gordura.)

No final dos anos 1980, quando a Rússia passou a dar sinal verde para a entrada de companhias do Ocidente no país, o McDonald's era um dos primeiros da fila. Como sempre, a grande letra "eme", em berrante amarelo, foi entronizada para sinalizar a então maior loja do mundo, com as maiores filas do mundo também. O principal McDonald's está bem perto do monumento ao grande poeta russo Alexander Pushkin.

"Você pode levar o McDonald's para fora da América, mas não pode tirar a América do McDonald's", escreveu o designer russo Constantin Boym, em ensaio para a revista *The Gastronomica Reader*. Boym conta que Richard McDonald, inventor da rede, foi esnobado por muitos arquitetos quando decidiu encomendar para logomarca da casa um desenho que trouxesse a letra "eme" gigante, em arco parabólico. Stanley C. Meston foi o californiano que topou. Ironia: desenhou o arco com nítida inspiração no projeto que Le Corbusier tinha apresentado para "coroar" o Palácio dos Soviets, em Moscou. (O construtivista Le Corbusier perdeu o concurso por obra de Stálin, pois este não admitia projetos nos quais a sua torre não sobrepujasse a Torre Eiffel.)

*

A OBRA DE ANDY WARHOL foi construída com comida, naco por naco. Sua ascensão pessoal já tinha sido autotramada desde a infância, tendo como meta a possibilidade de trabalhar para poder comprar e se fartar com doces. Com Warhol (1928-1987), as sopas Campbell saíram do conforto da prateleira dos supermercados e da dispensa dos americanos comuns para museus, galerias e as páginas nem sempre tolerantes da crítica especializada. O hambúrguer também.

Os quadros de Warhol foram suporte para bananas, Coca-Cola, Mao,

Pelé, Marilyn Monroe e o que mais a indústria (ou a TV) produzisse com sentimento de massa. Caixas de *corn flakes* Kellogg's eram empilhadas em galerias. Numa delas o garoto-propaganda estampado em alto-contraste é Lou Reed. Warhol fez a banana para capa do *The Velvet Underground & Nico*. O amigo de *pop art*, o norte-americano de origem sueca Claes Oldensburg, não se conteve: criou um hambúrguer celebratório, mas um tanto insosso, que é um pufe gigante, e enterrou um descomunal sorvete de casquinha na quina de um edifício. Como se tudo (e não somente todos) merecesse mais que 15 minutos de fama.

Para Warhol, além do hambúrguer, a Coca-Cola era "o" sinônimo de igualdade nos Estados Unidos: você pode estar assistindo à TV e vê uma Coca-Cola, e sabe que o presidente toma Coca, Liz Taylor toma Coca, e apenas pensa, você pode tomar uma Coca também. Warhol dizia: "A Coke is a Coke (...)", como a *rose is a rose is a rose is a rose* de Gertrude Stein.

De certo modo, o presidente Franklin Roosevelt, em 1939, já tinha trafegado em esteriótipo americano ao oferecer *hot dogs* para o rei George VI e a rainha Elizabeth, durante a primeira visita de um monarca britânico aos Estados Unidos. Cachorros-quentes fizeram parte do menu de um piquenique que o heterodoxo casal Roosevelt preparou na varanda de sua casa em Hyde Park (NY), distante da pompa e circunstância da Casa Branca. *"King tries hot dog and asks for more"*, foi a manchete do *NY Times*. Roy Lichtenstein pintou o seu *hot dog* com cara de logotipo dos Estados Unidos, em 1963.

Em 1981, Andy Warhol foi convidado a participar de um dos capítulos do filme *66 Scenes from America*, do cineasta norueguês Jorgen Leth, uma série de *shots* sobre a cultura americana. E é claro que entrou em cena o hambúrguer. Em uma única tomada de 4 minutos e 27 segundos, câmera parada, Warhol come seu sanduba. Está de terno, sentado diante de uma mesa, ante um fundo neutro.

Na mesa em foco estão um saco de papel branco, da rede Burguer King, e uma garrafa de *ketchup* Heinz. Warhol tira o seu Whopper do saco, abre a embalagem e bate algumas vezes no fundo da garrafa de *ketchup* para que o molho saia (é quase sempre difícil assim na vida de todos nós). Devagar, ritualisticamente, vai molhando o sanduíche no *ketchup* antes de cada mordida. Ao final, dispensa uma metade do pão e coloca tudo o que sobrou de volta no saco. O som do papel sendo amassado pontua a filmagem. O ator respira alguns minutos e finaliza: "Meu nome é Andy Warhol e acabo de comer um hambúrguer". (Todos sabiam, menos os produtores, que Warhol teria preferido um Big Mac.)

Warhol escreveu certa vez que gostava de comer sozinho, ritual flagrado nesse filme de Jorgen Leth. "Quero criar uma rede de restaurantes para outras pessoas como eu, chamada ANDY-MATS, Restaurante para Pessoas Solitárias. Você pega sua comida e então a leva na bandeja para um canto e vê televisão."

Pelo menos um dos textos do livro *Wild Raspberries*, escrito pela *socialite* Suzie Frankfurt e ilustrado por Andy Warhol, traz uma receita para ser apreciada solitariamente, em uma sala iluminada por velas: o *Omelete Greta Garbo*, feito sem ovos. *Wild Raspberries*, editado em 1959, citação ao filme *Morangos Silvestres* de Ingmar Bergman, teve edição limitada ao *beau monde* nova-iorquino, sendo suas receitas paródias das então intricadas receitas francesas em voga durante os anos 1950. O *Piglet a la Trader Vic's* traz instruções do *chef* para que o comensal envie um *chauffer* ao mais famoso restaurante do Plaza Hotel e encomende um leitãozinho de leite para viagem.

*

No livro *A Filosofia de Andy Warhol*, o artista escreveu sobre uma dieta que criou, expondo uma de suas relações com os sem-teto da sua

Nova York dos anos 1960/70, início dos 80 – tempos da amizade com Jean-Michel Basquiat. Ao sentar-se à mesa de um restaurante, pedia algo que não gostava, o que resultava em grande sobra na travessa. Tudo depois embrulhado para viagem. O "marmitex" de Warhol era posteriormente deixado em alguma calçada perto do restaurante, para alimentar pelo menos um daqueles moradores de rua.

A todos os excessos das grandes festas e dos amigos-celebridades, glamurizados na sua revista *Interview*, alinhavam-se reflexões singelas sobre a glutonia pessoal diante de uma prosaica travessa de cerejas maduras. "Eu colocava meu guardanapo sobre a tigela com os caroços de cereja para que não pudesse olhar quantas tinha comido. Essa é a parte dura da *orverdose* de cerejas – você tem todos os caroços para te contar exatamente quantas você comeu. Não mais ou menos. Exatamente. As frutas de um só caroço realmente me incomodam por essa razão. Por causa disso eu sempre como mais uvas passas do que ameixas. Os caroços das ameixas são ainda mais imponentes do que os das cerejas".

O almofariz de Deméter

Pão dos vivos e *Koliva* dos mortos

ALLEGRO.

Deméter enfeita-se com trigo. Sua filha Perséfone pode chegar após a tempestade, quando os violinos trazem de volta os pássaros. Vemos mãe e filha esculpidas em alguns mármores, retratos desse encontro. Há música no ar: pinceladas barrocas do padre ruivo Vivaldi – uma de suas quatro estações é consagrada aqui graças à olímpica liberação de anacronismos. Zeus não é tão mau assim.

Allegro.

Anunciadoras, as perfumadas amendoeiras em flor chegam antes de Perséfone, desafiando fios de Inverno, como a preparar a recepção. O poeta romano Virgílio (70-19 a.C.), nas *Geórgicas*, tratou com poesia a intensidade do ciclo da amendoeira (se há muita fruta, a colheita de grãos será abundante), símbolo de esperança dos gregos pela volta de Perséfone.

Romã da fertilidade nas mãos, Perséfone retorna do Hades à Terra para que Deméter-de-lindos-cabelos, a deusa da terra cultivada, da fertilidade dos campos, dos grãos, possa anunciar a solar Primavera.

Afogada em saudades, sem a filha querida por perto, não há como se concentrar nos grãos essenciais.

Em um dos grandes "tratados diplomáticos" da mitologia grega, depois da insuportável pressão de Deméter (que chegou a abandonar o Olimpo e a renunciar sua imortalidade), Zeus autoriza Perséfone a sempre deixar as profundezas do Hades após o Inverno, por oito meses, tempo mais do que suficiente para semeaduras e colheitas aqui deste outro lado; grãos na terra somente germinam se Deméter e Perséfone estiverem em perfeita harmonia. Com a filha por perto, Deméter volta a ser a grande mãe generosa, pronta para ser cultuada no grande oráculo de Elêusis, no sul de Atenas, por todos os devotos do pão.

A deusa dos cereais nunca esquece de abastecer com sementes Triptólemo, filho do rei de Elêusis. Dirigindo uma carruagem puxada por dragões alados e levando na bagagem um arado de madeira, Triptólemo tem a missão de propagar os grãos, ensinando a todos os habitantes da terra como plantar para o pão – alegoria de um mito que abarrota os celeiros do imaginário universal.

A bela Perséfone foi raptada por Hades, seu futuro marido, quando apanhava flores no campo, nas vizinhanças de Enna, na Sicília, a oeste do Etna, o "vulcão de boa índole", justamente a entrada do outro mundo. Ao abaixar-se para colher um narciso (que havia marotamente brotado por ordem de Gê, em conluio com Hades e o próprio pai, Zeus), a Terra se abriu e Hades tomou Perséfone em seus braços ctônios.

Deméter, que sofreu desesperadamente com o primeiro sumiço de Perséfone, agora sabe, dignidade pré-arcaica recuperada, que a filha-deusa sempre volta para ajudá-la com o trigo, que ganha vida e sai da terra para o generoso almofariz.

*

TANTA TRANQUILIDADE pode advir de um saquinho *kraft* com pães dourados sobre a mesa da cozinha...

A calmaria desse produto acabado contrasta com o som arisco de um campo de trigo em ventania, música crepitante que chegou a aterrorizar germânicos e eslavos quando entraram pela primeira vez em terras cultivadas do Império Romano, contou o botânico Georg Schweinfurth ao escritor H.E. Jacob, autor de *Six Thousand Years of Bread*.

Os pães que vemos prontos, ainda quentes, saindo das padarias, que no Brasil são uma instituição de convívio, provocam os sentidos, embalados pela ladainha do "mais moreninho", "mais branquinho" e todas as demais nuances requisitadas pela visão e pelo gosto. Ponto culminante da rotina dos padeiros madrugadores de roupa branca e mãos de farinha, os pães assados são capazes de guardar, sejamos rápidos no caminho de volta à casa, quenturas e aromas que foram despertados ainda no forno.

Pela porta lateral de uma pequena *boulangerie*, entreaberta num beco da Vielle du Temple, no Marais de Paris – *bonjour mademoiselle!* –, esses perfumes se misturaram certa vez aos da farinha crua e aos de folhas secas, recém-caídas por ali, e foram arrastados pelos ares frios de uma certa manhã.

No alvorecer cinzento de uma praça de Leonardo Sciascia, em *O Dia da Coruja*, farrapos de neblina entre torres da matriz, nada parece existir além do roncar do ônibus para Palermo e da "voz do vendedor de pãezinhos doces, pãezinhos quentes pãezinhos, implorante e irônica". Padeiros e vendedores sempre testemunhas dos movimentos das manhãs.

Os franceses aprenderam a reinventar seus pães e fizeram escola com as *baguettes*. Fernand Braudel, ao tratar desses famosos "comedores de pão", registrou que o consumo de trigo na França de 1750 chegava a quase 200 kg per capita por ano. Os italianos ampliaram o leque das especialidades com pães regionais não necessariamente agarrados ao modelo dos filões. Mas, muitíssimo antes deles, todas as civilizações os preparavam e os amassam até hoje, seguindo uma ou outra fórmula, afeitas aos grãos, fornos, fogos, paixões e habilidades disponíveis.

Imagino o festival de alegrias, fermentos e farinhas da cozinha paulistana do jornalista-padeiro Luiz Américo Camargo, com os ingredientes de uma cidade que enaltece a pluralidade das cozinhas e que tem tudo à mão, sempre testando as receitas de seus pães, com seus fermentos naturais, para depois partilhá-las em livros e cursos, atualizando gesto milenar de generosidade, simpatia e comunhão.

Alimento primordial, o pão sinaliza, com expressiva simplicidade, a vitória daqueles que o têm nas mãos e vencem a fome. Pão, desde sempre sinônimo de alimento, encampado pelas religiões pelo seu valor simbólico (um pequeno feixe de trigo atrai a atenção do menino Jesus que brinca no colo da *Madonna da Eucaristia* de Botticelli). E sofre quem não tem nem um pedaço de pão duro para sobreviver e é obrigado a mastigar o couro de botinas e de sandálias velhas, no relato sobre uma Argentina pobre. O milagre dos pães, sabemos bem, ainda não alcançou toda a gente.

O "pão-que-cresce" foi feito pela primeira vez há seis mil anos, no Antigo Egito (ou pelo menos é a experiência mais evidente e expressiva, descontados os raros achados calcolíticos, como os do Lago Biel, na Suíça, entre 3900 e 3500 a.C.). Uma hipótese entre os arqueólogos é a de que o "pão-que-cresce" era inicialmente usado em rituais, pelas classes sociais mais altas. Filões congelados pelo tempo foram encontrados nas tumbas dos faraós. Meticulosos e observadores, com pendores para a química, os egípcios que aprenderam a tirar proveito das cheias do Nilo viram que a fermentação do trigo poderia gerar não só cerveja, mas pães que crescem de verdade (a discussão sobre a precedência da cerveja em relação ao pão fermentado ainda é polêmica).

Há 12 mil anos, entretanto, o trigo moído em rudimentares almofarizes e pilões já era usado para outros pães igualmente substanciais

– trigo e os grãos ancestrais de cada campo. Não há lugar onde o pão não seja preparado ou buscado. Na coleção de tabletes babilônicos da Universidade de Yale (EUA), a primeira escrita, cuneiforme, lista cerca de 200 variedades de pães consumidos na Mesopotâmia, fabricados de acordo com o tipo de grão, do refinamento das farinhas, das fôrmas, dos modos de fazer.

Sabemos que os heróis de Homero comiam muita carne, mas nunca dispensavam o pedaço de pão rústico, de trigo ou cevada. Com o "administrador" Sólon (c. 639-559 a.C.) e suas leis agrárias, os gregos ganharam mais espaço e terra para produzir os grãos do pão e dos apreciados bolos de cevada. Mas ganharam também a obrigação cívica de alimentar a nação. Na Grécia contemporânea, quando há pão, diz-se que tudo vai bem. E desperdiçá-lo é atentado contra a memória da pobreza, das crianças desesperadas de fome que, durante as guerras, corriam atrás de um *psomaki* (pequeno pedaço de pão). Já na cena festiva entram os *kouloures*, vendidos nas ruas, em plena praia, ou, com muita certeza, em montanhas, na porta da estação do metrô Monastiraki de Atenas. De tradição bizantina, os *kouloures* são provavelmente os ancentrais dos anelados *bagels*, pelo menos na aventura sensível das formas. A mesma aventura que colocou *pretzels* de laços soltos pendurados na tela d'*O Padeiro* (c. 1681), de Job Berckheyde de Haarlem.

Aos chamados grãos primitivos – o "pai" painço, a aveia, a cevada e o trigo –, uniu-se mais tarde o centeio. "Esses irmãos alimentaram o mundo por aproximadamente dez mil anos", escreve H.E. Jacob. E haja pães pita e pães-folha, dobráveis como jornal, e pães ázimos, de tradição judaica, assados sem fermento.

O milho versátil, que dá boa farinha para pães e *tortillas*, tão conhecido dos povos pré-colombianos (o cultivo do milho no México tem mais de 7 mil anos), era usado pelos nossos índios antes da chegada dos portugueses. Ganhou a Europa graças a Cristóvão Colombo. E chegou à África, na veia mercantil dos colonizadores que viram o milho pipocar nas mãos dos povos do Brasil.

*

O NATURALISTA "barroco" Carl Von Linné (1707-1778), professor de Medicina de Uppsala, botânico sueco pai da taxonomia moderna que Goethe punha no panteão ao lado de Shakespeare e Spinoza, tinha grande interesse em dietética e nas relações da alimentação com a vida saudável. Era disso que também vivia quando não estava com a mão na terra, enfiado em algum de seus jardins, colecionando insetos e amostras para seu herbário, ou com suas penas, em desenhos, classificações e latins. Para ele, entre todos os alimentos, o pão era "verdadeiramente o mais nobre", já que bom na saúde e na doença.

Lineu estudou detidamente o valor nutritivo dos pães feitos com cada um dos grãos disponíveis, no âmbito de várias "receitas" regionais de sua terra, alimentado por recordações até da sua Hashult natal. Ele acreditava que o pão era alimento benéfico para todos os "temperamentos". Quando escolhido por suas especificidades, poderia ajudar no equilíbrio das funções do corpo – a teoria dos humores sistematizada pelo médico Galeno, do século II, estava em pleno vigor à época. O botânico de Uppsala exaltava, por exemplo, o poder do pão feito torrada, que durante a mastigação ganhava mais saliva, o que estimularia a digestão. Os preparados com aveia, mais ácidos, seriam bons contra a febre, mas não adequados para combater histeria, hidropisia, acúmulo de água nos tecidos, nem calafrios.

Leena Räsänen, da Universidade de Helsinque, Finlândia, estudou essas preocupações de Lineu, delineando um perfil profundamente "utilitário" daquele cientista que tratava sua vocação como chamado religioso. Segundo ela, Lineu promovia a ciência para uso prático da população e "sabia da importância da economia privada para o bem-estar da Nação".

E se Lineu tratou dos pães e não da pastelaria, era porque provavelmente via nela um luxo desnecessário, já que no mais das vezes preparada com ingredientes importados e caros, escreve Räsänen. Suas considerações foram apresentadas na conferência *"Culina mutata – the changing kitchen"*, em 2006, no Centro de Alimentação e Nutrição de Uppsala.

Na lista de supérfluos de Lineu entravam o açúcar, as especiarias, os vinhos, chá, café, confeitos, uvas passas, a canela (dos hoje imperdíveis *kanelbullar*, os rolinhos de canela das mães e dos Fika) e até a noz moscada. "Os lapões [que não comem nada disso e têm boa saúde] são nossos professores", indicava Lineu. Ao condenar os importados para valorizar a nação, dizia: "aqui você deve se contentar com um único cogumelo seco". Ou amoras brancas com leite de rena. Ele defendia, sim, a coleta de plantas ao redor do mundo, para serem transplantadas na Suécia, escreve Lisbet Koener, da Universidade de Harvard, em *Linnaeus – Nature and Nation*. Mas o frio rigoroso foi muitas vezes empecilho rumo à almejada *Välmaga* (Prosperidade) alimentar.

Em 1735, aos 27 anos de idade, ao viajar para a Holanda em busca do doutorado, Lineu já levava consigo anotações sobre os pães *(Ceres noverca arctoum)*. Duas décadas mais tarde, em *De pane diaetetico*, completa os estudos listando cada um dos grãos – no século XVIII, a cevada e o centeio eram predominantes –, descrevendo desde processos de moagem e panificação ao armazenamento dos produtos. Na Escandinávia, o pão mais fino e crocante *(knäckebröd)* era mais resistente ao perigoso bolor, durava mais tempo, até um ano. Lineu aconselhava seus seguidores a guardar bem esses pães em caixas, logo depois de assados, para evitar a ação de larvas e vermes.

Além das recomendações práticas, Lineu passou a procurar substitutos para os grãos em tempo de fome, tema importante na Suécia do século XVIII, escreve Räsänen. O "novo" milho entusiasmava Lineu muito mais do que a batata do Novo Mundo, vista inicialmente com grande receio. Mas havia de se pensar em pães feitos até com farinha da casca de pinheiro. Segundo Räsänen, "a ideia de Lineu de uma publicação sobre alternativas ao pão provavelmente teve origem durante suas viagens anteriores para a Lapônia e Dalarna [a dos cavalos esculpidos em madeira], onde a substituição de cereais era uma necessidade mesmo nos bons anos. Na verdade, o pão de casca foi comido no norte da Suécia até o final do século XIX. Nas regiões mais pobres do leste e nordeste da Finlândia, ainda era consumido em 1920". Lineu chegou a listar perto de vinte substitutos dos grãos, entre eles o milho ("pão ordinário dos escravos na América"), o copo-de-leite, as ervilhas, os feijões, a palha, farinha de peixe (como faziam os islandeses e habitantes da costa do Pacífico), alguns tubérculos e raízes.

Hoje todos os grãos, em abundância, marcam encontro para os pães suecos Wasa, finos, também em discos, crocantes, internacionais, que, na Suécia, saem dos fornos de Filipstad (fundada em 1919, a fábrica Wasa desde 1999 pertence ao Grupo Barilla). Até alguns séculos atrás, Gustav Vasa (1496-1560), o primeiro rei da Suécia, munido de um feixe de grãos, estampava as embalagens dos pães Wasa. Vasa, monarca que uniu a nação, está no dia a dia das notas de mil coroas. Já foi chamado de "Rei Centeio", talvez porque não fazia conta de receber impostos em sacas desse grão, *commodity* valiosa da época.

O pão, ou melhor, a falta dele, também acendeu revoluções e desuniu nações. No início da segunda metade do século XVIII, o filósofo Voltaire já escrevia que a França, saciada com romances e peças teatrais, mudaria sua atenção para os grãos. De certo modo, Voltaire estava enxergando os inúmeros problemas que os impostos, os especuladores do trigo, as guerras, traziam aos agricultores. Penúria sintetizada na briga pelo pão indispensável. "Comam brioches", mesmo se outras tenham sido as palavras, não foi o melhor conselho ecoado a partir de Versalhes.

*

DIMITRIAKÓ É PALAVRA grega para os grãos. Divina palavra que nos leva ao trigo, à cevada, ao centeio, à aveia, dispostos nas bancas atenienses e de toda a Grécia ao lado de outros alimentos igualmente ancestrais: lentilha, fava, grão-de-bico, amêndoa, tâmara, azeitona, o figo... A palavra *dimitriakó* carrega com ela a deusa Deméter. A versão romana de Deméter é a deusa Ceres, que está na raiz dos cereais. Proserpina, a filha de Ceres, é a Perséfone romana. Ceres é louvada por Íris em *A Tempestade,* de Shakespeare, como a deusa generosa dos ricos campos de trigo, centeio, cevada, lentilhas, aveia e ervilhas... e das "forragens para os carneiros".

Diante de um desses arranjados "parnasos" de grãos, certamente pararam para as compras duas senhoras de Thirasia. Uma delas está toda de preto, acaba de perder o marido, e pode arrastar essa cor e essa dor por toda a vida (Roussa Tzimea faz isso por seu Nikos). Precisam de bom trigo para a *Koliva*, um prato cheio de vida sempre preparado para o funeral de um membro da família. Tradição com gosto de Antiguidade, que nunca deixou as almas de Bizâncio e de outras redondezas partirem tristes.

Koliva é uma mistura à base de grãos de trigo cozidos na qual podem entrar amêndoas e avelãs picadas, sementes de gergelim (que "abrem as portas da consciência"), passas douradas, canela em pó, açúcar, sementes de anis, preparação geralmente coroada com amêndoas confeitadas. Na receita de Susanna Hoffman, a *Koliva* leva sementes de romã. "É uma boa maneira de honrar o falecido com a comida da vida", escreve Susanna em *The Olive and the Caper – Adventures in Greek Cooking.* Já na receita do Clube da Igreja Ortodoxa Grega de Saint Paul, Hempstead, Nova York, há referência a uma pitada de sal, cominho e salsinha.

A *Koliva* é levada pela família à igreja para ser benzida, depois soma-se à mesa do peixe da *Makaria,* a refeição pós-funeral. Os gregos fazem assim, com reverência e fervor que se repetem em todos os cantos do país e onde mais houver um ortodoxo e um padre de batina preta e barba comprida a benzê-la. As receitas podem mudar aqui e ali, de igreja para igreja, de casa para casa. Não o alcance da reconfortante prescrição. Algumas vezes, montinhos de *Koliva* imitam os de terra das novas sepulturas. "O simbolismo religioso [cristão ortodoxo] da *Koliva* está relacionado à habilidade dos grãos e outras sementes de regenerar vida por si mesmas", escreve David E. Sutton, citando Neni Panourgia, em *Remembrance of Repasts*, dentro do espírito de que almas renascem no Reino dos Céus.

Saídas de uma ruazinha estreita de Thirasia, entre casas absolutamente brancas e dezenas de igrejinhas com as abóbadas azuis, as duas senhoras nos oferecem copinhos com a *Koliva* preparada para o mais recente finado, em encontro epifânico, sem a necessidade de tradutores-intérpretes.

A Thirasia dessa cerimônia é uma pequena ilha no Egeu, uma das "filhas" nascidas com a erupção vulcânica de Santorini, nas Cíclades, em meados do segundo milênio a.C..Thirasia tem área de 9.299 km², onde vivem nem 300 pessoas. A vila de Manolos, sua capital, é alcançada depois de vencidos 101 degraus – uma escalada ao céu literalmente cercada de azuis.

*

NÃO LONGE da escadaria, nos pratos de uma taverna panorâmica de Thirasia, polvos macios são acompanhados com folhas da alcaparreira, avinagradas como picles. As alcaparras, os botões colhidos antes de abrir, e os alcaparrões, os frutos, são comuns na cozinha mediterrânea, com fundo picante e agridoce. Mas as folhas arredondadas podem ser igualmente intrigantes ao paladar e bonitas ficam no prato como pequenas toalhas verdes. Acompanhamento perfeito para os peixes preparados em Thirasia.

Muitas vezes semeados pelos pássaros, os arbustos da alcaparra, que chegam a ficar esplendorosos carregados de efêmeras flores brancas, são capazes de crescer em brechas de velhas paredes. Muitas alcaparreiras enfeitam desavisados muros, monumentos e ruínas. Repare se não há um desses arbustos se aventurando no pé do Muro das Lamentações, em Jerusalém, ou tentando intrincadamente derrubar uma construção qualquer no Uzbequistão.

Lucullus é mais que acelga

Lagos e peixes do general-gastrônomo

L UCULLUS É UMA ACELGA que vai para a panela em cozinhas de todo o mundo e pode muito bem ser levemente refogada no azeite com alguns dentes de alho. Uma homenagem de botânicos ao general romano Lucius Licinius Lucullus (c.114 - 57 a.C.), que cuidou de jardins e hortas no Monte Pincius e de mesas suntuosas depois da "aposentadoria". A acelga foi batizada de *Lucullus* em 1890. Outras reverências ao general-gastrônomo estão em Plutarco.

Existem poucos resquícios dos canteiros da *villa* de Lúculo, plantados ao norte da Colina do Quirinal, em Roma. Os jardins foram redesenhados ao gosto do século XIX, com largas avenidas guardadas por pinheiros, carvalhos e bustos em mármore branco de personagens da história romana. Os *horti lucullani* foram celebrados por despertarem tantas sensações quanto as emanadas da mesa do general, o "Xerxes de toga", que trouxe das campanhas pela Pérsia a receita de seus jardins, lagos e canais. "Canais da abundância", como tratava os da sua época o assírio Assurbanípal.

Da mansão romana que abrigou memoráveis banquetes promovidos por Lúculo não se tem sombra. (É como na poesia de Marcial: a figueira selvagem partiu o mármore de Messala, "profecia cumprida da destruição dos monumentos mais duradouros"; os tempos recriando cenários, escreveu o pensador alemão Karl Phillip Moritz). Há, contudo, a iluminação de episódios narrados pelo historiador Plutarco (46-119). Lúculo é um dos vultos gregos e romanos (reais e mitológicos) biografados em *Vidas Paralelas*.

O general dedicou-se aos jardins, aos livros, à filosofia e à gastronomia, depois de vencer a Terceira Guerra Mitridática, na Ásia Menor. Foi também um mecenas. Do Ponto Euxino, trouxe a vitória e as cerejas, "pérolas vermelhas". No terreno das línguas, foi invadindo dicionários ao longo dos séculos, como em campanha, para adjetivar festas de pompa e fartura, lucúleo nada inferior a opíparo, ombreando-se a magnificente, suntuoso.

O escritor espanhol Julio Camba escreveu em 1929 *La Casa de Lúculo o el Arte de Comer*, uma viagem por cozinhas, onde as mesas não decepcionariam o Lúculo do título, com suas sardinhas brilhantes e ouriços do mar – "hálito de borrascas, essência de tempestades". Fora dessa Hispânia de Camba, nos tanques e canais projetados por Lúculo na mansão marítima em Nápoles nasceram lagostas, lagostins e a serpentiforme e brava *la morena*, que garantiram mar de sabores a seus jantares.

"Quando visitava Nápoles, eu me hospedava no palacete Chiatamone, situado exatamente no local do palácio de Lúculo, a quem pertencia toda a praia hoje ocupada pelo Castelo d'Ouef. Na maré baixa ainda era possível perceber nas pedras o vestígio de dutos que levavam água para o viveiro de Lúculo", escreveu Alexandre Dumas em suas memórias gastronômicas.

Certamente não imaginaram, nem Plutarco nem Dumas, que Lúculo fosse brilhar tantos séculos mais tarde em placas de restaurantes mundo afora. Há um deles na cidade croata de Hvar, outro em Bergen, na Noruega; na ilha grega de Naxos há um Lucullus, assim como em Cascais, perto de Lisboa, a indicar "aqui se come bem". Em Tours, no

Vale do Loire, existe um Lucullus *halal* que se vangloria de seus *kebabs*. Todos querendo tirar uma lasca, associando a imagem da boa mesa de Lúculo a seus pratos. Por que não uma língua de boi recheada com patê de fígado, o internacional *Langue de Boeuf Lucullus*?

Os romanos ficavam atônitos quando descobriam os brilhos e a fartura da mesa do general: copos com pedras preciosas, pratos cinzelados em ouro, panos de púrpura... assim descreveu Plutarco a mesa exuberante de Lucullus.

Diz a crônica romana que Cícero e Pompeu certa feita se convidaram para jantar com Lúculo (há várias versões dessa história). Os dois queriam conferir se toda a festejada riqueza gastronômica das recepções transbordava para o dia a dia do general retirado, ou se havia momentos solitários "de pedaço de pão e um naco de queijo". Instaram Lúculo a preparar um jantar com o que havia na despensa. E nada de avisar os empregados da casa. Lúculo teria até simulado o desejo de mudar a data do jantar, mas acabou apenas avisando um dos criados. "Hoje jantamos no salão Apolo". Era a senha, desconhecida de Cícero e Pompeu, para um dos mais ricos salões da casa, salão para permitidos gastos de 200 mil sestércios (com um *asse*, a quarta parte de um sestércio, um romano podia comprar meio quilo de pão é um litro de alguma zurrapa). Os convidados ficaram pasmos com o que viram: frutos do mar, aspargos, lagostins, pastéis de ostras, leitão assado, peixes, pato, lebre, pavão, perdizes da Frígia, esturjão de Rodes, mais doces e bons vinhos.

O episódio mais conhecido sobre a rotina de Lúculo é aquele que trata de uma noite ironicamente sem convidados. Os criados lhe serviam uma ceia normal, sem requintes, e foram inquiridos sobre o motivo da frugalidade. À explicação "é que não haveria mais ninguém à mesa", Lúculo protesta: "Não sabias que hoje Lucullus janta com Lucullus?" (*Hodie Lucullus cum Lucullus edit*.) Na mesa da história repousa a frase que pode ser lida como uma defesa do amor próprio. Que vivam o faisão, o melão e as trufas.

O que diz o Testaccio

Roma imperial banhada em azeite

NESSA RUÍNA ROMANA não há sombra de colunas, nem mosaicos incompletos, nada de mármores em pedaços, muito menos "aqui o *impluvium*, lá o templo de Júpiter, ali a Casa do Poeta Trágico, lá a grandeza do Fórum", onde a imaginação vê quase sempre imperadores, senadores e, com boa vontade, ouve ecos de seu líquido latim, como "se escrito em folhas de cetim" (Byron). Não. Essa ruína acorda nos verões bem longe de qualquer sentença moral. E o som que se ouve é o de velha cerâmica pisada e retriturada por pés de estudantes.

Chama-se Monte Testaccio essa ruína, bem perto do Tibre, elevação de terreno que cala a Geologia e dá voz à Arqueologia. Um monte, mas um monte quase sem terra: 35 metros de altura feitos de ânforas de terracota quebradas e de seus cacos, descartadas e empilhadas durante pelo menos três séculos do Império Romano, a partir de Augusto. Uma ruína de descartes que tem ainda mais 15 metros do mesmo estrato fora da paisagem, enterrados estão. "Como os anéis de uma árvore, cada camada de potes corresponde a um momento no tempo", escreveu Sarah Murray, em *Moveable Feasts*. Os pesquisadores já chegaram ao "espólio" do imperador Septímio Severo (193-211).

Aqueles que escavam e estudam essa que é a colina "envergonhada" de Roma garantem que ela foi caprichosamente "montada", aos poucos, com 50 milhões de ânforas. Quando inteiras, serviram para transportar e armazenar azeite. Logo, começaram a mudar uma paisagem. Séculos depois, tiradas do esquecimento, passaram a contar uma parte da história dos apetites de Roma. Tinha a metrópole um milhão de bocas. Era preciso importar grãos, azeite e vinho de outras frentes do Império. Egito, Sicília e regiões do Mar Negro eram celeiros. Óstia, um movimentado porto de entrada. Lá estão até hoje conservados mosaicos desenhando no chão logotipos de casas comerciais e de transporte. Estivadores resumidos em pedrinhas.

As ânforas que formam o Testaccio transportavam sobretudo azeite, usado na preparação de carnes, para saladas, para o pão, mas também queimado em lamparinas, como unguento para atletas e indispensável na fabricação de cosméticos e perfumes. Cada cidadão romano consumia, em média, cerca de 50 litros de azeite por ano. Hoje um italiano consome cerca de 17 litros. Os números são de Sarah Murray.

As inscrições calcadas nas ânforas mostram que as vasilhas vinham da Bética, na romana Hispânia. Situada no que é hoje a Andaluzia, a Bética era a terra de 200 milhões de oliveiras, como ainda hoje é a do *gazpacho*, do peixe frito e do presunto curado. Diante de tanta *hispanidad*, o professor José Remesal Rodríguez, que coordena expedições científicas anuais ao Testaccio, diz que pisar naquela colina é pisar em território espanhol. Desde 1989 um time de pesquisadores das universidades de Madri e Barcelona, em colaboração com equipes do Dipartamento di Scienze della Terra da Universidade de Roma, estuda o Testaccio. Além das ânforas da Espanha, há aquelas que atravessaram o Mediterrâneo a partir do norte da África, da Tunísia e da Líbia.

Considerando-se que essas ânforas tinham capacidade para 50

litros cada uma (11 galões imperiais), e provavelmente foram usadas mais de uma vez, falar em 50 milhões de unidades é tratar de um superlativo fluxo de mercadorias entre as várias possessões do Império. Os ricos romanos também gostavam de vinhos de outras praças, da Campânia, por exemplo, onde a videira em terra vulcânica é cultivada desde o século XIII a.C. – vinhos também transportados nas "garrafas ancestrais".

As primeiras escavações sistemáticas no Testaccio passaram a ser feitas a partir de 1872, por Henrich Dressel. A mais conhecida fotografia de Dressel mostra o professor ítalo-prussiano de barba cerrada e terno impecável. Não está segurando nenhum de seus achados arqueológicos, mas não é de todo descabido pensar que com alguma elegância tenha se aventurado no Monte Testaccio. (As camisas brancas de Heinrich Schliemann, que escavou Troia, viajavam de Atenas para Londres para serem lavadas e engomadas...)

A Dressel se deve a catalogação de três mil selos estampados nas asas dos recipientes e outras centenas deles calcados no corpo das ânforas, descritos no estudo *Instrumentum domesticum*. Modesto, Dressel chegou a dizer tratar-se de "minúcias epigráficas", mas foram ponto de partida importante para as pesquisas atuais. Em homenagem ao arqueólogo, quase todas as âncoras recolhidas e estudadas no Testaccio foram batizadas de ânforas Dressel. As inscrições levantadas por ele ajudaram a identificar os comerciantes de azeite e seus transportadores. As "marcações de fábrica" acabavam atendendo a uma política rigorosa de controle fiscal dos produtos que abasteciam a grande cidade de Roma, incluindo os grãos que vinham do Egito.

Por meio das ânforas e de seus cacos, os estudiosos descobriram também que o monte Testaccio foi usado, na Idade Média, como local para adegas. O "frescor" dos nichos de paredes vazadas de cerâmica era ideal para a preservação de vinhos.

Cervantes citou o Testaccio em *El Licenciado Vidriera* (1606). Tomás

Rodaja, o erudito personagem central, que acreditava ser de vidro e, por isso, dizia todas as verdades, imprecava: *¿Que me queréis, muchachos porfiados como moscas, sucios como chinches, atrevidos como pulgas? ¿Soy yo por ventura el Monte Testaccio de Roma, para que me tiráis tantos tiestos y tejas?*

Em 1827, três anos antes de *O Vermelho e o Negro*, Stendhal visitou o Testaccio, época em que a colina era lugar de festa, com refrescos, vinhos e bailes. No Testaccio, em 1849, Giuseppe Garibaldi instalou canhões para se defender dos franceses. Hoje, o lugar é cercado por bares da moda, onde vinhos e azeites afloram com hedonismo.

*

À ESPERA DOS VALENTES tessálios, soldados da Fócida escavam um grande fosso num passo entre montanhas na Grécia Central. O buraco, como uma grande trincheira, é preenchido com centenas de ânforas vazias, nivelado e camuflado depois com terra. A armadilha funciona: os cavalos dos tessálios, em velocidade de guerra, quebram as patas ao pisarem no terreno fragilizado por cerâmicas ocas. O exército inimigo é vencido no desfiladeiro.

Quem narrou o estratagema dos fócios e tratou de outros destinos de ânforas vazias foi o grego Heródoto (484-425 a.C.), em sua *História*. Numa das viagens ao Egito, começou a se perguntar sobre o fim das ânforas que ali chegavam com vinhos de Chios, Thasos, Rodes e Knidos, cidades vitivinicultoras no Mar Egeu. E também sobre o que era feito das desembarcadas dos barcos fenícios, já que não tinha visto por lá nenhum depósito de ânforas vazias.

Originalmente fabricadas para transporte de vinho, queijos, peixe em conserva, molhos, azeites, cervejas, nozes e mel, as ânforas nem sempre eram descartadas e têm uma história de reciclagem a contar. O arqueólogo norte-americano Patrick McGovern chega a comparar a prática de gregos e romanos com a febre de reaproveitamento de latinhas de cerveja e garrafas PET. Cacos de cerâmica serviam de material na construção civil, enquanto ânforas inteiras eram adaptadas até como urnas funerárias.

Ânforas de vinho de segunda mão, explica a pesquisadora Virginia R. Grace, da American School of Classic Studies de Atenas, serviram em larga escala para transportar água pela estrada que ligou o antigo Egito à Síria, na faixa costeira da chamada "pentápolis filisteia" (830 a.C.), confederação das cidades de Gaza, Ascalão, Asdode, Gath e Ekrom.

Entre Dois Rios, 1600 a.C.

As primeiras receitas escritas do mundo

COMO RECEPCIONAR e integrar novos alunos do Curso de Acádio da Brown University, em Providence, Rhode Island (EUA)? A professora Alice L. Slotsky tem a receita. Prepara um jantar com pratos de inspiração mesopotâmica, com destaque para uma "carne ao estilo assírio", um cozido no qual, ressalte-se, o sangue animal é substituído por cerveja Guinness Stout. O acádio foi a língua semítica falada na Mesopotâmia, principalmente entre assírios e babilônios. Na origem desses povos assentados entre os rios Tigre e Eufrates, estiveram os sumérios, tempos da invenção da escrita cuneiforme, rasgada nos tabletes de argila a partir de 3200 a.C..

Alice L. Slotsy batizou esse "projeto" de *Cuneiforme Cuisine*. E foi buscar as receitas originais para a festa nos textos traduzidos pelo assiriólogo Jean Bottéro (1914-2007), publicados em *The Oldest Cuisine in the World*. Bottéro foi o grande mestre dos tabletes de receitas da Coleção Babilônica de Yale, a mesma "biblioteca" de mais de 45 mil itens que guarda "originais" do *Épico de Gilgamesh*.

As mais antigas receitas culinárias já encontradas foram escritas por volta de 1600 a.C. e estão "marcadas" em três tabletes de argila, "exumados" das gavetas de Yale. São em número de 40, todas decifradas por Bottéro, o assiriólogo filho de um oleiro, que passou pelos ascetismos dos mosteiros, estudou teologia, metafísica e a língua acádia, traduziu o *Código de Hammurabi*, sempre debruçado nas peças de argila mesopotâmicas, como fazia o pai com seus tijolos. Algumas das inscrições estavam arranhadas pelo tempo, com uma ou mais palavras faltando, ou com termos até hoje desconhecidos, "apenas destroços de um grande naufrágio", escreveu Bottéro, que foi diretor emérito da École Pratique des Hautes Études de Paris. Mesmo assim, a partir dessas amostras, conseguiu estabelecer novos paradigmas para a "refinada e inteligente civilização" mesopotâmica, aparentemente "obscura e intangível", mas que, à mesa e ao fogão, mostrou mais do que lampejos da nossa própria.

Afinal, a frase conclusiva "está pronto para servir", gravada na argila de 3600 anos, não é também o fecho convidativo e carinhoso de muitas receitas de mães e avós, em qualquer parte do mundo? Ver-se-á que a comida mesopotâmica, aquela desenvolvida entre os povos dos dois rios irmãos, prolongou-se com variantes e achados, com temperos locais, e desaguou na cozinha turco-árabe, na libanesa e na de vários outros povos do Oriente Médio.

Bottéro não recomendava a reconstituição das receitas cuneiformes "nem para o pior de seus amigos". Conhecia a impossibilidade de se ter às mãos os mesmos ingredientes da época, as mesmas ferramentas, e temia que os inevitáveis "saltos" e interrogações da tradução comprometessem o resultado final dos pratos. A própria professora Alice, da Brown University, reconhece esses problemas, mas diz acreditar que mesmo uma comida babilônica adaptada é melhor que nenhuma.

A receita da "carne assíria" de Bottéro é brevíssima (ele a comparava às igualmente sucintas receitas do *Le Guide Culinaire* de Auguste

Escoffier). A carne [à escolha] deve ser cozida em água com gordura [animal], alho e *zurumu* [não há nenhuma pista sobre a palavra] com ... sangue (?), e alho-poró e alho amassados. "Está pronta para servir". (As interrogações fazem parte das traduções de Bottéro.)

Na receita de Alice Slotsky para o mesmo prato, muitas cebolas, chalotas, alho, cebolinhas e alho-poró são picados, cortados, amassados e dourados em óleo. Numa outra panela, a carne ganha sal e é selada com a mistura "alhosa", tão ao gosto assírio. Em fogo baixo, com um pouco d'água mais um quarto de uma garrafa de Guiness Stout, a carne é cozida até chegar ao ponto. Depois, é reservada. A mistura da cerveja com todos aqueles temperos volta ao fogo para ser reduzida até formar um caldo grosso. "Trinche e sirva". Alice diz que seus alunos e convidados ficam extasiados

Mas onde encontrar a "cuscuta" para um outro tipo de cozido revelado no mesmo lote de receitas, pergunta a arquiteta italiana Eugenia Salza Prina Ricotti, autora de populares livros sobre cultura greco-romana e que também gosta de recriar a mesa dos antigos. Nos supermercados é que não haverá maços desse vegetal parasita, que recobre outras plantas com seus fios amarelos, alaranjados, avermelhados. Terror dos agricultores, a cuscuta descrita pelo grego Dioscorides (século I) por suas propriedades medicinais já era reconhecida pelos assírios.

> *Cozido de cuscuta. Para prepará-lo não é necessária carne fresca; no lugar dela, use carne salgada. Coloque-a na água e acrescente uma boa quantidade de cuscuta, cebola, samidu [uma especiaria desconhecida], coentro, algaravia, alho-poró e alho. Sirva.*

Muito antes das receitas, as peças de Yale já tinham revelado listas de ingredientes, menus festivos e "relatórios" de compra de alimentos. Bottéro escreve que a recriação de cenários da mesa de egípcios, hititas, hebreus, fenícios e outros povos do Oriente Médio sempre foi feita a partir desse tipo de listagem. Nunca a partir de fontes primárias, como é o caso dos tabletes em acádio, com seus inequívocos "modos de fazer". Os registros mesopotâmicos fizeram com que a história das receitas recuasse cerca de dois mil anos. Até então, as 120 receitas romanas reunidas em *De Re Coquinaria*, conhecidas como receitas de Apicius (em versão disponível do século IV), eram consideradas as mais antigas. As receitas de Mithekos (século V a.C.), o "Fídias da Cozinha", das quais só fragmentos sobreviveram, são evocadas como que para garantir a Siracusa, na Sicília, o merecido destaque histórico nas questões gastronômicas.

Os tabletes que anunciaram a "cozinha mais antiga do mundo" foram escavados de solo mesopotâmico no final do século XIX. A Mesopotâmia dessas plaquetas de argila colheu todos os frutos da chamada "revolução neolítica", que ali avançou com a construção de canais de irrigação. Uma Mesopotâmia que podia alimentar sua população com gêneros variados. Nos tempos do rei Hammurabi (1792-1750 a.C.), de seu código e de sua hegemônica Babilônia, não à toa a terra era considerada um "membro da família", pois garantidora da subsistência.

Sentar-se à mesa era indispensável na celebração de acordos e negócios. A refeição era o sacramento dos matrimônios: as noivas passavam a fazer parte da família de seus maridos somente depois de se alimentarem da mesma comida, da mesma fonte de vida. Os mitos trazem os deuses à mesa deliberando sobre questões do Universo. A "invenção do homem" teria se dado depois de "pão e cerveja" divinais compartilhados.

Itens do grande inventário mesopotâmico aparecem em uma enciclopédia *avant la lettre*, mas também em bilhetes mais prosaicos, como a carta de Huzalatum para Bêltâni, calcada em sumério, por volta de 1700 a.C.. *Lady* Huzalatum escreve à irmã uma mensagem, aqui traduzida livremente do texto em inglês de Teresa Lavender Fagan. As interrogações fazem parte.

Na última caravana trouxe (daí?) 100 litros de semolina de cevada (tappinu), 50 litros de tâmaras e um litro e meio de azeite; e eles acabam de entregar 10 litros de sementes de gergelim e 10 litros de tâmaras.

Em retorno, estou enviando para você 20 litros de farinha grossa (?; isququ), 35 litros de farinha de feijão (ou fava) (?), dois pentes (!), um litro de siqqu [condimento à base de peixe fermentado]...

Não tenho mais ziqtu [de peixe] (?) aqui. Mande algum para mim, para que eu possa fazer para você alguma salmoura e possa mandá-la de volta...

Em *Everyday Life in Ancient Mesopotamia*, Bottéro relacionou os principais itens das despensas, incluídas a de homens e mulheres comuns, produtos que iam para a cozinha e, transformados com habilidade, estavam "prontos para servir": os cereais dos muitos pães, os vegetais dos ensopados, as frutas variadas, especialmente a tâmara da lista de *Lady* Huzalatum, mas também maçãs, peras, figos, romãs e uvas, que podiam passar por técnicas de doçaria; bulbos e raízes; trufas e cogumelos; ervas da estação; carne de grandes e, principalmente, pequenos animais de criação, porco, caça, aves – à exceção das domésticas, que chegaram depois – e seus ovos; peixes de mar e de rios; tartarugas, crustáceos, mariscos e, entre os insetos, pelo menos gafanhotos; leite (e queijos), manteiga e outras gorduras, tanto de animais (lardo, de carneiro etc) como vegetais (óleo de gergelim e azeite de oliva); maná (exsudação açucarada) de várias árvores, mel para adoçar sua comida; e produtos minerais (sal, cinzas?) para intensificar o sabor dos pratos.

Os ingredientes nativos eram tão variados, escreveu Bottéro, que os mesopotâmios nunca precisaram importar alimentos, mesmo antes do terceiro milênio. Concentrados nesses produtos da terra foi que desenvolveram técnicas de preservação e preparação. Sabiam desidratar

vegetais e frutas (tâmaras, uvas e figos), mas também carne e peixe. A carne seca ao sol dos mesopotâmios é praticamente a mesma hoje preparada no Brasil, anotou o historiador.

O destaque dessa lista era a "salmoura" usada para temperar peixe e frutos do mar chamada *shiqqu*, similar ao *nuoc-mam* da cozinha vietnamita, à base de peixe cru fermentado. Os mesopotâmios dominavam também as técnicas de fermentação láctea, com excelência em *sours milks* e *cream cheeses* e mais duas dezenas de queijos. E sabiam exatamente como moer os cereais para uma infinidade de farinhas e pães. Os documentos mostram 100 tipos de sopa. Do palácio de Mari (c. 1780 a.C.) foram desencavadas 50 fôrmas diferentes que deixavam os bolos ainda mais bonitos.

Um dos menus bem conhecidos dessa antiguidade clássica, o mais pantagruélico de todos, é o da festa comandada por Assurnasirpal II (883-859 a.C.) para reinaugurar a capital do reino, Calah (Nimrud), totalmente reformada, com jardins e árvores de toda parte "e romãs que brilham como estrelas no céu". O rei convidou exatamente 69.574 pessoas, nada mais ou menos, para uma celebração de 10 dias. A ordem era impressionar, principalmente "embaixadores". A estela escavada nas ruínas de Nimrud registra o objetivo do encontro: alimentar os povos felizes de toda a redondeza e enviá-los de volta às suas terras em paz e alegria.

Há três mil anos um pai acádio aconselhava o filho: "Dê comida [pão] para comer, cerveja para beber, garanta o que é solicitado, provenha e trate com honra". É como pensamos a hospitalidade até os dias de hoje, escreve o romancista Jesse Browner ao apresentar *The Duchess Who Wouldn't Sit Down: An Informal History of Hospitality in Western Civilization* (2003).

É a partir da lista de provisões que as cozinhas, as mesas, os assadores de Assurnasirpal II foram reconstruídos, pois por ali passaram 1.000 bois (alimentados com cevada), 1.000 bezerros e carneiros de estábulo, 14.000 carneiros comuns do rebanho de Istar, deusa da fertilidade, 200 bois da manada de Istar, 1.000 cordeiros, 500 cervos, 500 gazelas, 1.000 aves grandes, 500 gansos, 500 galinhas, 1.000 periquitos (*suki*).

*

SEIS DIAS E SETE NOITES de amor voluptuoso com Shamhat, a prostituta da cidade grande, com direito a "todas as coisas que uma mulher sabe fazer", humanizaram Enkidu, um dos personagens centrais de *Gilgamesh*, o mais antigo poema épico já descoberto, de origem mesopotâmica, que trata de questões de vida e de morte. E da imortalidade.

Para que Enkidu, o homem-selvagem-das-terras-verdes, da estepe, pudesse se tornar o companheiro íntimo e inseparável do rei Gilgamesh, pudesse ir para Uruk, pudesse se aventurar na companhia do soberano (2/3 imortal, 1/3 mortal), pudesse ajudá-lo a vencer monstros da Floresta de Cedro, a montar estratégias para conhecer os segredos da imortalidade com o "Noé" Utnapishtim, era preciso mais: Enkidu tinha de parar de se alimentar cruamente como gazelas e outros animais, parar de beber leite direto das bestas. Shambat cozinhou para Enkidu e lhe apresentou a cerveja. "E então Enkidu comeu a comida preparada até ficar cheio e bebeu a cerveja. Sete jarras de cerveja. E ficou cheio de energia. E cantou em alto e bom som."

Essa história, segundo Bottéro, deixa claro que, de acordo com os costumes dessa terra [a Mesopotâmia] e pela virtude de seu conceito elevado e civilizado de existência, uma existência urbana, há apenas uma maneira efetiva e apropriada de manter a vida em relação à nutrição: comendo pão e bebendo cerveja, ambas atividades inseparáveis e balanceadas, ambos produtos da intervenção e dos esforços humanos. Naquela terra, o primeiro e principal trabalho era o cultivo dos grãos tão bem apropriados à natureza do solo. Jean Bottéro também tem sua versão de *Gilgamesh*.

Gilgamesh pode ter sido o verdadeiro rei de Uruk, por volta de 2700 a.C., a quem se atribui a construção das muralhas da cidade. O seu papel como herói de histórias é posterior.

*

Chegou em Sippar um barco carregado de vinho.
Compre-me por dez siclos e, trazendo-o para mim,
venha me encontrar na Babilônia.

O BILHETE, marcado em argila de quase 3.750 anos, é de um negociante babilônio chamado Bêlânu a seu criado Ahuni. Ahuni ajudava seu senhor a comprar vinhos, que chegavam nas caravanas originárias da região sírio-armênia e que também eram comercializados quando desciam o Eufrates, ânforas embarcadas principalmente no porto de Karkemish, cerca de 100 quilômetros a nordeste de Aleppo (a cidade hoje cruelmente devastada pela guerra civil, intervenções, bombardeios e terrorismo na Síria de Assad). A carga era depois revendida na Babilônia.

Esse vinho importado das montanhas ainda era um produto do mercado de luxo, "reservado aos ricos e grandes deste mundo e do outro", explica Bottéro. Dez siclos correspondia a 80 gramas de prata, com as quais se podia comprar 2.500 litros de grãos, mas somente 300 litros de vinho. Segundo o assiriólogo, o gosto pelo vinho foi contagioso e passou a ser disseminado mesmo numa civilização tão ou mais cervejeira que a egípcia, onde a cevada e o trigo foram "grãos-motores", graças a generosidade das terras nutridas pelos rios Tigre e Eufrates.

De certa maneira, a decifração de milhares e milhares de documentos da coleção de Yale veio iluminar a lenda que trata do descaso de Dioniso, o deus grego do vinho, pela região. A "fofoca" diz que Dioniso teria simplesmente desistido de qualquer investida vinícola na Mesopotâmia por ser esta uma terra de incorrigíveis bebedores de cerveja.

Um documento de 2350 a.C. revela que Urukagina, rei da cidade meridional de Lagash, se gabava de ter construído uma adega para guardar seus vinhos, apelidados de "cerveja das montanhas". Na parte norte da Mesopotâmia, onde posteriormente até uma viticultura própria se desenvolveu, há registros de classificação das bebidas, comparáveis a que se faz hoje nas regiões demarcadas da Europa. No banquete de Assurnasirpal II foram servidos 100 mil litros de cerveja, mas também outros 100 mil odres de vinho.

Séculos mais tarde, o rei Assurbanípal (c. 690-627 a.C.) pôde colher uvas plantadas pelos seus antecessores. Vinho não faltava no palácio em Nínive, perto do rio Tigre, norte do atual Iraque. No painel em alabastro, hoje exibido no Museu Britânico, em Londres, Assurbanípal e a mulher aparecem degustando vinho e se refrescando sob uma videira entreliçada. O rei está reclinado em trabalhada mobília, pose que posteriormente virou rotina no *symposium* dos gregos e no *convivium* dos romanos. Com uma diferença: Assurbanípal não divide a ocasião com um grupo de homens, como faziam filósofos e membros da elite grega ou comensais romanos. Os que aparecem no friso são "abanadores" reais e estão ali apenas para garantir algum refresco e para que nenhum inseto atrapalhe a conversa a dois. Dependurada numa árvore ao lado da bucólica cena, à esquerda no painel, há um troféu de guerra: a cabeça decapitada do inimigo Teumman, rei de Elam.

A caixa de tâmaras

Doçuras do sol do Magreb

YAZID ENVIOU presentes de Paris. No pacote generoso, uma coleção de latinhas da Kusmi Tea e uma caixa de tâmaras. As tâmaras que voaram de Paris foram colhidas e processadas na Argélia de Yazid – especiais *deglet noor* transparentes, energizadas pelo sol do Magreb. Yazid as come sem parar e, com elas alimentado, consegue a proeza de trazer a sua Cabília inteira para o pequeno apartamento parisiense. As nossas tâmaras criaram uma grande porta aberta para o cenário de muitas montanhas da terra natal de Yazid.

Há 5.500 anos alguém já as comia pela vida em Nahal Mishmar, perto do mar Morto. Algumas sementes do rústico banquete foram encontradas por arqueólogos na Caverna do Tesouro. Outros vestígios mais antigos foram desenterrados em Telitat El-Ghassul, terras bíblicas ao sul do Vale do Jordão. As tamareiras pontilham de doçuras o arco do Crescente Fértil. São cultivadas na Mesopotâmia desde os tempos de Hammurabi (c. 1810 a.C. - 1750 a.C.). No Levante, ainda hoje fazem parte da paisagem de Jericó, a "cidade das palmeiras", jardim que Cleópatra ganhou de presente do amante romano Marco Antônio. Palmeiras carregadas de frutas dominam a paisagem da Península Arábica. Sobrevivem em regiões de pouca água e em solos de alta salinidade. Vários de seus parentes crescem na costa mediterrânea no norte da África. A Argélia de Yazid está aí.

A palmeira chega fácil a 30 metros de altura e é atração onde quer que esteja. Foi cunhada em moedas e não se sabe até quando embelezará um mosaico da mesquita Umayyad, em Damasco, na Síria. Aparece empertigada ao lado de lírios brancos em várias paredes do Mosteiro de São Bento, em São Paulo. Sagrada, altiva, "dádiva do Criador", símbolo de prumo e correção, é citada tanto na Bíblia quanto no Alcorão de Yazid.

> *E sacode o tronco da tamareira,*
> *de onde cairão sobre ti*
> *tâmaras maduras e frescas*
> *Come, pois e bebe e consóla-te.*
> (SURATA 19:25-26)

> *O justo florescerá como a palmeira,*
> *crescerá como o cedro no Líbano.*
> (SALMO 92: 12, NIV)

Em *Phoenix dactylifera*, o nome científico cunhado no período Barroco, temos mais viagens simbólicas. A ave que renasce das cinzas (a fênix) está aí a indicar o poder regenerador da palmeira milenar. E o *dactylifera*, emprestado do grego, desenha com dedos a forma das frutas.

Antes dos anos 1970, o Iraque era um paraíso de tamareiras. Com a guerra Irã-Iraque e as frequentes invasões ocidentais, além das baixas humanas, milhões de palmeiras foram destruídas. No balanço do pós-guerra, Basra foi perdendo 10 milhões das suas 13 milhões de tamareiras, sem contar aquelas que vieram abaixo por ordem de Sadam

Husseim, em nome da segurança do Estado. Argélia, Tunísia (e a Califórnia) ajudaram a suprir com tâmaras os mercados órfãos da guerra.

As tâmaras maduras são colhidas no fim do verão, começo do outono. E vão se espalhando pelo tapete estendido nas tendas berberes; ganham os pratos árabes que se impuseram no Magreb desde a chegada do Islã. São também embaladas "para viagem" ao redor do mundo, como as que Yazid nos enviou.

A premiada escritora Maria Speck trata de fatiar tâmaras e espargi-las com água de rosas para coroar o seu *Purple Pudding Rice*, um doce preparado com o arroz preto dos imperadores chineses, que a mágica da cozinha avermelha como um borgonha. A água de rosas sobre as tâmaras evoca a serenidade de mesquitas e igrejas, escreveu Maria em *Ancient Grains for Modern Meals*, seu cultuado livro de cem receitas de inspiração mediterrânea.

A *cadbanou* iraniana Nasrin Haddad Bataglia também usa as tâmaras na sua delicada cozinha. Desde 1990 no Brasil, Nasrin faz banquetes persas e recebe em sua casa em São Paulo para pratos em outros tempos servidos no restaurante Amigo do Rei, inicialmente em Paraty (RJ), depois, em Belo Horizonte (MG). Para coroar as refeições que prepara, apresenta o *Ranguinak*, uma sobremesa que vem da Pasárgada, a primeira capital do império persa, que inspirou o poeta Manoel Bandeira. Nasrin "esconde" nozes dentro de tâmaras e faz com que esses duetos se afoguem numa misteriosa "areia movediça" de cereal, alimentada com chuva de pistache. A boca esquenta com a mistura rumo ao sublime. Pequenas e escuras, as tâmaras persas são conhecidas pela maneira macia como se desintegram na boca.

Nawal Nasrallah, na sua história sobre a tâmara, faz referência a uma *Omelete do Cupido*, de qualidades afrodisíacas, tradicional no Oriente Médio: prato de ovos, tirinhas de tâmaras, manteiga e uma pitada de canela. Uma omelete assim é servida como conforto na gelada Tabriz, cravada nas montanhas no Noroeste do Irã.

Yazid Naet Hamoud, um cabila dos muitos que deixaram para trás suas montanhas na Argélia para abrigar-se em Paris, faz crepes no coração do Marais, na bem localizada Droguerie, uma portinha toda pintada de azul claro, que agora ostenta com orgulho a placa de recomendação do TripAdvisor. Torce para o Olympique de Marseille, é ainda flamenguista assumido, mas não se intimida em pregar na parede uma pequena bandeira do Corinthians e um adesivo do Limestone College, de Gaffney (EUA), que ganhou de presente. Ao lado do seu negócio há uma loja da Kusmi Tea. Nem por isso deixa de oferecer a amigos e fregueses seu fervente e adocicado chá de hortelã. Sempre em pequenos copos decorados, como manda a hospitalidade da sua Cabília.

Mais à frente da *creperie* de Yazid, na mesma Rue des Rosiers, uma dezena de agitados balcões *kosher* servem, todos eles, "o melhor falafel do mundo", bolinhos de grãos num mar de iougurte e outros ingredientes transbordando dos cones de pão pita – falafel incluído na lista de imperdíveis do *chef* Alain Ducasse. Em outras vitrines, montanhas dos delicadíssimos *macarrons* que os franceses como ninguém conseguiram levar à perfeição.

A Rue des Rosiers, no 4º *arrondissement*, é um espaço parisiense de convívio multiétnico que desafia todos os tipos de intolerância e violência que andam a atordoar Paris e outras cidades da Europa. Ao lembrar de Yazid, pensa-se em Camus e na sua veemente defesa do encontro entre os diversos habitantes da sua Argélia, antes da Guerra da Independência. Pela rua de Yazid circulam *pieds noirs*, cabilas como ele, outros berberes, outros europeus, muitos judeus, mais ou menos ortodoxos, e um e outro francês metropolitano que não faz bico para o mar de turistas. Na Vieille du Temple, perto dali, a palavra de ordem nos bistrôs que se atiram às calçadas é *#JeSuisEnTerrasse*, desafio a todas as formas de violência. Ressonantes são os bistrôs, classificados pelo filósosfo Edgar Morin como "mini-fóruns parisienses".

Nos dias de folga, Yazid pode muito bem ir até uma estação do metrô, a Hôtel de Ville, por exemplo, e descer na estação Belleville. Caminhamos com ele em dia de verão pelo Boulevard de La Villette, rua de inúmeros restaurantes asiáticos, até alcançar o Les 4 Frères, um "restaurante oriental", genuinamente argelino. Passar a porta do Les 4 Frères é estar no Norte da África, de Paris a Argel em segundos, nesse vaivém de sentimentos que alimenta aqueles que são obrigados ou decidem viver diásporas pessoais.

O *couscous* chega fumegante e Yazid explica porque o *couscous* argelino é diferente, "é melhor" que o mais famoso marroquino: tem os grãos secos de sêmola de trigo mais refinados. No menu em giz da lousa do Les 4 Frères, os sócios indicam outros pratos: *brick*, espécie de pastelão com recheio de carne e cebola; *merguez*, linguiça fina de carneiro; e a *chorba*, sopa de carneiro, legumes e *vermicelli*, que purifica os corpos e as almas em tempo de Ramadã.

Heróis de estômago cheio

Ovelha, pão e vinho de Aquiles

A O PERCORRER longo tempo na paisagem plana entre a "ur-be-de-muitas-ruas" e o oceano "ensimesmado" – de um lado Troia "de belos muros", de outro, naus gregas multirremes ao mar "altissonante" –, o leitor vai deparar-se não só com bravos solda-dos gregos de "belas cnêmides", troianos de "elmos crinifúlgidos" e destroços de uma guerra sanguinária, mas também com semideuses e homens de verdade em momentos de sacrifício, lealdade, hospitali-dade, dignidade, conjunto de práticas tão ao gosto do "ético" Aquiles, um pouco mais distante do "multiastuto" Odisseu. (No início deste parágrafo, o leitor já tinha se embriagado na praia da transcriação, com os adjetivos e epípetos da *Ilíada*, por Haroldo de Campos.)

É nesse poema de Homero (ou de Homeros), recitados a partir de 800 a.C. – rudes e violentas narrativas nunca mais deixadas de lado (as tragédias posteriormente as iluminaram) –, que estudiosos e his-toriadores encontraram pistas da mesa dos helenos. Mas nesse épico havia naturalmente dados poéticos sobre a alimentação de soldados alistados, à base de carne, mais do que a de homens comuns, estes sim ávidos por peixes, "ingredientes" tão exaltados por Archestratus.

Uma comovente passagem da *Ilíada*, cravada como lança entre seus 15.693 versos, foi destacada pela professora Veronika Grimm em ensaio para *Food – The History of Taste*, livro organizado pelo historiador Paul Freedman, da Universidade de Yale. Seguimos a sua trajetória. Esses versos homéricos cantam como Aquiles "pés-velozes", rei dos mirmidões, preparou alva ovelha, pães, e serviu vinho ao rei Príamo, quando este veio reclamar o corpo do filho Heitor, o troiano de "elmo flamejante", que, morto, fora violentamente arrastado ao redor das muralhas de Ílion. Decidido o indispensável resgate em conversa franca de valentes, Aquiles diz: "Pensemos na ceia agora, ancião. A Troia, depois, levando o filho, o poderás prantear, fonte de multilágrimas".

Os bravos soldados de Homero não podiam lutar de estômago vazio. Depois dos sacrifícios aos deuses – as divindades apreciavam a gordura cheirosa que se elevava – a carne era dividida, colocada em espetos e assada para todos. Os animais dos sacrifícios (bois, carneiros, porcos, cabras, ovelhas) precisavam ter porte para uma cerimônia comunal de muitas bocas, compartilhada por um exército, por exemplo, explica James Davidson, em *Courtesans & Fishcakes*. Assar carne para muitos era mais prático e mais fácil do que "carregar potes e panelas..." para peixes, tratou Platão na sua *República*. Homero desprezou a fartura de guelras do Helesponto. Segundo Davidson, um importante autor como Ateneu acreditava que, "esquecendo-se" dos peixes, Homero estava protegendo seus heróis não da dieta dos pobres, mas da dieta do luxo. Vegetais, peixes e aves tinham a marca da *gourmandise* que não combinava com o campo de batalha e seus heróis. O peixeiro era uma figura muito característica, mas da cena urbana.

Grandes taças de vinho misturado com água acompanhavam as refeições, iniciadas com as devidas libações. Homero fala em vinhos doces. Outros são tratados como compostos revigorantes, quase remédios, comida de conforto: o preparado *kykeon* era uma mistura de "vinho escuro", cevada e mel. Queijo de cabra ralado por cima. Odisseu o provou. Laódice, rainha de Troia, dizia: "o vinho anima o ânimo do homem exausto".

> *O afã dos dânos cessa. Junto das tendas abatem bois.*
> *Tratam de comer. Nisso aproam numerosas naus de Lemno,*
> *com vinho, a mando do jasônide Euneu, filho de Hipsípile*
> *e do herói Jasão, pastor-de-povos. Mil medidas para os dois*
> *atreides, de presente. Aos demais aqueus, longos-cabelos,*
> *se vendia o vinho. Permutavam-no, uns, com bronze; com*
> *ferro polido, outros; com bois vivos e com peles, também*
> *com escravos. Um copioso festim, então, preparam. Noite*
> *adentro, os aqueus, longos-cabelos, reunidos, se*
> *banquetearam; tróicos e aliados também, na polis.*

No início da *Ilíada*, Odisseu e alguns dos seus homens visitam Aquiles na sua tenda. Aquiles dá-lhes as boas-vindas: "Salve! Eis aqui guerreiros e amigos! Algum motivo urgente, grave, é que vos traz a mim! Ainda que irado, sois-me, entre os gregos, caríssimos!" E de pronto os convida: "Entrem!" E os faz sobre a púrpura de tapetes, em sédias, assentar. E a Pátroclo, a seu lado, diz:

> *Depõe sobre a mesa, ó Menéside, a maior das crateras,*
> *mistura o mais puro vinho, uma copa dá para cada um*
> *dos hóspedes: estão sob o meu teto os que me são mais*
> *caros! Pátroclo obedeceu. Dispôs à luz do fogo uma larga*
> *travessa, com lombo de ovelha e costado de cabra gorda*
> *e um suculento dorso suíno.*

Até que a gula por comida e vinho fosse, momentaneamente, "expulsa".

Enguias de Archestratus

Peixes e boas compras em 350 a.C.

NGUIAS? Louvadas ao extremo quando pescadas no Estreito de Messina, que separa a bota, por um fio, da Sicília. Vivíssimas nessas águas, sempre outras (Heráclito), que ligam o Mar Jônico ao Tirreno, águas que não perdem de vista a atual Calábria.

Era 350 a. C. e o siciliano Archestratus de Gela – viajante, *gourmet, bon vivant* e ainda por cima poeta – indicava em hexâmetros (Homero sempre de fundo) os lugares onde sua audiência poderia encontrar os melhores ingredientes para uma mesa de qualidade.

Se não fossem de Messina, enguias ainda maiores, mais compridas, podiam ser apanhadas em golfo do Mar Trácio, escreveu Archestratus a sua dica de compra.

(Esses peixes escorregadios do antigo lago Kopais, no centro da Beócia, já tinham sido celebrados pelo dramaturgo Aristófanes (447 a.C-c.385 a.C.). O filósofo Aristóteles (384 a.C.-322 a.C.), que tantas minuciosas observações fez de uma natureza então indecifrada, acreditava que as enguias emergiam da lama úmida e "do nada", sem fertilização. A enguia européia seria cadastrada quase dois milênios depois por Lineu (1758) como *Anguilla anguilla*, aquela que se reproduz no Mar dos Sargaços, no Atlântico Norte. A enguia magnífica de um metro (das águas límpidas do Sérans) que o vigário de Talisseu ganhou de um paroquiano foi preparada com esmero e levou a "conversas ousadas" na sobremesa, como escreveu Brillat-Savarin (1755-1826). Trata-se da "sereia dos mares frios", do poeta Eugenio Montale (1896-1981). A mesma que Freud (1856-1939) já tinha colocado no divã para "dissecar", atrás de seus genitais; Julio Cortázar (1914-1984) pôs enguias a escorregar em toda sua *Prosa do Observatório*.)

Polvos?

Os mais carnudos vêm de Thasos e da egeia Ikaria (de Ícaro), anotou Archestratus. E também podem ser pescados em outra ilha, Kerkyra, a Scheria de Homero, onde Hércules dormiu às vésperas de seus Doze Trabalhos. Kerkyra é a Corfu que tantos admiram no caminho entre a costa adriática e o porto grego de Patras.

Lagostins?

Os de melhor qualidade são encontrados nos mercados de peixes nas ilhas eólias e no Helesponto. Lípari é a maior das eólias no mar Tirreno, mãe de um arquipélago que tem ainda Alicudi, Filicudi, Salina, Stromboli, Panarea, Vulcano e Basiluzzo.

(O Helesponto da Grécia clássica, onde os lagostins eram de primeira, é o atual estreito de Dardanelos, que liga o Egeu ao Mar de Mármara, entre Europa e Ásia. Na entrada ocidental do estreito fica a Troia de Homero e as Troias escavadas por Henrich Schielmann. Pouco acidentadas, até hoje as costas daquele que foi ancestralmente um antigo vale fluvial são férteis regiões para a pesca. Nas profundezas do Helesponto, além dos lagostins de Archestratus, está sepulta Hele, a personagem da mitologia grega que caiu ali com o Velocino de Ouro ao fugir da madrasta. Ali ficava o "mar de Hele".)

Mel?

Tem de ser o das abelhas de Atenas – ou pelo menos aquelas que zanzam e zumbem em algum ponto da Ática.

Archestratus viajou por toda a Grécia e outros pontos do Mediterrâneo para compor seu guia pan-helênico sobre os melhores ingredientes à disposição de bocas e de cozinheiros daqueles tempos, aqueles que prezavam, antes de tudo, a justiça de uma boa preparação para matérias-primas de excelência.

Pães?

Toda refeição que se preze começa com pães e bolos de cevada, escreveu. E, preciosista, indicou: melhores se preparados com os grãos que nascem em Eresos, na ilha de Lesbos, a cevada do deus Hermes.

Vários trechos do poema de Archestratus foram salvos do esquecimento graças às citações de Ateneu de Naucratis, em seu *Deipnosophistae* (que alguns traduzem como *Mesa dos Sábios*), "compêndio" escrito no século III a.C.. Ateneu, com seu diálogo emulando Platão, deu sobrevida a 62 fragmentos de Archestratus, assim como fez com incontáveis outros autores da Grécia Clássica, citados para dar vulto a suas teses e descrições sobre a alimentação e os costumes.

S. Douglas Olson e Alexandre Sens, especialistas em Archestratus, calculam que o escrito original do poeta-*gourmet* tinha cerca de 1.200 linhas. Era o quanto de texto "cabia" usualmente num único papiro. Desse total, 330 versos foram salvos pelas citações de Ateneu. Extraídos do *Deipnosophistae*, os textos de Archestratus foram batizados de *Hedupatheia* (que alguns traduzem para *Vida de Luxo*).

Peixes e frutos do mar eram então as maiores delícias do dia a dia dos gregos. Os *opsophagos* (os viciados em peixes) foram "vítimas" preferidas de vários comediantes. Os *opsophagos* não eram necessariamente fanáticos por qualidade ou refinamento. Tinham é um desejo incontrolável de consumo de peixe. Foi com essa ânsia desgovernada que o general-demagogo Cleon deve ter queimado a língua com pedaços ferventes de atum. E o que não dizer da correria desatada de *opsophagos* e de atenienses comuns rumo ao mercado quando o sino tocava indicando a chegada dos peixes.

James Davidson, da Universidade de Warwick, Inglaterra, em *Courtesans & Fishcakes – The Consuming Passions of Classical Athens*, coloca a *opsophagia* dos gregos ao lado de seus amores pelas *hetaeras* (quase gueixas) e *flute-girls* dos simpósios, por meninos (quando sexo era uma mistura de prazer, iniciação e camaradagem), e de seu "vício pelos tribunais" (tribunais onde a democracia que se contorcia era testada), como satirizado por Aristófanes em *As Vespas*.

Esse cardápio de abundância de peixes causa certo estranhamento diante da mesa carnívora de Homero. O bardo, entretanto, fazia poesia do alimento de soldados, de heróis envoltos em sacrifícios de sangue. Não à toa, tão somente o atum de "sangue quente", geralmente pescado aos montes, era peixe habilitado a movimentar um altar. Aí, em oferenda a Poseidon, o deus dos mares.

*

Os vinhos? Segundo Archestratus, nenhum supera o que escorre da ilha de Lesbos, nem mesmo o que vem de Biblos, na Fenícia (o Líbano de hoje). Ele também dá conselhos sobre a organização de banquetes: a coroa de flores na cabeça dos convivas, indispensável, assim como os unguentos e as perfumadas brasas das lareiras. Preferia as reuniões com poucos, nada que lembrasse a rotina de um exército. Archestratus é autor de uma das primeiras harmonizações de comida e vinho registradas. Numa tradução livre e adaptada de um trecho da versão em inglês de *Hedupatheia*:

> *Então, quando você estiver degustando seu vinho, peça para alguém trazer-lhe uma linguiça, um pedaço de leitoa envolvido com cominho, vinagre forte e sylphium [um tempero de época]. Além disso, sirva-se de toda classe de*

tenros pássaros da estação, assados. Mas nunca faça como os siracusianos [ele é natural de Gela, perto de Siracusa, na Sicília] que sem nada no estômago, bebem como rãs. E nada de beber seu vinho de Lesbos com meras favas, grão-de-bico, maçãs ou figos secos.

Haja *garum*, Apicius!
Receitas de cozinheiros romanos

M AS NÃO HAVIA AINDA TOMATES!, exclama Apicius, desculpando-se pela enxurrada de *garum* (molho especial feito de peixe) que escorre de suas receitas. Elas foram reunidas em *De Re Coquinaria* (século IV a.C.), compilação que, até duas décadas atrás, trazia as receitas mais antigas já vistas, comentadas e reproduzidas.

A tirada serve para desmistificar a própria coleção de receitas. Não havia tomates (que chegaram à Europa apenas depois de Colombo e passaram a ser cultivados em escala e consumidos na Itália somente a partir do século XIX). E certamente não houve um Apicius autoral e sim uma série de "apicius", provavelmente cozinheiros comuns. Além disso, um estudo detalhado dos textos mostrou que essas receitas provavelmente têm origem grega e não são excessivamente temperadas como muitos historiadores da alimentação fazem crer, aproveitando-se da fama (e do cheiro) do *garum*. Muito da imagem negativa da cozinha romana (e muito mais de seu serviço) se deve a "esquisitices" de imperadores-glutões e todos seus excessos. Como as do obeso Vitellius (15-69 d.C.), que se banqueteava desregradamente, com muito luxo, quatro vezes ao dia, muitas vezes enviando sua esquadra para buscar longe de Roma ingredientes raros e exóticos.

Durante o período imperial, as comidas grega e romana, principalmente aquela na boca de poderosos, eram praticamente as mesmas, sem grandes distinções. *Em De Re Coquinaria*, os cozinheiros romanos mostram que o grande desafio era combinar os sabores naturais com molhos complexos, moda que já existia na época de Archestratus e contra a qual o grego se opunha.

Em estudo crítico para apresentar uma nova tradução das célebres receitas, os especialistas Christopher Grocock e Sally Grainger mostram que *De Re Coquinaria* (ou *Apicius*) é uma versão do século IV de uma coleção de receitas escritas por cozinheiros séculos antes e que, provavelmente, teve versões posteriores. Compostas em latim das ruas, com vocabulário de cozinha (e não de homens de letras), o livro elenca pratos para comensais da alta classe, mas também para um romano "financeiramente seguro", urbano e cosmopolita. Um professor ou um artesão, por exemplo, podia muito bem dispor de recursos para a requintada pimenta ou para o cominho. E havia cortes de carne para vários bolsos.

É mesmo possível que algumas receitas de *Re De Coquinaria* sejam as mesmas servidas nos *popinae* (botecos) e em padarias. Os autores do estudo contam que, na época de Claudius (10 a.C. - 54 d.C.), os donos de bar infringiam a lei e serviam comida preparada para seus clientes, como *isicia* (espécie de almôndega), as populares *patinae* (legumes ou carnes geralmente "unidos" com ovos), *lagana* (pão em disco) coberto com *moretaria (relish)*.

Durante muitos anos, a autoria de *De Re Coquinaria* foi atribuída ao rico cidadão romano Marcus Gavius Apicius, *gourmand* que viveu no século II, de quem a lenda conta ter se envenenado ao ver sua fortuna de milhões de sestércios se esvaindo, antevendo dramaticamente não poder gozar a vida e a boa mesa como sempre fizera. Foi muito conhecido no tempo de Tibério (42 a.C. - 37 d.C.) e durante todo o primeiro século. Contam que o imperador, avistando um majestoso exemplar na banca de um peixeiro, teria sussurrado: "Macacos me mordam se Apicius ou Publius Octavius não comprarem aquela tainha!"

Sabe-se também que Marcus Gavius Apicius insuflou Drusus César, filho de Tibério, a rejeitar pequenos repolhos, "comida muito comum". E que viajou para a África atrás de camarões gigantes. E que enviou belas ostras para Trajano. E que gostava do sabor das línguas de flamingos. E que sabia manter a cor verde dos repolhos mesmo depois de serem cozidos, mais como uma Sebastiana-quebra-galho do que como autor. Nunca foi mencionado por nenhum de seus contemporâneos como escritor ou organizador de livro de receitas. Muito tempo depois, foi lembrado por Ateneu por sua vida com muitos ingredientes, mas nenhuma receita.

(A cidade do Rio de Janeiro também teve seu Apicius, pseudônimo de Roberto Marinho de Azevedo. E, este sim, escreveu. Durante 22 anos, de 1975 a 1997, o nosso Apicius fez de suas irreverentes e bem-humoradas críticas gastronômicas no *Jornal do Brasil* literatura pura.)

*

PÃES DE CEVADA com cerveja, aves e porcos assados na argila, cozidos de peixe. Pratos pré-históricos podem ir à mesa atendendo a desejos de reconstituição do nosso passado mais remoto, mas, diferentemente dos elaborados a partir de "receitas escritas", como as mesopotâmicas ou a dos Apicius, são 100% conjectura.

O balde de água fria, em tempos de frenéticos *revivals*, foi jogado por Jesse Browner em *History of Cooking*, um *podcast* produzido com patrocínio da editora da Universidade de Oxford. Tradutor e romancista, Browner é autor, entre outros, de *The Uncertain Hour* (2007), que trata da vida e da morte de Titus Petronius (27- 66 d.C.), "árbitro de

elegância" de Nero e autor de *Satiricon*, relato com cenas memoráveis do banquete de Trimalquião.

Browner chega a puxar de leve a orelha da respeitada "arqueóloga experimental" britânica Jacqui Wood, especialista no dia a dia dos europeus pré-históricos. Em *Prehistoric Cooking*, Jacqui relaciona algumas "receitas plausíveis", mas escorrega, segundo Browner, na do cozido de peixe, ao incluir bacon e creme de leite. Coisa assim você geralmente só encontra "no menu de algum renomado *resort* de golfe da Escócia", brinca Browner.

Como não havia a escrita, não há receitas pré-históricas. Tampouco há informações sobre temperos, uma vez que "a matéria vegetal decai e não deixa traços". "É verdade que a espectrometria isotópica moderna pode nos dizer a proporção entre carne e vegetais na dieta neolítica; mas isso é ciência", diz Browner. Com isso ele quer dizer que receitas não são ciência, mas cultura, "e o fato é que, independentemente de quanto os paleontólogos protestem, nós não sabemos quase nada da cultura pré-histórica".

Os pesquisadores Hayley Saul, da Universidade de York, no Reino Unido, e Marco Madella, do Conselho Nacional Espanhol de Pesquisa, em Barcelona, Espanha, alimentam a polêmica com suas descobertas. Ao analisar panelas de homens caçadores-coletores, que viveram nas margens do Mar Báltico há 6 mil anos, encontraram resíduos da especiaria *Alliaria petiolata*, da família da mostarda. E a susposição é a de que ela pode ter sido usada como tempero picante para peixes, crustáceos e até pequenos ruminantes.

Segundo a bioarqueóloga Jessica Pearson, da Universidade de Liverpool, os arqueólogos têm difundido uma visão distorcida do uso de plantas na pré-história. Jessica disse a Anthony King, do blog *ChemestryWorld*, que "há uma tendência nos estudos sobre a dieta dos antigos caçadores-coletores em afirmar que, antes da agricultura, toda comida era fonte de energia e que não havia preferência ou gosto ou talvez até uma forma de identidade social ligada ao consumo de algumas plantas". Não é bem assim.

Natureza dos artifícios

Versão do lambari que não é peixe

O ATELIÊ DE ETSER é um verdadeiro rio. Escolha entre o IJssel, rio que corre na Holanda e na água-forte de Roymen de Hooghe, e o Paraíba do Sul, desenhado em ziguezague na vizinhança do ateliê, então no bairro de Santana, "quase Minas Gerais", em São José dos Campos, São Paulo.

Gostaria de ter comparado o ateliê de George Rembrandt Gütlich e Fabio Sapede ao mar, puxado em correnteza pela grande concha que sempre vejo na estante. Diferentemente de brinquedos, garrafas, pequenos vidros, ramos secos e do crânio-modelo amarelado, a concha traz sal e o ruído constante das ondas (*La mer, la mer, toujours recommencée,* Valery) aos exercícios das naturezas-mortas. *Still life.* Artistas também podem estar ali no De Etser para desenhar o perfeito contorcionismo dos anzóis, uma ruína industrial, uma Babel, uma lembrança do Timor, a rústica palha do trigo, a flor de outra primavera, um rosto bizantino, um e outro boneco das ruas de São Luiz do Paraitinga, um inseto universal, traços para inspirar tecidos, ou, empunhando o *berceau,* atacar o cobre à "maneira negra".

Mas é mesmo um rio de água doce que está agora na minha frente, na reprodução de uma aguada de Claude Lorrain. Esse rio de baixa correnteza, camuflado nas pinceladas, inspira a lição do dia. É preciso carregar a chave baixa de tons para que o branco do papel vindo de um fundo distante, canal de luz no preto ou quase-preto da vegetação, possa molhar nossos olhos.

Foi nesse dia de Claude Lorrain, após a tarefa de limpar os pincéis (a vegetação escura de nanquim agora em outra aguada, escorrendo na pia, em direção a outro rio), que ganhei um presente de Gütlich. De dentro da pia, no quintal do ateliê, estavam pequenas mudas ("para você plantar em casa") reservadas à celebração da amizade. A planta é conhecida como peixinho (ou ainda sálvia peluda, orelha-de-lebre, peixe de pobre). Alguns gatos pingados, inconformados com essa generalização, a chamam, orgulhosos, de lambari.

As folhas da planta peixinho *(Stachys lanata ou Stachys Byzantina)*, oblongas, naturalmente sem escamas ou espinhas, temperadas com limão, sal e pimenta do reino, depois empanadas e fritas, fazem parte de uma receita popular no Vale do Paraíba e em algumas cidades mineiras (que verduras poderiam lembrar os bremas de trinta quilos do IJssel de Roymen de Hooghe?). Essas folhas distraídas, com seu verde-claro-quase-turquesa aveludado escondido pela farinha, imitam o peixe-lambari, nos artifícios da forma e da cor.

*

O COZINHEIRO Sosterides "enganou" o rei Nicomedes (278-255 a. C.), da Bitínia, antigo reino na Ásia Menor, que havia 12 dias de viagem distante do mar, queria porque queria anchovas. Não podendo tê-las frescas, afinal estava 480 quilômetros terra adentro, e enfrentando um rigoroso inverno, o cozinheiro teve de criá-las com o que tinha à mão.

Para a *performance* ilusionista, Sosterides usou nabo, sal e sementes de papoula, sem nenhum peixe. Finas e longas tiras do legume foram cortadas na mesma forma de anchovas, depois temperadas com azeite e sal, mais pimenta do reino. Quando o rei provou o nabo disfarçado, elogiou aos amigos o quão deliciosas estavam as anchovas. A história de Sosterides é narrada por um de seus alunos e aparece na comédia de um certo Euphron, cujo texto Ateneu tratou de citar. Ondas e encadeamentos de informação, como um bom molho bem apurado.

*

CLAUDE LORRAIN (c.1600-1682) é o nome-assinatura de Claude Gellée, um dos maiores pintores de paisagem de todos os tempos, fonte de inspiração mais do que declarada do pintor inglês William Turner (1775-1851). Nascido em Chamagne, na Lorena (região francesa ligada à tradição das quiches), Claude Lorrain foi confeiteiro especialista em tortas. Seguindo para Roma em caravana de amigos, empregou-se na cozinha do pintor Agostino Tassi (1578-1644), até sua mudança da bancada das massas folhadas para a dos desenhos. Michel Prodger, do *The Spectator*, ao apresentar uma exposição com as obras do pintor Claude Lorrain, em 2011, no Ashmolean Museum, em Oxford, escreveu: Claude passou a misturar seus ingredientes pictóricos – uma árvore, uma ruína, um rio – assim como fazia com sua manteiga, farinha e ovos, 'batendo' suas paisagens embaciadas e poéticas que agradavam os paladares delicados dos seus nobres patronos.

Dalí serve a musa

Esteticismo na lagosta catalã

DALÍ ROUBOU Gala, a mulher russa do poeta Paul Eluard, em 1929, sob o sol de um verão surrealista em Port Lligat, pequena vila perto de Cadaqués, na Catalunha, Espanha. O amor à primeira vista tornou-se um casamento para o resto da vida. Gala morreu em 1982, em Port Lligat. Dalí, na sua Figueres natal, em 1989, não sem antes criar e desenhar o seu museu, um palácio vermelho coroado com ovos gigantes. *Galushka* foi sua grande musa e, além dos quadros, pelo menos dois livros foram a ela dedicados já no crepúsculo de um Dalí "divinal", sempre disposto a estender os gozos da vida, pregando uma peça à morte: *Les Dîners de Gala e Les Vins de Gala* revelam a paixão dos dois pela boa mesa. "Tudo o que é comestível me exalta".

Na abertura de *Os Jantares de Gala*, Dalí escreve: Temos a intenção de ignorar esses gráficos e tabelas em que a química toma lugar da gastronomia. Se você é um discípulo dos contadores de calorias, que transformam a alegria de comer em uma forma de punição, feche logo este livro! E resume: A mandíbula é a nossa melhor ferramenta para compreender o conhecimento filosófico.

Les Dîners de Gala (1973) tem uma veia erótica, reforçada pelas ilustrações – um homem pode muito bem carregar um cogumelo na cabeça enquanto seu pênis equilibra um grão de feijão, ambos amparados por um monstrinho com dentes de fora, em inusitada cadeia alimentar –, mas há no livro mais receitas que levam ao "fogão surrealista" do que à cama: *Congros ao Nascer do Sol, Ovos Velhos de Mil Anos* e um divertido *Coquetel Casanova*, que Dalí indica para "excessos de sobriedade". A cozinha refinada que Dalí experimentou em Paris e que exala do livro não fazia parte da sua primeira natureza, mas de uma segunda, "ornamental, adicionada, necessária ao desenvolvimento do gênio nas zonas rarefeitas do esteticismo puro", contou Dalí ao jornalista francês Louis Pauwels.

Algumas apreciações gastronômicas de Dalí em *Les Dîners de Gala*, obra dividida em 12 capítulos, com 136 receitas, têm um quê de manifesto muito pessoal: "Gosto de comer apenas o que tem forma clara e inteligível. E se eu odeio aquele degradante e detestável vegetal chamado espinafre é porque ele é disforme, como a liberdade". E completa seu raciocínio, tecendo loas aos frutos do mar, com suas "armaduras". Gosta da batalha para descascá-los, uma luta para deixá-los vulneráveis "à conquista do nosso paladar". E há outro motivo dessa adoração: os crustáceos têm "a divina astúcia de ter os ossos no exterior" e nos reservam "a felicidade de saborear uma carne secreta, protegida, virgem de todo o contato".

Essa queda de Dalí pelos frutos do mar tem uma raiz identificável. A cozinha catalã sempre valorizou os pratos com os ingredientes do mar. Os crustáceos e os peixes que iam para a caçarola de Gala e Dalí eram geralmente frescos, pescados nas proximidades de Cadaqués. Na igreja de Cadaqués, pescadores alimentavam o altar barroco, com profusão de anjos e santos, pendurando lagostas vivas. Numa das ilustrações do livro, o artista aninhou devidamente seus lagostins dentro de um cisne com bico e boca humana e um rabo feito com uma escova de dentes.

*

A ANTROPÓLOGA e escritora Claudia Roden dá destaque em *The Food of Spain* às sofisticadas misturas de carnes com frutos do mar. Frango e lagosta numa mesma panela, por exemplo, resultam num típico prato *mar i muntanya* tão ao gosto dos catalães. É como se a cultura gastronômica dos Pirineus marcasse encontro com a cozinha mediterrânea no fogão.

A cozinha e a língua catalãs foram "salvas" do esquecimento após a morte de Franco, em 1975. A recuperação da identidade gastronômica da Catalunha se deve muito aos escritos de Manuel Vázquez Montalbán (1939-2007). E, mais recentemente, à Fundació Institut Català de La Cuina, que a partir de 1996 começou a fazer o registro de pratos catalães que remontam à Idade Média e à Renascença. "A cozinha catalã tem raízes históricas profundas e sua projeção mundial atual não é um acaso ou modismo", dizia o crítico de vinhos e estudioso Sérgio de Paula Santos (1930-2010), ao contextualizar o desdobramento desse caldo gastronômico que desembocou na cozinha de invenção de Ferrari Adrià e na de outros catalães como os irmãos Joan, Josep e Jordi, do El Celler de Can Roca, em Girona.

Os primeiros textos de cozinha da península ibérica são catalães. O mais antigo é o *Libre de Cuina (Livro de Cozinha)* de Sent Soví, de 1324. O mais famoso é o *Libre Del Coch (Livro do Cozinheiro)*, de Mestre Robert, de 1520, traduzido no Brasil por Cláudio Giordano. O *Libre del Coch* traz um panorama da alimentação palaciana da península, ainda sem as novidades do Novo Mundo. Mestre Robert (Roberto de Nola) foi o "experiente" cozinheiro do "sereníssimo" D. Fernando I de Aragão, rei de Nápoles (1423-1494) e, segundo Paula Santos, "teria introduzido na Catalunha os sabores da cozinha renascentista italiana, na época a mais importante do Ocidente cristão". Uma curiosidade do tratado de Mestre Robert são as dicas para os jovens com a intenção de aprender as artes do ofício, entre elas as regras sobre o corte e o trinchar das carnes. Outra é a separação das receitas em duas frentes: uma para tempos quaresmais (por exemplo, *estorio em pa*, esturjão empanado) e para tempos carnais (*potatge ques diu frexurat*, sopa de vísceras de cabrito e cordeiro, ou ainda o assustador *menjar de gat rostit*, quitute de gato assado).

A Catalunha também manteve a habilidade de "hispanizar pratos", a exemplo do bechamel catalão com cebolas fritas e pasta de tomate (surrealista?), e a inteligência de nunca deixar de lado a simplicidade de um *pa amb tomàquet*, o seu frugal pão com tomate. O resgate também passou pela vinicultura, com a recuperação das tradições enológicas locais, a partir dos vinhos encorpados do Priorato e das cavas (espumantes) de Penedès. E pela capacidade de bebê-los do bico de um *porró* nas alturas, sem desperdiçar uma gota sequer.

*

DALÍ LEMBRA, em *Les Vins de Gala*, dos encontros em Paris com o poeta Federico García Lorca (1898-1936), que fora seu amigo íntimo, e com o cineasta Luiz Buñuel, todos movidos a champagne. E compara o espocar das rolhas ao andamento das conversas apaixonadas. É a partir dessas lembranças que os champagnes de Ay abrem sua lista literária de vinhos.

The Wines of Gala (traduzido pela casa Abrams, em 1978, um ano após a primeira edição parisiense, da respeitada editora Draeger) tem textos de dois especialistas, Philippe Gérad e Louis Orizet. A obra apresenta, a título de introdução, acrósticos sobre a adega, escrito pelo barão Philippe de Rothschild, do célebre Château Mouton Rothschild. Um deles diz, na livre tradução da jornalista Heci Candiani, para este livro:

C.A.V.E.	*C.A.V.E*
C. de cep en cap	*C. de cepa a cabeça*
A. d'amarre en arpent	*A. de amarra a arpente*
V. de vague en votif	*V. de vida a viva*
E. d'errant en écbu	*E. de ensaio a equilíbrio*

The Wines of Gala tem 296 páginas e mais de 140 ilustrações, incluindo algumas que Dalí produziu especialmente para a obra. Provocativas são as intervenções do artista em pinturas medievais que retratam a vindima.

A lista dos 10 vinhos do "divino Salvador Domenech Felipe Jacinto DALÍ", sem nenhuma modéstia, inclui o champagne de Ay, a bebida da persa Shiraz, o vinho da Creta "do rei Minos", o Lacrima Christi elaborado na vulcânica Campânia italiana, o Châteauneuf-du-Pape da terra dos papas em cisma no seu retiro francês, os grandes tintos de Bordeaux, um destaque para o Romanée-Conti, outro para o vinho botritizado que sai como ouro do Château d'Yquem, o *sherry* que é o *jerez* de sua Espanha e os inspiradores vinhos da Califórnia.

Já os dez vinhos listados para homenagear Gala são nomeados por características que extrapolam o campo da enologia: Vinhos da Alegria (Beaujolais, Rioja, Côtes-du-Rhône), da Soberania (aqui estão os tintos da Borgonha e também do Chile e da Argentina), do Esteticismo (destaque para os bons alemães), da Madrugada (Côtes de Provence Rosé, Tavel, Rosé de Cabernet D'Anjou), da Sensualidade (Sauternes, Vouvray), da Luz (brancos da Borgonha, de Bordeaux, do Vale do Loire), da Generosidade (Porto, Madeira), da Frivolidade (Saumur, "Champagne-crémant", Sekt), do Disfarce (sherry, Tokaji, Château-Chalon) e vinhos do Impossível (série encerrada com "ancestrais" gregos resinados, retsinas).

*

A OBRA de Dalí, se é irmã da iconoclastia presente nos textos de Filippo Tommaso Marinetti (1876-1944), escritos décadas antes, não tem nenhuma pretensão programática. E está longe no tempo e das causas do *La Cucina Futurista*, lançado em 1932, durante a segunda onda do futurismo italiano.

Com uma "fórmula" como a do "porco excitado" – um salsichão descascado servido num prato com café bem quente misturado a água de colônia–, os futuristas usavam a gastronomia para pregar por mudanças radicais no modo de ser italiano. A provocação tinha seu ponto alto na detratação da *pastaciutta*, do *spaghetti*. "A abolição das massas liberaria a Itália do trigo estrangeiro tão caro e favoreceria a indústria italiana do arroz", escreve o filósofo Michel Onfray, em *O Ventre dos Filósofos*. "E porque pesavam, embruteciam..." Segundo Onfray, Marinetti acreditava que "alimentado de nova maneira, o povo italiano se tornaria viril, e poderia assim impor suas ideias imperialistas ao mundo inteiro", construindo um novo Império Romano. O nacionalismo xenófobo dos futuristas, nos seus piores momentos, flertou com o fascismo de Mussolini. Ainda bem que, mais tarde, teríamos o cineasta Federico Fellini (1920-1993) animando a cena: "A vida é uma combinação de mágica e pasta".

O livro-manifesto de Marinetti era, contudo, uma "brincadeira séria", estampada nos jornais, testada em jantares animados, que perturbava os italianos ao mexer nos cânones da mesa familiar, das grandes receitas e das noções estabelecidas de paladar. Marinetti, que assina praticamente todas as "fórmulas", não estava particularmente preocupado com as questões de gosto, e sim com estética, vista como arma de transformação da sociedade. Formas e cores combinadas – blocos de tomates, ovos, ameixas –, arte enfim, encheriam barrigas, é verdade, mas tirariam o povo de uma mediocridade maior, que o impedia de avançar.

Ao mesmo tempo, Marinetti era defensor intrasingente da apreensão visual dos alimentos, do uso de todos os sentidos à mesa. Capri-

chava nos nomes dos pratos – para uma gastronomia revolucionária, uma linguagem revolucionária – e defendia que as cozinhas deveriam aderir com toda força aos equipamentos modernos, adaptá-los, como se antevisse as façanhas tecnológicas que acompanharam o elBulli de Ferran Adrià. A "espuma hilariante cinzano" dos futuristas antecede em décadas as espumas criadas pelos "gastrônomos moleculares".

Schhllurk no elBulli

Maravilhas da *cuisine* techno-emocional

Schhllurk!
(onomatopeia de um gel de caviar
chegando à boca em um único jato,
sugado de um canudinho de plástico
transparente do tamanho de um cigarro)

VEJAM (e comam, por favor) a *paella* feita com flocos de arroz, o *foie gras* servido como poeira congelada e a *Caipirinha-nitro, com Concentrado de Estragão*, preparada com cachaça 51, "servida como *sorbet*, dentro da casca de um limão inteiro" (Luciano Suassuna colocou essa caipirinha no *lead* de uma reportagem sobre o restaurante elBulli de Ferran Adrià – performática, não houve outra cozinha que "rendesse" tantas e férteis imagens escritas e visuais).

A cozinha do elBulli, a mais inovadora e tentacular experiência gastronômica das últimas décadas, incorporou da Catalunha certa anarquia movente. E, por isso, não para de borbulhar, mesmo com o restaurante fechado. O turbilhão de ideias "libertadoras" continua flamejante, com o mesmo poder de fogo dos maçaricos, agora no elBulli Lab, o elBulli, parte II.

Quem procura o site oficial do restaurante, que integrou durante anos a paisagem de Cala Montjoi, uma isolada baía em Roses, na Costa Brava, vai encontrar alguns minutos de felicidade explícita de Adrià e de (*data venia*, Escoffier) sua "brigada de inventores". Um vídeo imortaliza justamente o momento em que a cozinha entregou o "histórico" último prato preparado no elBulli (invenção nº 1.846): uma recriação do *Pêssego Melba*, que Auguste Escoffier preparou, em 1892, para homenagear a soprano australiana Nellie Melba. A "última ceia" do elBulli foi em 30 de julho de 2011: gritos, salvas de palmas, abraços apertados comemoraram... o fechamento do restaurante. Para um imediato recomeço.

Coleções de fotografias eternizaram a apresentação dos 1.846 pratos criados por Adrià e sua equipe para a história da gastronomia. 1.500 deles podem ser vistos em *Food for Thought, Thought for Food*, organizado pelo artista inglês Richard Hamilton (1922-2011). (O cartunista Matt Groening desenhou Adrià na capa do livro como se ele fosse da família Simpsons, mas, *d'oh!*, sem o *donut*.) Todos esses pratos estarão em cartaz quando um grande e moderno centro de cultura gastronômica – elBulli 1846 – for aberto, em 2018, na mesma área do antigo restaurante (1846 é o número do último prato, mas é também o ano de nascimento de Auguste Escoffier).

O elBulli transcendeu. De uns anos para cá, depois do restaurante "fechado para sempre"(?), Adrià e um time de cerca de 100 pessoas trabalham em Montjuïc, Barcelona, debruçados nos arquivos de experiências do restaurante. Botânicos, historiadores e outros estudiosos somaram-se ao time de cozinheiros para pesquisar e garantir uma abordagem científica e multidisciplinar ao projeto de construção de um grande cérebro gastronômico mundial, um banco de dados para gerar conhecimento, novos pratos, novos sabores, novas experiências de paladar.

Há tempo Adrià trabalha num mapa dos processos culinários, tentando "decodificar o genoma da cozinha". O *Proyecto Sapiens*, da elBullifoundation, deu mais um passo ao assinar uma parceria com a Fundação Atapuerca, que coordena escavações arqueopaleontológicas na Serra de Atapuerca, na província de Burgos, em Castilla y León, na

Espanha. "A história da humanidade não pode ser explicada sem antes compreendermos a história da cozinha", disse Adrià ao jornal *La Vanguardia*. O primeiro passo do *Proyecto Sapiens* é ampliar o entendimento, com os achados em Atapuerca, de como a cozinha se desenvolveu na região durante o período Paleolítico.

São mais de três décadas de produção e criação desde que Adrià se integrou ao time do elBulli, em 1984. Pesquisou receitas clássicas, mergulhou nas propostas da *Nouvelle Cuisine* e partiu para criar as suas próprias. Em 1987, entrava no menu *A Tainha Vermelha Gaudí*, cuja cobertura lembrava os painéis de cacos de cerâmica do Parc Güell. Não demorou para ser saudado como "o Salvador Dalí da cozinha", pela revista *Gourmet*. Outros preferiram compará-lo a Picasso e ele mesmo tratou de relacionar sua cozinha ao desconstrutivismo.

Em 2005, a experiência estava avançada. Adrià retrabalhava um conceito local, o das azeitonas para acompanhar aperitivos. Simples assim? Não. Faria isso usando a técnica de "esferificação inversa do azeite". O sumo da azeitona recriando a azeitona novamente. O caviar de melão servido em calda de presunto ibérico, outro prato-invenção, também emulava um clássico.

Stephen Vines relembra em *Gurus da Gastronomia* que o jornal inglês de *The Guardian* dissecou a maneira como Adrià preparava a famosa *tortilla española* – aquela espécie de omelete na qual o *chef* sempre (declaradamente) encontrava conforto quando feita, de maneira tradicional, na casa da sua mãe. Na cozinha de vanguarda, os três componentes essenciais eram preparados separadamente. A batata virava espuma, essa técnica que ganhou o mundo (e, em muitos casos, foi vulgarizada). As cebolas viravam purê; as claras dos ovos, uma espécie de zabaione. Depois partia para a "reconstrução": os componentes, montados em camadas, recebiam ao final, uma cobertura de migalhas de batatas fritas. E "o prato, minúsculo", escreveu o repórter do *The Guardian*, "vinha dentro de um copo de licor".

No elBulli, o comensal sempre se surpreendia à mesa, com algumas inversões provocativas: o que deveria ser quente aparecia frio, os líquidos podiam chegar sólidos ou em forma de plasma... A motivação estética não tinha razão de ser escondida. "Um chefe deve conceber, compor, imaginar e apresentar uma sequência de sensações para estimular um maravilhamento, como os proporcionados por uma pintura ou uma música", escreveu Richard Hamilton.

Adrià descobriu com Hamilton (o artista bateu ponto no restaurante durante todos os anos de seu funcionamento, uma vez na companhia de Marcel Duchamp) que comida é linguagem. E desse conceito se apropriou, moldando novos alfabetos, palavras, sintaxes. Uma boa sucessão de pratos é capaz de criar verdadeiras orações, sinfonias, epifanias.

A aproximação da cozinha do elBulli com outras disciplinas (Escultura, Design, Fotografia, Arquitetura, Ciências) ampliou o leque de possibilidades de expressão gastronômica. Em entrevista a Brett Littman, curador da Exposição *Notes in Creativity*, levadas no The Drawing Center de Nova York, em 2014, Adrià fala da similaridade da construção de um prato e de uma escultura, diz que o contexto visual é extremante importante à mesa, mas trata com igual interesse das sensações tácteis, provocadas, por exemplo, pela temperatura e textura dos alimentos.

"O diálogo com a ciência nos permitiu entender o que estava acontecendo durante o cozimento e pudemos conhecer nossos produtos sob uma nova pespectiva". A arquitetura ajudou Adrià a projetar uma cozinha e um salão de restaurante com configurações adequadas. Artistas criaram serviços, vasilhas, para interagir e garantir um movimento harmônico com os pratos. Uma máquina de furar Bosch, adaptada com um cone de PVC no lugar da broca, é um ícone da sua cozinha-oficina, além de seringas, réguas, pincéis, espátulas, tudo pensado para garantir o desenho e a paisagem de cada um dos pratos. Sinais pictográficos (criados pela designer Marta Mendez) ajudaram na montagem dos catálogos gerais do elBulli, sintetizando cada um dos processos da cozinha.

As anotações, os desenhos, os rabiscos de Adrià, os pictogramas de Marta foram tratados como "provas" da criatividade da sua cozinha nas salas do The Drawing Center de NY. Antes disso, em 2007, a Documenta de Kassel, incluiu o elBulli na sua lista de pavilhões. Diariamente, durante os 100 dias (16/06 a 23/09) da mais prestigiosa exposição mundial de arte contemporânea, na Alemanha, dois comensais eram escolhidos para comer no elBulli, na Espanha. E nessas viagens, nada de "aproximações oblíquas da arte com os alimentos". Os pratos estavam lá para serem contemplados. Mas, fundamentalmente, para irem da boca ao estômago, onivoramente.

elBulli, agora, somente como centro criativo e de formação: elBulli 1846, com direito a parcerias com a Disney.

*

QUANDO O GARÇOM do restaurante 1800, em Oia, na Grécia, trouxe de boas-vindas os copos de salada, houve entreolhares e sorrisos. Em nada pareciam com as saladas gregas degustadas anteriormente. Afinal, a salada grega que o greco-paulistano Thrassyvoulos Georgios Petrakis (1918-2016) tratava como "salada caipira" no menu de seu restaurante Acrópolis, no Bom Retiro, em São Paulo, é bem conhecida: alface, pepino, tomate, cebola, um retângulo generoso de branquíssimo queijo feta polvilhado com orégano e muito azeite compõem uma receita que pode ganhar pitadas de invenção de cada cozinheiro, de cada mãe grega que precisa alimentar seu filho Kosta, seu Adonis, suas Artemisas.

À sombra do restaurante Diógenes, muito perto do monumento de Lisícrates, em Plaka, Atenas, a salada grega se apresenta com alcaparras pequenas e suaves. No café na praça Kolonaki, duas mãos a mais de azeitonas *kalamata* completam a salada. E outras pequenas variações estão no mesmo prato do Maria, de Kamari, e no do tradicional Nicolas, em Firá, ambos em Santorini.

Mas agora estavam diante da salada grega líquida do 1800, o restaurante do arquiteto-restaurador-*gourmet* Ioannis Zaggelides, na mesma ilha vulcânica. Todos os vegetais foram apresentados como um gelado *gazpacho* verde, encimado por uma delicada espuma de queijo feta. O *chef* do 1800 tinha desconstruído com sucesso a tradicional iguaria, certamente na esteira de ressonâncias do elBulli. Dizem que a salada estava muito saborosa, divertida. Mas afirmam que, definitivamente, não era mais uma salada grega.

Call me Chowder!

Mariscos e adeus em Moby Dick

A dead whale or a stove boat.
(Inscrição em estátua ao arpoador, em
New Bedford, MA, EUA)

O ARPÃO do canibal Queequeg é "profundamente íntimo do coração das baleias". E o fumegante *chowder* de mariscos, servido nas hospedarias de Nantucket, pensa conhecer bem as entranhas de cada um daqueles marinheiros que desembarcam ali, com frio e esfomeados, vindos de New Bedford.

New Bedford, cidade fisgada naquele recorte de Massachusetts onde terra e mar desenham anzóis, é o primeiro porto da viagem de quem vai à caça da baleia branca. Cetáceo que sempre é alçado, em questões de peso e fúria, a mastodonte do mar. E na escala maior de todos os temores, cruel leviatã (o "grande peixe" que engoliu o Jonas da Bíblia e ensinou aos capitães do mar que eles não são os donos de seu destino), aquele que destruirá completamente a embarcação ou se esvairá em óleo para as lamparinas e para o sabão. Baleia que iluminou o século XIX e fez com que os enamorados pudessem ver mais que os espartilhos de barbatana de suas damas.

(Na Holanda baleeira do século anterior, aquela dos parentes protestantes do escritor Herman Melville, as baleias encalhadas rendiam memoráveis banquetes e, religiosamente, provocavam o "desconforto da riqueza", assinalado por Simon Schama).

New Bedford é ponto de encontro de histórias e de medos. Velhos marinheiros (e aqui não se contam os dos navios mercantes) parecem irmãos daquela gigante mandíbula exposta como troféu numa das paredes da hospedaria tão portuária quanto barata chamada The Spouter Inn (O Jorro). É ali que novos e velhos marinheiros tratam de mandar goela abaixo "delírios e morte", venenos líquidos servidos por um *barman* chamado Jonas, agora como penitente no ventre da hospedaria. Talagadas consideráveis a desses homens do mar, tragos que podem chegar em grandeza e efeitos à medida do impetuoso Cabo Horn. Para alguns, bebidas que curam anos de solidão e frustrações no mar. Para outros, álcool que aviva a chama da paixão pelo mar por vir. Genebra com melaço, somente para quem precisa de um conforto mais óbvio, contra constipações e catarros. Para acalmar todas as ansiedades há carne com batatas e bolinhos com chá. Queequeg dispensa os bolinhos para se concentrar nos bifes de carne crua.

De escuna se chega a Nantucket.

Nantucket é uma ilha-tão-mar, está escrito, que mariscos e outros moluscos estendem seu domínio além das rochas oceânicas e se pregam em mesas e cadeiras desfazendo limites. O *chowder* de Nantucket, preparado com moluscos desgarrados de pedras (ou de cascos de velhas tartarugas), faz parte de um rito de adeus.

Com sorte ou boa indicação, marinheiros, mesmo os de primeira viagem, sempre encontram em Nantucket a estalagem chamada A Panela, onde o *chowder* é feito de caldeirada. Não existisse a placa, esses marujos poderiam encontrar o lugar graças às pistas passadas por Mr. Peter Coffin, o dono da hospedaria de New Bedford, que quer todos vivos de volta, nunca entre "âncoras que apodrecem sem dizer nada". A Panela é tocada por seu primo, Hosea Hussey. E tudo por ali é indício de mar: o colar da hospedeira, feito com espinha de peixe, o leite da vaca que se alimenta de capim crescido em terreno de conchas.

A pratada de *chowder* bem quente é conforto para quem vai embarcar nas baleeiras e sair mar magnânimo adentro, "mar que não quer saber de pegadas". Um desses jovens marinheiros pede na primeira linha de um livro que o chamemos de Ismael. Estará ao lado do tatuado Queequeg, o amigo polinésio pagão feito em New Bedford, quando a fome o alcançará e o fará titubear diante da oferta, sem outras alternativas, binária, de Mrs. Hussey: "Mexilhões ou bacalhau ?".

> *– Queequeg, você acha que um mexilhão dá para dois?*
> *Contudo, um cheiro agradável, vindo da cozinha, servia*
> *para desmentir a triste perspectiva que se nos apresentava.*
> *Mas quando trouxeram o "chowder", o mistério foi*
> *deliciosamente explicado. Oh! Meus amigos ouçam: o*
> *"chowder" era de pequenos mexilhões sumarentos, pouco*
> *maiores do que avelãs, misturados com bolachas esmagadas*
> *e pedacinhos de carne de porco salgada, tudo isso banhado*
> *em manteiga e ricamente adubado com pimenta e sal.*

Ismael, que tem elogios sempre grandes aos cozinheiros embarcados é quem se surpreende com a imensidão oceânica do prato desses cozinheiros de terra firme.

As vozes (incluindo as emitidas no dialeto das sopas e dos caldos) e os silêncios de Ismael, de Queequeg e do capitão Ahab (este vamos encontrar depois, seguindo o toque-toque da perna de marfim arrastada no convés da embarcação, ritmando a procura do "eterno mal") podem até hoje ser ouvidos em New Bedford. Saem das ondas de *Moby Dick*, livro de Herman Melville publicado em 1851, e tomam conta de todo Museu da Baleia da cidade. História de medos e destemores, que "tem a dimensão tumultuosa dos oceanos em que nasceu" (Camus), *Moby Dick* de Melville é revivido todo dia 3 de janeiro pelos amantes do livro, numa maratona de horas e horas de leitura, com direito às convulsões inebriantes da viagem.

Foi num dia 3 de janeiro, em 1841, que o próprio Melville zarpou do porto, ali bem perto do museu, a bordo do arpoador Charles & Henry e só voltou algumas baleias e três anos depois. Foi marinheiro no baleeiro Acushnet, viveu com nativos das Ilhas Marquesas e vagabundeando no Taiti. Mas a verdade sobre uma natureza que não se curva facilmente diante dos homens ele teria apreendido com a crueza da história do baleeiro Essex, "açoitado" por um cachalote até a "morte", em 1820, no Oceano Pacífico.

No Museu da Baleia de New Bedford estão esqueletos desses monstros, iguais aquele que engoliu o Jonas bíblico, não o *barman*. Ou tão grande quanto o "o mamífero sem pés" que uma vez trouxe em seu ventre mais de uma barrica de arenques. Está também ali vagando no museu o espírito inteiro, maciço, de Moby Dick, a brava montanha branca.

O *chowder* já era delícia da Nova Inglaterra, muitas décadas antes de *Moby Dick*, como atestam as várias receitas colecionadas nos Estados Unidos e que, a partir de 2010, passaram a compor *The New England Chowder Compendium*, uma compilação diversificada de modos de fazer, de várias épocas, disponível na internet. A cozinha dos primeiros peregrinos, desembarcados em Plymouth em 1620, já cheirava a frutos do mar e laticínios. Em Boston, na Union Oyster House, o mais antigo restaurante em operação contínua no país, o *chowder* de mariscos é prato de destaque desde 1826, data da fundação da casa.

Marjorie Druker e Clara Silverstein, no seu completo *New England Soup Factory Cookbook*, escrevem que o *chowder* de mariscos é a sopa assinatura da Nova Inglaterra e que o *bisque* de lagosta vem logo a seguir, em segundo lugar. Apreendemos com Dinah Fried, no seu poético *Fictitious Dishes*, as bases de outros *chowders* nativos. O de Manhattan é claro e leva tomate; o de Nova Jersey é conhecido pelo seu caranguejo apimentado e aspargos, enquanto o *chowder* de mariscos de Rhode Island tem um caldo amanteigado. Com *Moby Dick*, depois que o livro de Melville virou um cult da literatura universal, o *chowder* sentimental que sempre procuramos, confortavelmente cremoso, passou a ser como aquele servido n'A Panela, *chowder* de Ismael, de Queequeg e de outros velhos caçadores do mar, sem a necessidade da baleia.

Santa Ceia de Piave

Lagostins de Giovanni de Francia

Quando non ci sono più gamberi, sono buone anche le zampe.
(do cardápio do restaurante Gambrinus)

L AGOSTINS trocaram águas geladas por território seco, mortalmente estirados sobre a trabalhada toalha de uma mesa bem comprida. Mas parecem tão rusticamente vivos na realidade do afresco de Giovanni di Francia!

Nem só de pão e vinho vivem as Últimas Ceias, em que pese a síntese do texto bíblico ao descrever a mesa de Jesus e seus apóstolos. Ao longo dos séculos, alguns anacronismos muito humanos foram escapando milagrosamente do pecado e de seus perseguidores.

Na representação da Santa Ceia pintada na Igreja de San Giorgio, em San Polo di Piave, ao norte de Veneza, abençoados lagostins aparecem mostrando suas pinças ao lado de um pequeno cordeiro. Tudo muito reverencial, mas diferente do que teria acontecido, segundo a Bíblia, no *Cenaculum*, em Monte Sião, a quilômetros das muralhas de Jerusalém e ainda mais distante no mapa do tempo. Afinal, esses lagostins (e também peixes e pedaços de peixes) estão pintados em um mural italiano de 1446, na província de Treviso.

O significado religioso da presença dos crustáceos no afresco de

Piave – estes, como os peixes e os cordeiros, são símbolos religiosos da Ressurreição – convive com uma explicação de tradição mais secular: os camarões de água doce, de vermelho coral intenso (a armadura cinza ou dourada ganha essa nova cor após o cozimento), estão ali no afresco de Giovanni di Francia (que alguns tratam por Zanino di Pietro) porque a região sempre teve a iguaria à mão para enfrentar suas fomes e para abrir-se a prazeres. E nenhuma lei mosaica, que proíbe a ingestão de frutos do mar, foi suficiente para demover o pintor.

O lagostim de Piave está para a Igreja de San Giorgio assim como o *cuy*, o porquinho-da-índia que os incas e seus descendentes não abrem mão, está para a Catedral de San Blas, em Cuzco, no Peru. Na Santa Ceia pintada pelo quechua convertido Marcos Zapata (1710-1773) nessa igreja nos Andes, o *cuy* aparece todo assado e torradinho sobre a mesa comandada por Jesus – uma homenagem às preferências dos habitantes do país e de seus antigos soberanos. Nessa parede solene que fala espanhol, Judas Iscariotes tem o rosto do conquistador Francisco Pizarro – o "mal", assim, teria sido diabolicamente representado em simbiose de personagens. Os apóstolos de Zapata bebem *chincha*, a tradicional cerveja de milho preparada por mulheres peruanas.

Ao rio Piave, quase sagrado para os italianos, somam-se as águas do rio Lia, que correm dos pré-Alpes, em viagem subterrânea, para vir à tona no que hoje é área do Parco Gambrinus. Criado em 1847 na província de Treviso, a cerca de 40 quilômetros de Veneza, o parque tem tradição como parada restauradora. Na época em que foi estabelecido, nobres de cartola e senhoras com sombrinhas estacionavam seus cavalos e carroças debaixo de grandes carvalhos, atraídos pelo sossego do lugar e pelo perfume do *pan moro* assado por ali.

Do Lia saem os crustáceos que abastecem hoje o restaurante Gambrinus, funcionando no parque desde os anos 1960. E o lagostim, alimento de tradição quaresmal, transformou-se em *hit* nas mãos de Luigi Zanotto e do filho Christian. Os lagostins saem do rio diretamente para a caçarola, onde são escaldados com ervas e, depois, servidos com polenta e um molho especial. Os donos do Gambrinus sugerem que, quando já não haja mais carne na carapaça, que o comensal coloque o que do lagostim restou na taça de vinho branco. Esse vinho "batizado" garantiria novas emoções à mesa. Está escrito no menu. Não é à toa pois que, em um de seus livros, o reverenciado historiador gastronômico norte-americano Waverly Root eleva San Polo di Piave à "capital do lagostim".

A Última Ceia de Giovanni di Francia também contempla os vinhos, servidos pelos apóstolos a partir de transparentes recipientes de vidro. Vasilhames providenciais para quem gosta de comparar e admirar as muitas cores que um vinho pode ter, pode vir a ter e refletir. São cinco garrafas de tinto e pelo menos uma de vinho branco. E nesse caso, ao que tudo indica, o pintor também foi arrastado pelas coisas da vida. Ou ainda "reflete a imprecisão da doutrina cristã sobre o vinho da Eucaristia", escreve o artista e professor de arte John Varianno, em *Wine, a Cultural History*. Em que pese o simbolismo, o "sangue da salvação", sabe-se, nunca ficou restrito ao vinho tinto.

Piave desde sempre foi uma região vinícola. Vinhos tintos da uva raboso, originária da região do Vêneto, ricos e agressivos em taninos, ainda podem ser encontrados por lá. Tanto a raboso piave como a raboso veronese são uvas mais usadas atualmente em cortes, não em vinhos varietais. A raboso que cresce no norte da Itália perdeu terreno, nas últimas décadas, para as uvas marzemino, corvina, rondinella e molinara, sendo as três últimas as variedades-chave na elaboração dos populares valpolicella e bardolino.

Já o vinho branco (ou seria água?) que um dos apóstolos serve numa das taças poderia bem ser um tocai ou verduzzo locais, certamente familiares a Giovanni di Francia. Essa hipótese é defendida por Varianno em *Taste and Temptations*, livro em que reúne alguns instigantes e originais ensaios sobre alimentação e arte da Renascença Italiana.

Foi de Varriano uma descoberta feita em 1997, durante limpeza e restauração da Santa Ceia de Leonardo da Vinci, *Il Cenacolo*, pintada no convento Santa Maria delle Grazie, em Milão. Ele identificou, e depois relatou na revista *The Gastronomica Reader*, que a comida consumida na cena não era nem pão, tampouco cordeiro, como sempre se pensou. E sim pratos de enguias grelhadas guarnecidas com laranja.

Enguias, pão apimentado e damascos aparecem numa lista de compras de Leonardo da Vinci, dos anos 1400. Receitas com enguias, como as que estão representadas no afresco, estão também nos escritos do humanista e gastrônomo renascentista Bartolomeo Platina (1421-1481), bibliotecário-chefe do Vaticano, autor do livro *De honesta voluptate et valetudine*, compêndio de "meditação gastronômica" que exaltava o "prazer correto" e saudável da alimentação, que ele via na moderação e na frugalidade.

*

PAOLO VERONESI pintou sua Santa Ceia (1573) em atmosfera de grandiosidade renascentista, transferindo para a sua tela a arquitetura de fausto e o ambiente *de joie de vivre* veneziano, em leitura mais que livre do texto bíblico. Além dos 12 apóstolos, o banquete tinha dezenas de outros convidados da próspera sociedade dos canais e das embarcações. E os vinhos eram para todos os paladares. Havia até aquelas garrafas com coletes de ráfia, antecipando a moda dos *fiaschi* de *Chianti*.

Varriano escreve que os patronos da obra ficaram preocupados com tantos elementos estranhos à Bíblia, justamente em época que o Concílio de Trento pedia exatidão dos artistas. Varriano conta que, pressionado a fazer correções na composição, Veronesi saiu pela tangente: mudou o nome do quadro para *Festa na Casa de Levi*. E a festa, assim, continuou.

Kräftskiva de agosto

Lagostins com *akvavit* em Uppsala

QUANDO O SAGRADO verão começa a acabar, é agosto, os suecos reúnem amigos às voltas com lagostins, cerveja, *akvavit*. A melhor tradição manda que a "água da vida" (*aqua vitae*) a escorrer nos copinhos, sob fios de sol que desejam sempre perpetuados, seja a destilada em Aalborg, ciúmes contidos, na vizinha Dinamarca.

A maioria dos próprios lagostins consumidos na Suécia, depois que o ataque de fungos quase dizimou os crustáceos das águas locais, há tempo também passou a vir de correntes geladas mais distantes. Importada em massa da Ásia, a iguaria que no século XVI frequentava somente a mesa de aristocratas, só caiu no gosto popular a partir do século XIX.

Num desses agostos de memória, em Uppsala, fomos com Björn Ingmar até o supermercado mais próximo de casa comprar toalha festiva para arranjar a mesa da varanda. *Kräftskiva* é a tradicional celebração, preferencialmente em tarde ao ar livre, na qual os lagostins na travessa parecem formar uma coroa vermelha a dar cor ao centro das mesas de madeira clara por toda a Suécia. Björn trouxe também uma lanterna de papel – a lua cheia redonda de sorrisos, na verdade uma pessoa sorrindo como se ela mesmo fosse a lua. Pelo menos um dos convidados chegou com chapéu divertido, como manda a regra. E haja animação para entoar *Helan Går*, a canção que antecede solenemente a desbragada escalada de goles. *Skål!*

Há também o compasso de outra sinfonia nessa festa, aquela dos crustáceos sendo devorados, chupados, sem nenhum zelo. Todos à mesa atrás do líquido saboroso que sai das cascas, das entranhas do bicho. Isso até o adágio da sobremesa, que, na casa dos Björn, movimentou-se em torno de uma torta caseira de ruibarbo, essa planta de origem chinesa que chegou ao Ocidente via Rússia e que hoje pode ser cultivada até em pequenos jardins.

Na Suécia, os lagostins são aferventados em água com sal e temperados com dill fresco. Os lagostins são servidos frios, com pães crocantes, torta de cogumelos, saladas. Há quem ofereça para acompanhamento pedaços do queijo de Västerbotten, do norte do país, uma espécie de "parmesão dos suecos". A *aqua vitae* que ajuda a mover a festa é bebida da Escandinávia desde o século XV, um destilado à base de grãos ou de batata, muito parecido à vodca. A diferença está nos "temperos": entre ervas e especiarias, a alcaravia, o "gengíbrico" cardamomo, o cominho, o anis, a erva-doce e/ou também óleos cítricos. A famosa *aquavit* de Aalborg, das fábricas instaladas na Jutlândia do Norte, é alquimicamente destilada com âmbar.

*

Elvis Presley cantou *Crawfish* com Kitty White em *King Creole* (1958). Da janela para a panela:

> *Crawfish*
> *Bem, eu fui para a albufeira na noite passada*
> *Não havia lua, mas as estrelas eram brilhantes*
> *Coloquei um grande e longo gancho numa grande e longa vara*
> *E puxei Mr. Crawfish para fora do seu buraco*

Crawfish
Veja, eu o peguei, veja o tamanho
Estripado e limpo diante de seus olhos
Carne doce, veja, fresca e pronta para cozinhar

Crawfish
Agora pegue Mr. Crawfish na sua mão
Ele vai ficar bem na sua frigideira
Se você fritá-lo bem ou fervê-lo direito
ele ficará mais doce que açúcar quando você morder
Crawfish

Há os lagostins caçados em buracos na água enlameada – a partir daí nasceram histórias ligando-os à própria criação da terra, a "lama primal" –, mas há também aqueles que vivem na água corrente, sobre rocha dura, em braços de rios gelados.

Os lagostins aparecem também em cartas de Gertrude Stein e nos romances de Hemingway, que sempre carregou consigo as paisagens da infância. "Caçar o lagostim era tradição ensinada de pai para filho nos Estados Unidos", conta Glen Pitre em *The Crawfish Book*, livro que associa os lagostins aos mais variados temas. Nas primeiras décadas do século XIX, eram importados para Nova York a partir do rio Potomac, do Lago de Michigan e do rio St. Lawrence. Pitre escreve que nos anos 1880, cerca de 70 toneladas de lagostins foram vendidas nas cidades de Nova York, New Orleans, Chicago e San Francisco.

Hoje o crustáceo pode até entrar na composição do *Cassoulet* do prestigioso restaurante Taillevant, em Paris, e muita gente aplaude. A personagem supersticiosa de *Pais e Filhos*, de Ivan Turguêniev, do lagostim queria distância, "porque a carta de tarô onde ele aparece não é nada animadora".

Rainha de Cayman

Riqueza do mar dos piratas

Para Claudinei Rodrigues
(in memoriam)

PARA ANDAR, E ATÉ SALTAR, a rainha-pé-de-foice vai segando a areia fina e branca do Caribe, mar que abraça as ilhas Cayman, "as ilhas que o tempo esqueceu". A força do gancho retrátil é necessária porque esse molusco carrega seu palácio de carbonato de cálcio nas costas. É uma concha de porte, que risca a areia desses mares de águas translúcidas.

Na época da desova, constrói uma espécie de casulo, usando para isso um fio gelatinoso que, como mãe, expele. Esse fio é tal uma linha de pesca de vários metros na qual estão grudados meio milhão de ovos microscópicos; linha que será enrolada, e mais uma vez enrolada, em árdua tarefa submarina de até 36 horas. Começa dessa forma a aventura de uma nova concha-rainha, a *Strombus gigas*, aquela que, colada ao ouvido, executa, se quisermos fazer poesia, os sons do mar inteiro. Assim ela nasce desde 65 milhões de anos atrás. Os embriões, quando desgarrados, vagam pela água salgada à procura de plâncton. Os que sobrevivem com essa dieta tratam de edificar sua proteção em progressivas e matemáticas espirais de cálcio. Quando a concha já está formada, com o molusco interno esbanjando proteína, é chegada a hora da panela.

A *Strombus gigas* já foi ferramenta de trabalho, esculpida e afiada para aplainar madeira de embarcação. E instrumento de sopro, quando não usada para um disputado ornamento, um colar, uma pulseira, inteira como um objeto de arte, tão cobiçada pelos antigos viajantes quanto as porcelanas chinesas. "E se sua bonita forma e tamanho real não bastassem, os tons brilhantes do sol com os quais ela pinta seus lábios – vermelho flamejante, dourado e rosado – certamente proclamam sua condição de realeza", tece loas a escritora e mergulhadora Dee Carstarphen.

O molusco da concha-rainha foi repasto de subsistência no Caribe. No diário de sua segunda viagem a bordo de *Niña*, em 1494, Cristóvão Colombo escreve que encontrou na costa sul de Cuba conchas tão grandes quanto cabeças de um bezerro. A carne apetitosa do molusco – "do tamanho do braço de um homem" – era fervida com água do mar e ajudou a sustentar a sua tripulação. Hoje o molusco frequenta a mesa *gourmet* de alguns países caribenhos, sob atentos olhos de autoridades e ambientalistas que cuidam da preservação da espécie, limitando a estação de caça de 1º de novembro a 30 de abril.

Fatiada e marinada em limão, como ceviche; misturada ao arroz bem temperado, como Jambalaya; cozida em caldo com leite de coco, imitando um *chowder*; base de pequenos bolinhos fritos, a carne da concha-rainha é petisco disputado entre os visitantes que escolhem essa região para mergulho nas florestas de corais – muitos jovens atraídos pela política descontraída do *"no shirt, no shoes, no problem"* (os homens de colarinho branco que visitam a ilha estão lá por motivos nem sempre legais). Ao lado de uma variedade de pratos com peixes e frutos do mar, a culinária de Cayman foi enriquecida com a influência jamaicana de molhos vibrantes de *curry* e o consumo de carne seca, fruta-pão, banana da terra, inhame e mandioca.

A vida marítima é rica e tumultuosa nessas três pequenas e isoladas ilhas (Grand Cayman, Cayman Bric e Little Cayman), picos aparentes da Cayman Ridge, que é uma continuação submarina da Sierra Maestra cubana. Estão cercadas por um oceano abissal e, nos meses de agosto, têm de enfrentar com destemor a temporada de furacões.

Durante alguns séculos, as tartarugas marinhas desse mar profundo foram o centro da atividade econômica da região, sustentando o estômago dos habitantes locais e estimulando a sua pequena indústria náutica.

No dia 10 de maio de 1503, comandando as naus *Capitania e Santiago*, Colombo, arrastado pelos ventos e correntes no Oeste da Jamaica, acabou descobrindo as duas ilhas menores, Cayman Bric e Little Cayman. Era a sua quarta e última viagem para a América. Tantas eram as tartarugas em evolução naquelas águas azuis que os marinheiros batizaram as ilhas de Las Tortugas. Um berçário dessas mesmas tartarugas é hoje grande atração em Grand Cayman; tartarugas tão simpáticas quanto as arraias gigantes que fazem contorcionismos e são abraçadas por turistas em vários pontos da costa.

Não demorou nem duas décadas depois da descoberta para que as ilhas fossem associadas a outros moradores locais, as grandes e verdolengas iguanas. Como Lagartos, as Ilhas Cayman aparecem num mapa de cartógrafos de Turim, de 1523, e numa sequência de outros documentos. Tornou-se finalmente Caymanes, em reconhecimento a um réptil comum nas Américas do Sul e Central, conhecido como *"caimán"*, maior do que as iguanas e muito parecido com crocodilos, que também superpovoavam as regiões costeiras. E quem é capaz de negar, debruçado num desses mapas, que o formato de Grand Cayman é como o da cabeça de um desses bichos? Como Caymanes, as ilhas foram desenhadas numa carta alemã de 1527, até serem celebradas pela literatura: já no século XIX, o escocês *Sir* Walter Scott (1771-1832) mencionou Cayman no seu popular romance *O Pirata*. Essa linha histórica foi toda reconstruída pelo arqueólogo submarino Roger C. Smith, em *The Maritime Heritage of Cayman Islands*.

As ilhas estiveram desabitadas até o século XVII. Em 1670, passaram a ser controladas pelos ingleses, que as têm como colônia – mão de direção à direita e *God Save the Queen* – até hoje. Cayman entrou na geografia dos navegadores como parada reparatória de navios e de suas tripulações, onde o alimento principal eram as tartarugas marinhas, capturadas pelos hábeis pescadores locais. Além da carne, os ovos também eram disputados pelos moradores das ilhas.

Nos anos de 1979 e 1980, Smith e um grupo de pesquisadores entrevistaram moradores locais, consultaram arquivos dentro e fora das ilhas e mapearam os principais sítios arqueológicos. Fizeram também um grande inventário dos achados de muitos naufrágios ocorridos em várias épocas nas costas de Cayman, projeto idealizado pelo Instituto de Arqueologia Náutica da A&M University, do Texas. E constataram: Cayman chegou a ter a maior indústria de pesca de tartaruga do Novo Mundo, produzindo com a atividade um impacto muito particular no desenvolvimento das Índias Ocidentais. Esse tipo de pesca deu origem a uma espécie única de marinheiros no mundo caribenho.

*

O SÉCULO XVIII NO CARIBE foi marcado pela presença de perigosos bucaneiros, muitos deles renegados das colônias francesas e inglesas, todos seguindo à margem (e nem tão à margem assim) a rota de sucesso da Companhia das Índias Ocidentais. O mais vistoso dos piratas do Caribe foi Edward Teach, o celebrado *Barba Negra*. Nascido em Bristol, o inglês também desfilou sua extravagante barba com *dreadlocks* em Grand Cayman, onde reparou e reabasteceu sua embarcação, o navio com o sugestivo nome *Queen Anne's Revenge*. Certamente bebeu em Cayman seu rum.

O destilado feito de cana-de-açúcar (ou de seu melaço) era consumido a rodo nas ilhas caribenhas. Bebida barata, inicialmente processada pelos escravos nas *plantations*, foi muito popular na América colonial antes do advento do uísque. Em meados do século XVIII, a Jamaica era o grande país produtor de rum. Um século mais tarde, Santo Domingo, na República Dominicana, passou a ser o maior porto de exportação da bebida. Os marinheiros da Armada Real inglesa misturavam rum com água ou cerveja para fazer seu *grog*, mas os piratas tinham uma receita de mais personalidade: batizavam o rum com açúcar e noz moscada (às vezes, cardamomo).

A Tortuga Rum Company, criada em 1984, é a empresa do rum encontrado hoje em Cayman. Faz na verdade uma mistura de rum jamaicano com o rum especial de Barbados. A bebida entra na receita do aclamado *rum cake*, o bolo com receita familiar produzido em Grand Cayman numa grande "padaria de arte". Dos fornos da Tortuga saem diariamente de cinco a seis mil bolos "dourados de rum", sensação entre os passageiros dos grandes cruzeiros que por lá aportam diante de um pequeno e preservado casario de madeira.

Essências e existências

Panathinaikos ou Olympiakos?

Sitting on his balcony above
the village square,
the Agha of Lycovrissi
smoked his pipe and sipped raki.

NIKOS KAZANTZAKIS,
The Greek Passion

N<small>O CARDÁPIO</small> do Byzantium, limonadas eram existências. Laranjadas, essências. O café ali servido era ele mesmo, café grego, e não deveria, em hipótese alguma, ser chamado de café turco. Essa pequena cólera nada tem a ver com diferenças no "modo de fazer": o pó, nas duas receitas, sempre fino como poeira, é misturado à água e ao açúcar, em proporções variáveis, tudo levado à fervura e, por fim, a níveis mais ou menos delicados de decantação. Uma borra fica no fundo da xícara, para alegria dos cafeomancistas e preocupação daqueles que aguardam seus vaticínios. As cafeteiras de cobre ou latão, vendidas indistintamente nos apinhados mercados de Istambul e Atenas, não pagam o preço da rixa.

Apagar o "turco" do café turco entre os gregos parece fazer parte de uma terapia contra a incurável e atávica insônia atribuída aos séculos de ocupação otomana. Expulsos os homens de fez na cabeça, após a Guerra da Independência (1821-1829), os gregos viram-se depois massacrados em Esmirna, no início do século XX, na "guerra que não tinha acabado". Assim, a espuma *(kaïmak)* que sobe desses cafés nunca mais pôde ser desfeita.

O Byzantium de letreiro ateniense evoca uma importante linha de civilização e um caldeirão de gente. Assim era chamada a colônia grega, estabelecida cerca de 660 a.C. às margens do Mar de Mármara. Dela nasceu, em longo crescendo, Constantinopla, a "nova Roma", cidade que se tornou o centro do Império Bizantino, até a chegada dos cruzados, em 1204. Tomada em 1453 pelo sultão otomano Mehmet, o Conquistador, Constantinopla é hoje a turca Istambul da Mesquita Azul e da Basílica de Santa Sofia.

Por Bizâncio, ou pelo assentamento que ali havia desde o século XII a.C., passaram Jasão e os argonautas na jornada em busca do Tosão de Ouro, viagem clássica da mitologia grega. Navegando pelo mesmo Bósforo do escritor Orhan Pamuk, os argonautas enfrentaram com calculado destemor as Simplegades, rochas-chocantes-espremedoras-de-navios. Odisseu desviara-se dessas "ilhas que andavam" graças à boa visão do cego Homero. Descendo pelo mesmo Bósforo-funil das embarcações, em direção ao pai Mediterrâneo, cardumes do peixe bonito sempre foram recolhidos em Mármara, o que contribuiu para o progresso de Bizâncio e de sua mesa.

Pelo Café Byzantium passou o mesmo tipo de gente decidida, sonhadora, guerreira embarcada na Argo de Jasão. Desaparecido há tempos como a fumaça dos consentidos narguilés ("cachimbos de água" com os quais turcos e árabes ensinaram a navegação da boa conversa), o Byzantium foi um dos mais efervescentes cafés da Grécia do pós-guerra, instalado na Praça Kolonaki, logo elevada a "Saint-Germain-des-Prés de Atenas". Kolonaki, "pequena coluna", pois há ali uma remanescente de outra era, é toda uma área que abrange a praça Syntagma, vocábulo que inevitavelmente compõe orações ao lado da avenida Vassilisis Sofias e das encostas do onipresente Monte Licabeto, este na forma de um cônico carretel de tecelagem como se à espera de uma Penélope.

Como nos cafés franceses, no Byzantium também houve ebulição, barulho e fumaça de poetas, escritores, pintores, atores, comediantes, políticos... Mas no café ateniense havia figuras ímpares: embaixadores, almirantes aposentados, capitães de mares e de navios desembarcados no histórico porto de Pireu. Churchill tinha de caminhar pouco, cinco minutos talvez, da embaixada britânica até o Byzantium.

O historiador Jacques Lacarrière conta, na letra "B" do seu dicionário amoroso sobre a Grécia, que o garçom Babis recriava os itens do menu ao som das discussões nas mesinhas. Era ouvindo de orelhada os debates sobre o Existencialismo que ele rebatizava singelas limonadas e laranjadas. E como gostava de mitologia, dela certamente orgulhoso, o *ouzo* que servia no Byzantium não poderia ficar restrito à condição de bebida à base de anis. Passou a ser então "leite das Nereides", leite dessas mais de 50 ninfas do mar Egeu, sempre prontas a ajudar marinheiros ou a roubar seus corações.

Límpido na garrafa, o *ouzo* fica leitoso à mistura diluidora da água ou do gelo. A tranquilidade da cor, entretanto, é enganosa: o *ouzo*, sozinho ou na companhia das *mezedes* (as entradas cultivadas no período otomano, diga-se), tem ímpeto catalisador. Aciona o *kefi* dos gregos – um estado de espírito que combina entusiasmo e paixão, como um gesto do compositor-militante Mikis Theodorakis elevando a música de *Zorba*, da praia dos mortais às alturas.

O *raki* do Byzantium, que os turcos evidentemente não gostariam de ver chamado nem de *"ouzo* dos turcos", nem de *"pastis* de Istambul", era para o garçom Babis uma "lágrima de Cíclope", o que seria quase uma cachoeira, a pensar no tamanho desse gigante imortal. A popular cerveja Mythos, lançada em 1997, muito tempo depois do fechamento do Byzantium, teria sido um rótulo triunfal para os amores do cardápio de Babis.

A ira de hoje, como se viu, não tem o mesmo tom daquela que se fechou no acampamento troiano, com Aquiles, na *Ilíada* de Homero. É uma tomada de posição que usa o expurgo do "café turco" como palavra de ordem, mas que não esquece a vida. O ensaísta e escritor italiano (triestino) Claudio Magris escreveu em artigo para *Il Corriere della Sera*, republicado pela *Folha de S. Paulo*: "A cólera é libertadora apenas se for possível libertar-se também dela; 'Que o sol', diz São Paulo na epístola aos efésios, 'não se ponha sobre a vossa ira'". Éfeso é hoje cidade turca na Ásia Menor, mas fez história sob domínio grego.

Evidentemente não se deve buscar com "café turco" sorrisos em mesas e balcões dos inúmeros *cafenions* de Atenas, ou aqueles que pontuam o país muito além da elegante Kolonaki. A maioria de homens que os frequenta com regularidade, *kombolói* nas mãos, abastecida com muitos cigarros dos populares Papastratos, comenta os últimos lances e gols do Panathinaikos ou Olympiakos – da vida, enfim –, não dá a mínima para a "cólera de Aquiles", mas pode encrespar ao ouvir um "turco" no café. "Café turco" também fica amargo nas lojas de docinhos banhados em mel, onde vão principalmente as mulheres, que nem de longe sonham com a destemida Antígona e que não beberiam um café de original receita otomana se batizado de "café turco", nem mesmo ameaçadas por Creonte.

O café forte e açucarado do Byzantium era mesmo grego, não há mais dúvida, já que o "turco" fora expulso na Guerra da Independência (lorde Byron também às armas, sem muita poesia). Depois da vitória dos gregos, quando o rei Otto da Baviera assumiu o trono, vindo de Náuplion a Atenas, a ordem era apagar qualquer traço da presença otomana na nova capital. Muita história se perdeu. A "nova" Acrópole, sem vestígios da mesquita e do armazém de pólvora, seria, como a vemos até hoje, uma "carcaça arqueológica despojada até os ossos", escreveu o escritor e ex-diplomata britânico Sir Michael John Llewellyn-Smith.

A ocupação do templo Erecteion pelo harém do sultão jamais foi perdoada.

Direito às *lingonberries*

Escandinavos coletores de frutas

Para Karin e Mats Carlsson

N A VIZINHANÇA DO CELEIRO há um bosque bem verde, não cerrado, com veredas que levam às *lingonberries (Vaccinium vitis-idaea), lingonsylt,* em sueco. O celeiro é de um vermelho profundo. A velha perua Volvo branca estaciona por ali, num estreito caminho de terra. Do carro desembarca uma família inteira, com suas vasilhas, alegrias e ferramentas. Nos arredores da Volvo, estão todos ansiosos para colher essas frutinhas silvestres, vermelhas, primas das igualmente ácidas *cranberries* (dos índios americanos e dos *Thanksgivings*). Em português, *lingonberry* é arando vermelho.

Apanhar as *lingonberries*, que no final de agosto estão tão viçosas que parecem caramelizadas, envernizadas, é quase um ritual de iniciação das crianças pelos bosques da Escandinávia. A natureza é de vocês, teria dito o naturalista Lineu (1707-1778), em meio a essa mesma paisagem. Mesmo nominalmente enobrecido com um pomposo Carl von Linné, Lineu foi sempre personagem popular e inspirador, talvez por nunca descuidar de suas plantas e nunca deixar em paz seus alunos e seus jardins.

O pai dessas crianças (haveria por acaso entre elas uma menina chamada Linnea?) carrega uma eficiente engenhoca, ferramenta que é, ao mesmo tempo, um rastelo e uma caixa. O "rastelo aéreo" debulha as frutas dos pequenos arbustos, sem machucá-los e nem às pequenas frutas, que caem na parte que é uma caixa armazenadora. A garota-da, segurando cestas e vasilhas, que logo estarão repletas, não perde tempo, atesta a movimentada tela de rostos lambuzados. O grosso da colheita, entretanto, será mesmo destinado à geleia que acompanha-rá, ao longo de todo ano, panquecas e pequenas almôndegas de carne *(köttbullar)*, e até mesmo o menos inocente *blodpudding* (o nosso chou-riço), trazendo uma lembrança de sol, um traço de luz materializado em compotas, aos meses com dias mais curtos, mais escuros e mais frios do seu inverno.

O chef Marcus Samuelsson, nascido na Etiópia, crescido na Suécia e à frente de restaurantes em Nova York (primeiramente com o Aquavit) defende o "ciclo" de sua avó sueca: "plantar, preservar, cozinhar". No final de novembro é hora do picles de peixe, repolho, das mostardas ca-seiras. Os vidros sairão da despensa para a mesa no inverno, quando os pratos já estarão repletos com a indefectível sopa de ervilhas *(ärtsoppa)*.

Sobre as pequenas almôndegas, um clássico da cozinha da Sué-cia, o escritor Kalle Bergman escreveu: "há tantas receitas de *köttbullar* quanto o número de mães suecas", cada qual com seus melhores se-gredos. Um restaurante de tradição sueca em Penedo (RJ) – há, sim, uma Pequena Suécia por ali, nessa cidade de raízes finlandesas – é servido um *köttbullar* de voluntário exílio tropical, mas evidentemente sem *lingonberries*. Na Suécia real, todas as receitas são acompanhadas pela geleia, mais autêntica quando preparada sem cozimento, simples-mente *lingonberries* amassadas com açúcar, *rörda lingon*.

Há competições de cores na Escandinávia do mês de agosto, a co-meçar daquelas que transformam lagos de verão em tapetes energi-zados como os do pintor Anders Zorn (1860-1920). Enquanto isso, muitos verdes seguram os celeiros, com suas esquadrias brancas, harmonização comum nas casas de madeira de parte da Suécia desde o século XVI. O "vermelho profundo" vem de pigmentos extraídos da mina de cobre de Falun, Stora Kopparberget, operada durante cerca de um milênio, do século X a 1992. Os olhos ficam estatelados ao ver os meandros e as abóbadas subterrâneas onde foi gestada essa tinta especial que pincela a paisagem e protege a madeira das agruras do tempo.

Outros vermelhos são os das frutas, *lingonberries*, framboesas, pequenos morangos – vermelhos também os rostos dos seus coletores, corados à toa pelo delicado e dedicado esforço.

Em Sundsvall, norte da Suécia, o desafio dos coletores é alcançar a mais rara e linda *cloudberry* (*hjortron*, em sueco), joia barroca amarela que brota em pontos de difícil acesso, e que vira geleia para coroar sorvetes ou para acompanhar *camembert* frito, como o do mercado de Skelleftea, na Lapônia.

Nunca é proibido cruzar, caminhar por um bosque forrado, atraídos pelo chamado dessas frutas maduras, mesmo que estas acenem de terras cartorialmente alheias. E isso vale também para a caça aos cogumelos. É permitido atracar o bote à margem dos lagos numa propriedade de estranhos sem necessidade de bradar pela *allemansrätten*, a palavra para direito de acesso público, lei que estimula as atividades em espaços abertos. Na estrada entre Upsalla e Ulva Karven, há terrenos cultivados nos quais morangos e flores secas podem ser colhidos quase como terapia, mas aí por algumas coroas.

(Na ilha grega de Kalymnos, no Egeu, a ilha das esponjas, prospera a ideia com "aura pré-capitalista" de que todos têm o direito de provar os figos que a natureza proveu, respirando ar fresco, tomando sol ao mar. A folclorista Themelina Kapella, citada por David E. Sutton, diz que é livre apanhá-los ao passar por uma árvore carregada e que os donos desses figos não sossegarão enquanto você não levar mais alguns, como presente.)

Lineu acreditava que os morangos ajudavam a enfrentar a gota. Pelo menos com a dele foi assim. Tinha 43 anos quando teve o primeiro ataque. Contam que, depois de sete noites de insônia e dor, clamou por ópio, mas foi confortado pela mulher com uma baciada de morangos silvestres e bem vermelhos. Dizem ainda que passou a comê-los diariamente pelo resto da vida no seu refúgio, em Hammarby, com suas paredes recobertas de desenhos de botânica. A rainha era capaz de tirar morangos de seus estoques para enviar regiamente a Lineu.

*

No dia de seu aniversário, o menino Pelle (Pelle Hvenegaard) ganha do pai Lassefar (Max von Sidow), os dois imigrantes suecos sofridos na Dinamarca, um punhado de morangos silvestres, os quais devora alegremente, com leite, no rústico cenário de uma estrebaria. São personagens do filme *Pelle, O Conquistador* (1987), de Bille August. Logo depois que desembarcaram no país vizinho, o pai plantou sementes de morangos trazidas de casa, para fazer surpresa e garantir ao garoto uma faísca da sua Suécia natal.

O abacateiro da Curuzu

Viagens e *póffs!* do Ahuacatl

THOMAZ GONÇALVES ouviu muitas vezes aquele barulho. O *póff!* molhado aparentemente não lhe tirava a concentração. Mantinha tachinhas na boca e manejava o estilete afiado em sapato montado no pé de ferro como se nada estivesse acontecendo. No íngreme quintal da casa e sapataria desse meu tio, na rua Curuzu, em Botucatu (SP), havia um senhor abacateiro.

O som cavo da fruta madura caindo no chão de terra muito úmido, coberto por um tapete de folhas encharcadas, não desalinhava os caminhos de crochê de *Bela*, que era como chamavam minha tia Tereza. Havia muitos abacates, daqueles grandes, com sementes do tamanho de bolas de beisebol, rodeadas de carne macia de um verde amarelado arrebatador. E dava para toda a família.

Já os *póffs!* no quintal de Grace Passô foram dramáticos. A atriz, dramaturga e diretora teatral diz que ficou traumatizada na infância justamente por causa dessas frutas de até 1,5 kg "que caem sem avisar". Despencam de árvores que, em trinta anos, podem alcançar um metro de diâmetro e 20 metros de altura. Por isso Grace faz um alerta: "Cuidado com o que você planta". Na peça *Por Elise*, que Grace escreveu e estrelou em 2007, as falas foram acompanhadas de *póffs!* de abacates-atores, que caíam dos céus, tudo dentro do *script*.

Os abacates são leves lembranças de Nathan Myers, um mestre internacional da guacamole, a iguaria mundialmente conhecida preparada com abacate. Na infância em Fallbrook, Condado de San Diego, Califórnia, "a capital mundial do abacate", Nathan e seus amigos viam as frutas fazendo seus *póffs!* e rolando na rua em outras movimentadas onomatopeias. No trajeto da escola para casa, recolhiam uma ou duas frutas aqui e ali e tratavam de apressar o passo para combinar a amanteigada polpa com tudo de bom que encontrassem na geladeira: *applesauce*, azeitonas, *hot sauce*...

Esse cardápio juvenil inspiraria o *Guac Off!*, seu aclamado livro de receitas com abacates. *To guac* (de guacamole) é verbo do fazer guacamole, "com toda sua abertura para improvisações". No prefácio de *Guac Off!*, Nathan Myers escreve que os californianos fazem guacamole do mesmo modo como os pistoleiros do Velho Oeste limpavam suas armas: "um ato casual com tremenda consequência".

Até poucos anos atrás, o abacate era tradicionalmente preparado no Brasil com açúcar; açúcar devidamente devorado pela gordura da fruta, em impressionante cenário de areia movediça. Ou batido com leite para uma vitamina grossa, em toda boa esquina de sucos. Mas a fruta em saladas e pratos salgados ganha cada dia mais terreno em restaurantes de cozinha autoral, com chefes inspirados na guacamole mexicana, que é a mais famosa delas, muitas vezes com fundos e mundos de pimentas.

A guacamole, entretanto, pode ser uma grande aventura. Nos restaurantes Sushimar, no Rio de Janeiro, por exemplo, o *chef* brilha ao servir guacamole acompanhando salmão. No Atelier September, em Copenhague, Frederik Bille Brahe serve sanduíches abertos com escandinavíssimo pão de centeio, cobertos com fatias finas de *avocado*, temperadas com cebolinha, um fio de azeite, sal marinho, limão e pimenta de Espelette. Nathan Myers tem sua "versão poderosa", muito apimentada, não à toa batizada de *Scarface Guac*. Um crime. Mas nada mais surpreendente do que a receita dos *"rockguacamolians"*, americanos que dizem comer abacates temperados com pó de rochas de asteroides (sic).

A ancestral guacamole, que ajudou a "refrescar" a ensolarada Califórnia a partir dos anos 1950, sempre faz parceria invejável com os nachos de milho e a mexicana tequila. A popularização da fruta nos Estados Unidos se deve ao *avocado* tipo Hass, patenteado em 1935 por Rudolph Hass, carteiro e horticultor amador de Pasadena, cidade no sul da Califórnia. Hoje, 80% dos abacates cultivados em todo o mundo têm o carimbo do tipo Hass, quase uma miniatura – aberto, uma iluminura –, híbrido de espécies do México e da Guatemala.

*

O NATURALISTA LUSO-BRASILEIRO Alexandre Rodrigues Ferreira anotou na caderneta de viajante, em 1789, o encontro dele com um abacateiro às margens do rio Negro. Não sabia que seria o primeiro registro de uma árvore dessas em terras brasileiras. Sua *Viagem Filosófica pelas Capitanias do Grão-Pará, Rio Negro, Mato Grosso e Cuiabá* fora promovida pela rainha portuguesa Maria I, desejosa de conhecer os personagens dessa imensidão desconhecida da colônia. O abacateiro foi um deles.

Vinte anos mais tarde, em 1809, o português Luís de Abreu Vieira e Paiva, oficial da Armada Real, trouxe da ilha que é hoje a Guiana Francesa algumas mudas e sementes de abacate para o Rio de Janeiro. Dom João VI mandou plantá-las no seu jardim de aclimação.

Rosa Nepomuceno conta em *O Jardim de D. João*, que Luís Paiva aportou no Brasil com especiarias da Ásia e das Américas: cânfora, cravo-da-índia, canela e noz-moscada. Também fez contrabando licencioso de outras árvores frutíferas – a propagação das espécies nessa época usava desses expedientes em todo o mundo. Além do abacate *(Persea gratissima)*, manga, lichia, cajá, acácia, nogueira, abricó e fruta-pão começaram a germinar em *Terra Brasilis*. A areca virou aqui palmeira imperial, ao gosto de D. João, que, diz a história, fez questão de a plantar pessoalmente em 1809.

Os gliptdontes do Pleistoceno, aqueles tatus gigantes, engoliam abacates inteiros, num único *glupt*, conta Adam Leith Gollner no seu livro *Os Caçadores de Frutas*. Descobertos como fonte de alimento humano no México, ao redor de 291 a.C., os abacateiros se espalharam fertilmente a partir da conquista espanhola. De norte ao sul do México, propagaram-se pela América Central, alcançando depois o noroeste da América do Sul, nas regiões andinas do Peru e da Venezuela. Uma antiga jarra na forma de abacate, com mais de mil anos, escavada pelos arqueólogos na cidade pré-incaica de Chanchan, revela que a fruta era apreciada no Peru antes da fúria colonizadora. E tinha um porquê.

Os primeiros exploradores relatam o prazer dos povos pré-colombianos diante de uma pratada de abacate, reconhecido afrodisíaco e caminho para a fertilidade. Já nessa época acreditava-se que as formas das frutas eram claros sinais de suas propriedades terapêuticas. Foi assim que o *ahuacatl* (abacate), que significa testículo na língua *nahuatl* dos astecas, ganhou fama.

O vendedor de castanhas

John Keats poderia estar por ali

O VENDEDOR de castanhas assadas da Piazza di Spagna não desceu da barca de mármore de Bernini. É isso o que dele se sabe e se saberá por aqui. Houve época em que todos conheciam melhor não só o seu vendedor de *caldarroste*, mas todos os outros ambulantes, com hora marcada para suas delícias.

"Appariva di solito la sera all'imbrunire".

Hoje há chinês com banca de castanhas em plena Piazza del Duomo, em Milão, e dele só sabemos que nasceu muito longe de Soriano nel Cimino e nunca provou uma *minestra de ceci e castagne*. Montar os cones de castanha assada é, entretanto, o não menos importante trabalho que lhe restou.

O farmacologista greco-romano Dioscorides e o médico Galeno prescreviam a castanha *(Castanea sativa)* já nos primeiros séculos, cultura vinda da Ásia Menor: era remédio contra a disenteria, tratava o paciente mordido pelo cachorro louco e era ainda uma receita eficaz contra envenenamentos. Alguns desconfiam desses e de outros poderes: como pode o reconforto nascer de uma carapaça espinhenta, esse ouriço vegetal que desaba ao solo a partir de árvores parrudas?

E o coro dos defensores da planta correm para a apoteose das cápsulas marrons, absolutamente lisas, brilhantes, que saem como de um ventre ao explodirem no chão. Dentro delas, a matéria que se torna massa com sutileza de sabor.

A rústica castanha desses vendedores de rua tem preparação mais do que simples. Uma incisão longitudinal permite que o fogo e o calor atinjam seu corpo. E pronto. Muito diferente da cerimoniosa cocção para os marrons glacês, as castanhas vestidas uma a uma em pequenas camisas de tule, quase uma procissão batismal, para um banho lento em calda de açúcar – sofisticação seguida por José Arnaldo Soares Vieira que, durante anos, preparou os seus marrons glacês para agradar sua tia-avó Mariinha Ferri, em ritual de presente natalino na Rua Cafelândia, em São Paulo. Uma tradição de franceses, emprestada do Piemonte e, pulando ainda mais para trás, dos romanos.

O português que monta seu ponto de castanhas no Rossio, que ferve em Lisboa, faz como o vendedor da Piazza di Spagna e outros pontos de Roma. E esses como aquele que as preparava em Paris, nas imediações do mercado de pulgas de Saint-Ouen, a dois passos do Le Voltaire, um restaurante-café, no inverno frio de 2011.

Voltaire (1694-1778), o prolífico iluminista francês, defendia as castanhas minimalistas do ataque da elite. Era época em que os cientistas as detratavam como alimento, indicando-as unicamente para as pocilgas. Talvez não acreditassem nas histórias de um passado não tão remoto, da Toscana no século XVI, onde as castanhas e suas farinhas serviram de alimento quase único de comunidades inteiras, pelo menos durante seis meses ao ano, que com elas amansavam o estômago no alto de suas montanhas.

As castanhas estiveram na mesa dos meninos tristes daquela família perdida num posto de alfândega na Córsega, que as comiam depressa com o *bruccio* (pecorino corso), como no conto de Alphonse Daudet (1840-1897). "E só havia água na mesa, apenas água. Como um bom gole de vinho teria feito bem para os pequenos! " As castanhas também foram arma para muitos empobrecidos durante as guerras mundiais.

Fotógrafos americanos, no início dos anos 1900, registraram o colosso da espécie que cresce nos Estados Unidos *(Castanea dentata)*, o homem miniatura ao lado das castanheiras de mais de 30 metros de altura. E eternizaram os vendedores nas ruas de Nova York, fumaça ainda mais aparente em meio ao frio de Natal. Competição honesta com os dutos de *steaming*, que ainda hoje ajudam o centenário sistema subterrâneo da cidade a respirar.

De um canto a outro do mundo, quase os mesmos apetrechos, a panela com furos, ou uma chapa, brasas em fogo. Os atuais aproveitando turistas e passantes que chegam de todo lado, atraídos pelo calor e o inebriante aroma, naquele momento justo em que o amido está virando puro açúcar.

O vendedor da Piazza di Spagna, castanhas arrumadas em caprichados "apeninos", faz ponto a poucos passos da fonte-barco de Bernini. Mais alguns metros, estaria montado nas escadarias da Igreja de Trinità dei Monti.

*

JOHN KEATS (1795-1821) também poderia ter visto um romântico vendedor de castanhas a partir da janela de seu quarto, que dava para a *scalinata* que leva à Trinitá dei Monti. O quarto ainda existe no segundo andar daquela que tornar-se-ia The Keats-Shelley House. Olhar o movimento de transeuntes ao redor da *barcaccia* de Bernini e suas cabeças de leão e ouvir o murmúrio da fonte eram os únicos passatempos do poeta inglês, nos quatros meses em que ficou ali recluso, até a morte, em 23 de fevereiro de 1821.

Na casa que é hoje um museu, salva da demolição em 1903 depois de comoção internacional, há a lareira original onde o músico Joseph

Serven aquecia a comida do amigo. A dieta prescrita pelo médico Dr. James Clark deixa-o fraco; Keats diz que "assim não dá", vai morrer de fome: anchovas e um pedaço de pão ao dia.

E pensar que castanhas doces poderiam estar quase a seus pés. Bem mais apetitosas do que aquelas que o seu Shakespeare de inspiração depositou no colo da mulher de um marinheiro, em *Macbeth*, e era do gosto da primeira bruxa.

> *Cheio o regaço tinha de castanhas a mulher de um marujo,*
> *e mastigava, mastigava, mastigava.*
> *"Cede-me uma", lhe disse.*
> *"Vai-te embora, bruxa!" grita-me a gorda comedora de*
> *babugem.*

Névoas com amêndoas
Frutas-doces de Érice

Para Manuel da Costa Pinto

D E ÉRICE, nos dias límpidos, avista-se a África. De Érice, quase sempre, avista-se Trapani – cidade espraiada aos pés desse monte-mirante Érix, contam que moldado por Afrodite. Marsala e seus vinhos estão bem perto tanto de Trapani quanto das mesas de Érice, na parte mais ocidental da Sicília. A Sicília está a 80 quilômetros da Tunísia; dali, claro, nunca vistos com todos seus contornos nem as praias, nem os vinhedos de Magon, parreiras que quase se atiram ao mar.

Todas essas distâncias estratégicas – também os centímetros que unem as garrafas aos copos, os pratos às bocas, e os que separam um peito do fio da espada ou da cimitarra – sempre foram conhecidas dos inúmeros conquistadores (gregos, romanos, francos, godos, bizantinos, árabes, normandos, angevinos, aragoneses, espanhóis, bourbons, savóias) que avançaram sobre a ilha com suas armas, receitas e seus apetites.

Quando a névoa cai sobre Érice, pouco antes de a noite chegar, não se avista nada, ou quase nada. Não se vê o que restou do Templo de Vênus, não se vê a placa do restaurante que serve *couscous*. Não se vê, tudo enevoado está, nem a cor nem o tamanho da maior torre de Érice, a torre do sino da Chiesa di San Martino. E só névoa chega aos olhos diante do leão de pedra do Jardim Balio e da água que há alguns séculos escoa fresca da sua boca torta.

Só muito de perto vemos o homem de paletó, gravata e boné escuros carregando com extremo cuidado sua pequena bandeja de doces. Tudo como numa pequena e aparentemente inofensiva procissão esfumaçada, como se dos pincéis de Turner saísse. Há conforto em saber que os doces estão todos acomodados com precisão quase milimétrica, protegidos em papel manteiga, celofane e sedas, capricho que se inveja e que se vê em quase toda Itália. Também é bom constatar que o homem vai devagar. E, assim, todos os cremes e recheios estão a salvo no interior das refinadas massas.

O siciliano sai da confeitaria Maria Grammatico talvez sem se dar conta que encena um pequeno ritual das tardes de Érice. Outros saem da confeitaria Il Tulipano e enfrentam ruelas tão ou mais enevoadas, tão ou mais estreitas, mas sempre silenciosas – os barulhos das famílias estão preservados em pátios privativos que os muros medievais não deixam ver. Sou um deles: compro os meus doces de amêndoas na mesma casa que há décadas prepara esses confeitos. E fujo da brancura passando por outra igreja, a Chiesa di San Giuliano, que também não se vê, até o pequeno hotel Edelweiss, do qual só sei onde está a pequena porta.

Maria Grammatico roubou segredos da doçaria do Convento San Carlo. Meninas muito pobres, Maria e a irmã foram confiadas a religiosas em troca de cama e um prato de *pasta* e *fagioli*. (Fosse no Ospedale della Pietá, na Veneza barroca de Vivaldi, talvez ganhassem um violino.) Claustros da Sicília do pós-guerra dividiam-se entre orações e doces receitas de subsistência. Na ebulição das cozinhas enfarinhadas, as irmãs desvendaram alguns mistérios dos santos e da confeitaria. Não que as freiras quisessem. Ciumentas, achavam que a tradição dos doces deveria morrer com elas. Não havia caderno de receitas, as quantidades eram medidas com contrapesos de pedra, guardados a sete chaves. Maria anotava as quantidades mentalmente, confiando na memória. Deu certo. *Grazie, San Giusippuzzu!* Crescida, anos mais tarde saiu dali para montar sua pequena loja, não sem antes imprecar contra a freira que não quis lhe doar como recordação nem uma das fôrmas da cozinha.

Hoje, nas vitrines da confeitaria, na Via Vittorio Emanuele (e por que não se veria uma em Érice?), são oferecidos *cannoli, cassate, cristate, tortine paradiso,* doces da Páscoa *(agnelli pasquali, cuori di pastareale...)* e *le genovesi,* recheado com *crema gialla,* confeccionados durante todo o ano.

A vida dura e a vida doce de Maria são narradas em livro da escritora Mary Taylor Simeti. Na equação "bons ingredientes, bons doces" da mais famosa confeiteira do monte Érix a solução passa sempre pela insubstituível "amêndoa pontuda" da cidade de Avola, cultivada com afinco nos bosques do Vale do Noto.

Quando Érice é sol, as frutas aparecem vivas nas vitrines das docerias, aí com todos os seus contornos. É mesmo um verdadeiro milagre esse da harmonia entre doces escandalosamente desproporcionais, os morangos do tamanho de tangerinas do tamanho de bananas, ali um figo-da-índia, um pêssego, uma romã, brilhando como o dia. Uma fatia de melancia na mesma cesta cornucópica. São parentes diretos das frutas do Convento de Martorana, de uma outra e antiga Palermo, baluarte dos marzipãs da ilha desde o século XIII. *Frutti di Martorana* são hoje todas essas frutas, por afinidade e parentesco, compradas em Trapani, em Siracusa, em Agrigento, em Taormina, em Noto, e, claro, em Avola das *mandorlas pizzutas.* Na Páscoa, as frutas de marzipã ganham a companhia de cordeiros com seus devidos halos de papel alumínio.

O convento de Martorana não existe mais. Na sua história de milagres caseiros, as laranjeiras abarrotadas de frutas "fora de época" alegraram o caminho de um ilustre e impressionável bispo visitante.

As laranjas perfeitas, penduradas uma a uma, eram todas de massa de amêndoas! Hoje em dia, os zelosos confeiteiros da Sicília seguem a receita de marzipã que chegou a Martorana pelas mãos dos árabes (os igualmente famosos marzipãs da Lübeck de Thomas Mann chegaram à Alemanha a partir de Veneza). Trituram as amêndoas *(Prunus dulcis)* no almofariz até conseguirem uma pasta uniforme equilibrada com açúcar. Acrescentam ainda perfumada água de flor de laranjeira e, em algumas receitas atuais, baunilha. É esse aroma de amêndoas evoluídas no almofariz – como um mar de *Amaretto* – que se sente (e praticamente se vê, faça qualquer tempo) em Érice.

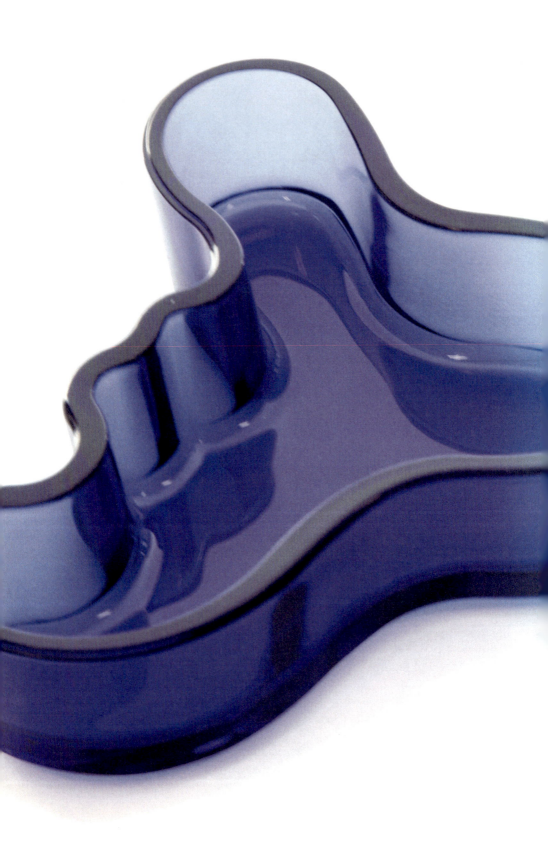

Ambrosia crocante

A içá de Silveiras no *New York Times*

A s IÇÁS foram parar na *História do Brasil* de Sebastião Nunes, poeta e artista gráfico mineiro e um mestre da literatura de invenção. Justa lembrança à comida "sã" dos nossos índios, como as tratava o jesuíta José de Anchieta (1534-1597). Justa menção ao alimento que sacia as andorinhas e é comida dos "meninos pobres", como lembrou Nunes. São as mesmas formigas que hoje arrastam asas para as mesas *gourmets* e estão no centro dos debates globais sobre a busca de proteínas alternativas.

As formigas avançaram no livro de Sebastião Nunes, na entrada dedicada ao "Romantismo! ", assim mesmo, com exclamação. Para ser mais preciso, as formigas são personagens centrais de uma das inúmeras notas que tomam conta dessa inusitada *História do Brasil* e que parecem ser seu *leitmotiv*. Notas que não são mais notas de rodapé, enfileiradas estão como um batalhão de formigas operárias.

O "texto" sobre o romantismo, pura "provocaçãm" de Nunes, foi construído a partir do nome daquele que, na sua cabeça de inventor, seria o maior dos escritores do romantismo brasileiro, Alexandre Alfred

Alphonse Antônio Casimiro Domingos George Heinrich James José Manuel Victor Walter de Abreu Alencar Almeida Álvares Alves Andrade Azevedo Byron Castro Cooper Dias Fagundes Fenimore Garrett Goethe Gonçalves Gautier Heine Herculano Hugo Lamartine Lisle Magalhães Mérimée Musset Scott Sousa Stendhal. Nunes faz a conexão desse imaginado escritor de nome comprido com o bitu (ou sabitu, ou vitu, ou escumana), o feio e mirrado macho da saúva, que morre tragicamente, extenuado, depois do acasalamento aéreo com a opulenta formiga-rainha. A içá (ou tanajura) é a fêmea da saúva fecundada e abarrotada de ovos. "(...) Pois aí estão os poetas e o bitu fazendo papel de idiotas", escreve Nunes. O bitu é, nessa leitura, quase um Werther que não fala alemão. Escreve Nunes:

> *Uma certa manhã, milhares de içás voam dos formigueiros rumo aos bicos das andorinhas, à gula dos meninos pobres, ou ao chão. Como o rústico cardápio das andorinhas não comportam sutilezas, tempero ou cozimento, passam as içás inteiras, do ar para o papo. Já os meninos, esfomeados porém exigentes, despojam os insetos de cabeça, tórax e membros, fritando em gordura bem quente as volumosas bundas, com as quais preparam gostosa e nutritiva farofa (...)*

"Quão saborosa e quão sã seja esta comida sabemo-lo os que a experimentamos", relatou o então jovem das Canárias em terras brasileiras, o agora santo José de Anchieta, em carta de 31 de maio de 1560, ao geral P. Diogo Laínes, de Roma, "carta sobre as coisas naturais de São Vicente":

> *(...) só parecem dignas de menção as [formigas] que destroem as árvores, de nome içá, arruivadas, e que esmagadas cheiram a limão, e cavam para si grandes casas debaixo da terra. Na primavera, isto é, em setembro e daí*

por diante, fazem sair o enxame dos filhos, quase sempre
num dia seguinte ao da chuva e trovões, se fizer bom sol.
(...) Tanto homens como mulheres saem de casa, chegam-se
e correm com grande alegria e saltos de prazer para colher
os novos frutos. Aproximam-se das entradas das cavidades
e abrem pequenas covas, que inundam de água, (...)
apanham os filhos, que saem dos subterrâneos, enchem os
seus recipientes, que são uns grandes cabaços; e voltam
para casa e os assam ao lume em grandes vasilhas de barro
e os comem; assim torrados duram muitos dias sem se
corromper (...)

Larvas e formigas sempre fizeram parte da dieta indígena, registrou o antropólogo e folclorista potiguar Luís da Câmara Cascudo (1898-1986), em *História da Alimentação no Brasil* (1963). E não só de indígenas do Brasil, mas de toda a América. Saúva vem do tupi: *ïsa 'uwa*. Esse cardápio da terra, entretanto, assustava alguns europeus aqui chegados, "devotos de caracóis, cogumelos, queijos pútridos e carnes submetidas à prévia *faisandage* nauseante. O mau cheiro para uns é um *certain fumet* para outros, dependendo das normas sibaríticas", escreveu Cascudo sobre algumas incoerências do gosto. O espanhol padre Anchieta, que conheceu o sabor forte das formigas, não fazia parte desses europeus aferroados por Cascudo.

Manuel Nunes Pereira (1892-1985), autor de *Moronguêtá*, uma espécie de "Decamerão indígena", escreve que "na São Paulo do século XIX forasteiros ficavam escandalizados ao verem as tanajuras sendo vendidas nos tabuleiros (...), ao lado das comidas tradicionais como biscoito de polvilho, pé-de-moleque, furrundum de cidra, cuscuz de bagre e de camarão, pinhão quente, batata assada ao forno e cará cozido". A recuperação do texto de Pereira deve ser creditada ao biólogo Messias S. Cavalcante, autor de *Comidas dos Nativos do Novo Mundo*.

A população nativa, entretanto, não demorou para incorporar as formigas dos índios ao seu dia a dia – e era diversão garantida. Se os índios do Mato Grosso as socavam no pilão com a massa de mandioca, para o beiju, na casa de mineiros acompanhavam o arroz com feijão e, em São Paulo, foram até misturadas nas cachaças.

*

THUMP! THUMP! THUMP! Essa cadeia acelerada de onomatopeias, que é como tradicionalmente bate o coração em inglês, foram usadas por um repórter do *New York Times* para descrever o barulho de içás sendo acumuladas não em cabaças, como faziam os índios, mas num balde de plástico. Alexei Barrionuevo acompanhava uma caçada a essas formigas em Silveiras, no Vale do Paraíba, em época de revoada. Era mês de outubro. Barrionuevo tratou de dar um tom de denúncia ambiental à reportagem, saltando a armadilha do exotismo: o uso de pesticidas e o desmatamento estariam afastando as formigas-rainhas e, mais, ameaçando o prazer de quem as come, cruas, fritas e em farinhas, mantendo, o mais das vezes sem querer, uma tradição de origem indígena.

*

THUMP! THUMP! THUMP!
É difícil arriscar uma onomatopeia para dar conta do alucinante farfalhar emitido por essas formigas em outro estágio da caçada – bitus com asas e as desejadas tanajuras só com o corpo. Vejo no balde de içás do *NYT* um vidro de Toddy, que tinha a mesma função. Em "tempo de içá", meninos de 7 ou 8 anos no máximo, corríamos para a terra vermelha de um grande terreno, a dois quarteirões de casa, na mesma linha da rua Prefeito Tonico de Barros, em Botucatu (SP), onde era erguida a Igreja de São Benedito. Só Deus e todos os meninos sabiamos

que a construção do templo se dava ao som encoberto dessas formigas escavadeiras de bunda grande. E era preciso extrema coragem diante de infalíveis ferroadas.

Barrionuevo ouviu vários apreciadores de içás e conversou com o guru dos comedores da iguaria no Vale do Paraíba, o sociólogo e culinarista Ocílio Ferraz (1938-2016), da Academia Brasileira de Gastronomia (ABG). Havia anos Ocílio servia regularmente içá em seu restaurante em Silveiras, "a capital da içá". Conseguia a proeza porque tinha sempre a iguaria à mão, comprada de meninos-caçadores locais, congelada no *freezer*. Seu restaurante sempre foi, antes de tudo, um centro de referência sobre a culinária tropeira e caipira.

Há alguns anos, assistimos à sua *performance* diante de um fogão à lenha: às bundinhas atiradas ao óleo fervendo de uma caçarola tocada a muito alho e um tanto de sal, ele acrescentava farinha de mandioca. Não sem antes entronizar uma formiga talhada em madeira, como a imagem de um divino espírito santo, sob as asas imóveis de quem deveríamos nos curvar.

Em 2013, a caminho do Rio de Janeiro, uma delegação da Academia Internacional de Gastronomia fez um pouso rápido à mesa de Ocílio para uma dessas farofinhas. E, ulalá! Só deleite e lembranças literárias dos bombons recheados de formigas dos reis franceses. Ocílio também servia no seu restaurante, com orgulho, uma combinação inusitada de dois ingredientes da cultura popular: farofa de içá "religiosamente" acamada em folhas de ora-pro-nobis. Em outros pontos do Brasil, seguindo a mesma pista indígena, a içá é torrada com amendoim e há aqueles no Pará que a moqueiam para servi-la com molho de tucupi.

O escritor Monteiro Lobato, nascido em Taubaté, no Vale do Paraíba, numa carta-reinação enviada a seu amigo Godofredo Rangel, perpetuada n'*A Barca de Gleyre*, desmanchava-se em elogios às içás, o "caviar" de sua cidade e de tantas outras dessa mesma geografia valeparaibana:

Não és capaz, nunca, de adivinhar o que estou comendo. Estou comendo ... Tenho vergonha de dizer. Estou comendo um companheiro daquilo que alimentava S. João no deserto: içá torrado! Sabe, Rangel, que o içá torrado é o que no Olimpo grego tinha o nome de ambrosia? Está diante de mim uma latinha de içás torrados que me mandam de Taubaté. Nós, taubateanos, somos comedores de içás. Como é bom, Rangel! Prova mais a existência do Bom Deus do que todos os argumentos do Porfírio Aguiar. Só um ser Onipotente e Onisciente poderia criar semelhante petisco!

O DOM das formigas

Busca por ingredientes brasileiros

OMO PEQUENAS estátuas de cobre fosco, encouraçadas como um rinoceronte de gravura de Dürer, elas chegam às mesas em triunfantes pedestais de mármore amarelo. São formigas saúvas da Amazônia, inteiras, posudas, montadas em cubos de abacaxi, exalando a capim-santo, exibidas pelo *chef* Alex Atala como peça-símbolo de sua campanha pelo resgate e difusão de ingredientes brasileiros. Em *D.O.M. – Redescobrindo os Ingredientes Brasileiros,* um dos livros de Atala, uma formiga aparece devidamente endeusada numa redoma.

O zunzunzum é sintomático no salão do D.O.M., em São Paulo. Atala preparara a sobremesa para um grupo de convidados da Academia Internacional de Gastronomia. Todos já tinham provado antes alguns itens de seu menu. Chegara a hora das formigas. Descongeladas para galgarem o pedestal, traziam para cada mesa do D.O.M. um pedaço da Amazônia. Atala recomendava aos visitantes um bocado único, a "escultura" inteira devorada. Mas, diplomático, informava que o recuo do comensal (a estátua preservada) seria por ele evidentemente compreendido. Imagino que essa oferta antecipada de perdão não passaria pela cabeça do grande Câmara Cascudo.

Alex Atala conta que se encontrou com as formigas durante uma de suas viagens de prospecção de ingredientes pela Amazônia. Pasmado com a floresta, seus habitantes e suas culinárias, não raro Atala leva a tiracolo para a Amazônia personalidades do mundo gastronômico. Defende uma internacionalização das experiências. Numa dessas viagens, esteve acompanhado do *chef* Pascal Barbot (que prefere ser chamado de *"petit cuisinier français"*), desde 2000 à frente do l'Astrance de Paris.

"Ao longo de meu trajeto profissional, percebi que uma parte fundamental da cozinha são os ingredientes. Entendendo o ingrediente, entendi que outro homem precisava dele tanto quanto eu: o homem que produz", escreve Atala sobre suas motivações além do fogão.

Em São Gabriel da Cachoeira, região do rio Negro, onde vivem 23 povos indígenas, o dono do D.O.M. conheceu Dona Brazi, cozinheira de mão cheia, de origem indígena baré, que prepara formigas corriqueiramente e ensinou Atala tanto a caçá-las como a usá-las em muitas receitas. No primeiro contato, Atala perguntou que ervas especiais eram aquelas usadas nos seus temperos. E Dona Brazi teria sido sintética: "formiga". O *chef* detectou nessas formigas de São Gabriel "um sabor claro de capim-santo, com outras notas que vão compondo seu frescor, como gengibre; um sabor levemente picante, um pouquinho salgado, complexo, potente: amazônico". E as acrescentou ao seu cardápio.

Dona Brazi esteve em São Paulo para ensinar a parte da sua cozinha que interessa aos grandes *chefs*, mas já desistiu de última hora de uma visita a Turim, a convite do movimento *Slow Food*, também vidrado na especificidade dos ingredientes e produtos amazônicos. O conhecimento e as receitas da cozinheira de São Gabriel, devidamente demarcados ao gosto do sul do país, estão viajando o mundo por meio de Atala e das páginas de *Dona Brazi – cozinha tradicional amazônica*, da jornalista Maria da Paz Trefaut. Além das formigas (o vinagrete de tucupi com saúva é um *hit*), o livro apresenta inúmeros pratos de cor local, como a farofa de caruru, a mujeca de filhote (o piraíba) e a quinhampira, peixe preparado no tucupi "verde", levemente adocicado.

(A busca de ingredientes e receitas da Amazônia pode ser ingênua ou nostálgica, mas nunca consegue esconder uma ponta de apropriação. Uma visão crítica de todo esse processo cultural – e de glamurização – pode ser encontrada nos textos de Carlos Alberto Dória, a começar pelo indispensável *Formação da Culinária Brasileira* e na escrita afiada e sempre atualizada do blog *e-Boca Livre*.)

*

No restaurante Tuju (sp), a formiga (que também vem da Amazônia, mas que pode ser muito bem do Vale do Paraíba) saiu do óbvio pelas mãos do *chef* Ivan Ralston. Virou base de um sorvete, servido com *consommé* de jabuticaba, iogurte e sagu de coco. Na cozinha do Tuju o que interessa é a cabeça da saúva jovem (na fase pré-ovulação), onde estão as susbtâncias que garantem o sabor cítrico e o aroma característico de capim-santo e citronela. O sorvete de Ralston também pode acompanhar a panacota com calda de jabuticaba, pitaia, mirtilo e pinhão tostado. (A seleção de vinhos do Tuju, feita com técnica e paixão, acompanha a fina ginga da cozinha, graças à inteligência e *savoir faire* do *sommelier* Adiu Bastos, sempre atento à carga de sofisticação e invenção dos pratos. Como escreveu Luiz Horta, colunista da *Folha de S.Paulo*, diante da cozinha contemporânea, o *sommelier* tem de rebolar.)

Em Nova York, os insetos fazem festa em vários restaurantes, agora recriando experiências de alimentação ancestrais não tanto da Ásia, mas da própria América. O Tuloache, no East Village, oferece uma tortilla que ecoa o crocante dos gafanhotos. E a guacamole mexicana recebe uma chuva de sal de formiga e milho, mais terra. Já os *milkshakes* da rede Wayback Burgers podem ser batidos com grilos e chocolate.

Os gafanhotos que a Bíblia batizou como alimento sempre foram fonte de energia. Segundo o Evangelho de Marcos, o apóstolo João comia gafanhotos com mel (para alguns estudiosos, entretanto, os gafanhotos eram alfarrobas). Sabe-se, pelo dramaturgo Aristófanes (445 a.C.-385 a.C.), que gafanhotos eram apreciados por pastores gregos da Ática. Eram então assados com vinagre e pimenta, explica o biólogo Messias S. Cavalcante. Na relação de insetos ancestralmente comestíveis, os grilos grelhados aparecem como alimento de índios da Califórnia, Nevada, Montana e Utah, nos Estados Unidos.

O impulso na produção e preparação de pratos com insetos nos últimos anos foi acompanhado do lançamento, em 2013, do livro *Edible Insects: Future Prospects for Food and Feed Security*, organizado pela Organização das Nações Unidas para a Alimentação e Agricultura (FAO). Na publicação, a FAO reconhece a importância da Antropoentomofagia, ou seja, "o consumo direto de insetos ou de seus produtos pelo homem". A "Antropoentomofagia moderna" deve muito aos índios e às populações mais antigas. Aristóteles (385 a.C.-323 a.C.) já falava do valor das cigarras ao "cantar" no estômago dos gregos de sua época.

*O vinho é como o homem: não se saberá nunca
até que ponto podemos estimá-lo ou desprezá-lo, amá-lo ou
odiá-lo, nem quantos atos sublimes ou perversidades monstruosas
ele é capaz. Não sejamos então mais cruéis com ele do que
com nós mesmos e tratemo-lo como nosso igual.*

CHARLES BAUDELAIRE
Paraísos Artificiais

*A monotonia
Dos bens, em que impera,
O néctar lhe altera,
Lhe faz esquecer:*

*O néctar, que adoça
Mortais azedumes,
Até entre os Numes
Matiza o prazer.
Se Júpiter bebe,
Não hei-de eu beber?*

BOCAGE
Cançonetas báquicas para a mesa, improvisadas

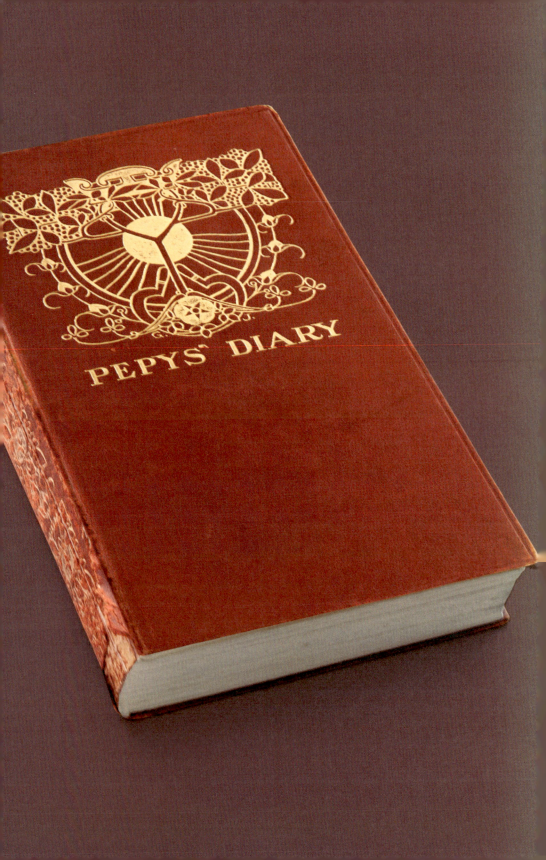

O clarete dos tupinambás
Música e cauim na festa "dos canibais"

O CAUIM comum dos "amerabas" brasileiros, fermentado de mandioca *(Manihot esculenta)* que deixava tanto tupinambás como europeus em ponto de festa, sempre foi citado em relatos de viajantes por terras ainda cruas, aventureiros que se enredavam ou se rendiam a todos os produtos processados nos eficientes tipitis.

Autores dos séculos XVI e XVII chegaram a tratar esse "vinho dos indígenas" com reverência, tal qual a dispensada aos festejados "vinhos de verdade", rótulo um tanto eurocêntrico para aqueles – e só aqueles – produzidos com uvas. Vale lembrar que os índios desta terra fizeram cara feia aos vinhos apresentados pelos primeiros portugueses que aqui chegaram, pois tinham o seu cauim. (Talvez não considerassem o vinho de Pedro Álvares Cabral o cauim dos portugueses.)

No Brasil desses índios, o cauim era preparado pelas mulheres. Reunidas, mastigavam parte da mandioca depois de cozida, promovendo com as enzimas da saliva a quebra do amido em açúcares fermentáveis. Em todas as paragens, de norte a sul, uma fórmula mais do litoral do que do sertão brasileiro, a tarefa da cauinagem por insalivação era "ocupação feminina para festa de homens", escreveu Câmara Cascudo.

Quando visitou os iurunas do Xingu, em 1884, com o apoio do império brasileiro, o antropólogo e etnólogo Karl von den Steinen referiu-se ao cauim, então produzido no Brasil Central, como *"punch de ptialina"*, homenagem com sabor dickensiano à enzima da saliva. Antes disso, na segunda década do século XVII, o padre capuchinho Claude d'Abbville confessara que pecou ao provar o cauim dos tupinambás maranhenses, principalmente ao sugerir, como um bom *gourmet*, que a bebida tão saborosa ficaria ainda melhor se coada. Abbville se "redimiu" ao deixar para a história uma obra detalhada sobre os costumes das gentes do Maranhão.

"Líquido festivo" dos índigenas desde tempos pré-colombianos, o cauim (identificação genérica) também podia ser preparado com milho e frutas, como caju, abacaxi, jenipapo, além da batata-doce. Outros povos ameríndios fizeram suas beberagens com a mesma técnica. Os peruanos inventaram sua "chicha", nas alturas dos Andes, a partir do milho mascado. Algumas tribos e etnias que resistiram à dizimação promovida pelos conquistadores no Brasil e na América espanhola até hoje preparam seu cauim.

Fora da celebração, dos "dias dionisíacos", entretanto, a bebida ordinária dos indígenas era mesmo a água fria das fontes ou do rio, como anotou o naturalista e astrônomo alemão Georg Margrave (1610-1644), que trabalhou com Maurício de Nassau no Recife (PE). Os índios que nada bebiam durante as refeições de rotina, diferentemente dos europeus acostumados com o vinho à mesa, não tinham pois falsos dilemas de "harmonização". E a água da boa, antes de os portugueses inspirarem alguma logística, não ficava tão perto das ocas assim.

Depois de mastigada, a massa insalivada da mandioca era colocada em potes com água e colocada para ferver. Havia então vasilhas especiais, que eram parcialmente enterradas e que os índios empregavam para armazenar o caldo. Em 1554, o mercenário e aventureiro alemão

Hans Staden, que conhecera bem de perto o processo de feitura do cauim – bebida forte, densa, "talvez nutritiva" –, comparava os potes dos índios aos barris de vinho e de cerveja europeus. Ele fora prisioneiro de tupinambás em terras da atual cidade de Ubatuba (SP) e lutara ao lado de seus algozes contra índios tupiniquins. Não fosse a aliança efêmera imposta pela emergência, o alemão certamente não teria escapado do ritual antropofágico. Muitos conhecem o destino emblemático do bispo Pero Fernandes Sardinha que, em 1556, depois de fisgado de um naufrágio, foi devorado com dezenas de outros portugueses cristãos por uma tribo de índios caetés.

A descrição detalhada da produção do cauim foi feita por Hans Staden três anos depois, no livro *História Verdadeira e Descrição de uma Terra de Selvagens, Nus e Cruéis Comedores de Seres Humanos, Situada no Novo Mundo da América, Desconhecida antes e depois de Jesus Cristo nas Terras de Hessen até os Dois Últimos Anos, Visto que Hans Staden, de Homberg, em Hessen, por Experiência Própria e agora a Traz a Público com essa Impressão*. É certo, entretanto, que os banquetes de carne humana mereceram mais espaço e desenhos, pois resumem as aflições pessoais de quem esteve diante da churrasqueira como ingrediente vivo, sempre à mão.

O pastor francês Jean de Léry se aventurou pela França Antártica de Nicolas Durand de Villegagnon, enclave de curta duração na entrada da Baía de Guanabara, entre 1555 e 1560, e chegou a conviver com o povo Tupinambá, então aliado do invasor. Léry tratou dos costumes desses indígenas em *Histoire d'un Voyage fait en la terre du Brésil* (1578) e é dessa experiência a criação de *caouiner*, um verbo exótico para o ato de beber o cauim, destacou José Roberto Whitaker-Penteado em *O Folclore do Vinho*.

Léry foi adiante ao descrever o vinho dos tupinambás: a bebida "é turva e espessa como borra, e tem, como que, o gosto de leite azedo. Há o cauim branco e o tinto, tal qual o vinho". O viajante tratou a cauinagem como fonte agregadora e ritualística, indispensável numa festa entre índios, cauim com dimensão social tão importante quanto a atribuída ao vinho europeu.

"Sua bebida [a dos tupinambás], feita de alguma raiz, é da cor de nosso *claret*. Só bebem-na tépida, conserva-se por apenas dois ou três dias. Tem o gosto um pouco picante, não é nada espumante, é salutar ao estômago e laxante para os não habituados, mas muito agradável para os que se acostumam a ela", descreveu o ensaísta francês Michel de Montaigne (1533-1592) em "Dos Canibais", capítulo XXXI do livro I de seus *Ensaios*. E a seguir: "Em vez do pão, utilizam uma certa matéria branca, como um confeito de coriandro. Provei: o gosto é doce e um pouco insípido. Passam o dia todo a dançar. Os mais jovens vão à caça de animais com arcos. Uma parte das mulheres, enquanto isso, ocupa-se de aquecer a bebida, seu principal ofício".

No texto de Montaigne, a nobreza do cauim, da cor dos vinhos produzidos em Bordeaux, não entra em choque com as crepitantes fogueiras dos "canibais" do Novo Mundo, que tanto amedontravam colonizadores e viajantes europeus. Isso porque, "tratando de um tema delicado, o capítulo inflete a antropofagia ritual dos tupinambás no sentido de um 'canibalismo de honra', troca verbal, mais do que carnal, entre a assembleia dos comensais e o prisioneiro imolado. Diante da evidência simbólica da refeição de carne humana, sugere-se um paralelo entre o sacrifício em terras selvagens e a teofagia sagrada dos cristãos (...)", escreve Frank Lestringant, professor de Literatura do século XVI da Universidade de Paris IV – Sorbonne, no ensaio "O Brasil de Montaigne".

Montaigne bebeu em fontes literárias importantes da sua época, como os relatos sobre o Brasil feitos pelo frade franciscano André Thevet (1516-1590) e pelo já citado pastor Jean de Léry. Mas o contato de Montaigne com os índios se deu também ao vivo, quando a etnia foi apresentada à nobreza francesa, em Rouen, provavelmente em 1562, no reinado de Charles IX.

O autor de *Ensaios* contrapõe "barbarismos" (e isso ficará mais evidente em outro capítulo, "Dos Coches") ao relatar as impressões dos "selvagens" no encontro diplomático: os índios ficaram espantados diante dos "homens armados, barbados, fortes" em sujeição ao "meninote", referindo-se ao rei, então com 12 anos, e sua escolta. A outra constatação dos tupinambás: logo perceberam o contraste entre "homens gordos e fartos de todas as espécies de comodidades" e aqueles que "mendigavam à porta destes, consumidos pela fome e pela pobreza". Achavam "estranho que essas metades tão necessitadas aceitassem sofrer tamanha injustiça e não agarrassem os outros pelo pescoço ou ateassem fogos em suas casas", escreveu Montaigne.

O Novo Mundo já vinha sendo apresentado a quem desejasse decifrá-lo. Precisamente em 1º de outubro de 1550, 250 marujos, mais cinquenta tupinambás e tabajaras, todos nus e pintados com jenipapo, deram boas-vindas ao rei francês Henrique II em Rouen, à beira do Sena, encenando a "vida selvagem". Lestringant explica que, "desde o início do século, e imediatamente após Pedro Álvares Cabral, dezenas de navios normandos, guiados por pilotos portugueses comprados por altas somas, chegavam a cada ano à costa do Brasil para carregar a madeira vermelha de mesmo nome que se empregava para o tingimento de tecidos. Esse comércio ilegal provia as necessidades da indústria têxtil de Rouen, e seu lucro era negociado na bolsa de Anvers".

Montaigne tinha igualmente se interessado pelo testemunho de um criado seu que convivera com nativos da França Antártica. Todas essas informações foram estimuladoras do texto de Montaigne sobre o Novo Mundo. Eram tempos de arranjos geopolíticos incertos e instáveis, "movimentos" que impregnavam sua própria escrita. Havia ainda suas relíquias. Ele mantinha na biblioteca de seu castelo, em Saint-Michel-de-Montaigne, uma pequena coleção de objetos indígenas, entre eles redes e fios de algodão, espadas-bordunas, pulseiras de guerra e bastões de ritmo, essenciais nas danças dos tupinambás. Lestringant escreve que esses bastões eram caniços ocos com os quais os dançarinos batiam no chão para marcar a cadência, sendo que Montaigne, para quem nada escapava, foi o primeiro a descrevê-los com certa precisão.

Gabriel Soares de Sousa, colono português que veio empreender na Bahia, logo percebeu a ligação da bebida com o clima festivo e musical dos indígenas. No seu *Tratado Descritivo do Brasil*, de 1587, escreve que os tupinambás "se prezam de grandes músicos (...) e, nos seus bailes, não fazem mais mudanças que bater no chão com um pé só, ao som de tamboril, e assim andam, todos juntos, à roda, e entram pelas casas uns dos outros, onde têm prestes vinho com que os convidar (...)".

Séculos depois, o antropólogo Darcy Ribeiro (1922-1997), numa de suas expedições a aldeias dos índios Urubus-Kaapor, entre os anos de 1949 e 1951, participou de uma cerimônia de nominação regada a cauim, que ecoava a festa descrita por Soares de Souza. O antropólogo anotou no seu diário, em 8 de novembro de 1951: "A festa rodou ordenada, louca e ritual ontem, a noite toda, hoje de madrugada e de manhã, e ainda rola em todos nós, tontos da bebedeira sem fim. O cauim de mandioca, que nos primeiros golaços me parecia intragável, foi se amaciando e adoçando, até que comecei a ter sede dele. Maravilha. Logo ao cair da noite, as mulheres, encabeçadas pelas mães dos guris que vão receber nomes, percorreram todas as casas, distribuindo cauim a adultos e crianças. O povo todo foi se esquentado".

Em tom de *blague*, o crítico de vinhos Sérgio de Paula Santos (1930-2010) escreveu em seu *Vinho e Cultura*: "Alguns vinhos prestam-se a combinações perfeitas: Chablis com ostras, Châteu d'Yquem com *foie gras* etc. são 'casamentos' ideais. Para o cauim, nossa primeira bebida alcoólica, insalivado de mandioca preparado por nossas índias e cunhãs, qual seria o melhor acompanhamento?"

O alemão Hans Staden relatou que, certa noite, foi acordado por um tupinambá. Exaltado, o índio o convidava para a festa: queria lhe servir um braço humano assado.

O claret dos românticos

Jantar para Wordsworth e Keats

> *Onde outrora brilhou, talvez, minha razão,*
> *Para ajudar os outros brilhe agora eu;*
> *Substituto haverá mais nobre que o vinho*
> *Se o nosso cérebro já se perdeu?*
>
> LORD BYRON
> *Versos Inscritos numa Taça Feita um Crânio*
> *(Tradução de Péricles Eugênio da Silva)*

CLARETEAMOS e champanhamos até as duas. Assim resumiu Byron uma noitada na Londres de todos os *fogs*, dando poder de verbo ao *claret* e ao champagne.

A festa entre os poetas românticos ficava mais na esfera dos vinhos, que os deixavam, no mais das vezes, "espirituosos e cheios de rima". Quanto às refeições, Lorde Byron (1788-1824) pensava poder viver de biscoitos ou de batatas cozidas no vinagre. William Wordsworth (1770-1850) ia mais longe: dizia satisfazer-se com paisagens contempladas. "Talvez eu coma para me persuadir que sou alguém", escreveu John Keats (1795-1821).

Esses românticos tinham consciência, entretanto, de que as epifanias do paladar, a relação desse sentido com a vida das pessoas, podiam servir de lição para julgamentos estéticos de outras naturezas. A análise é de Denise Gigante, da Universidade de Stanford, em *Taste – a Literary History*.

Keats caiu de amores pelo *claret*. Sempre que podia, tinha o "sensual" *claret*, o "refrescante" *claret*, "que não briga com seu fígado", o "pacificador" *claret* em sua taça. Numa das cartas que escreveu para o irmão George e para a cunhada Georgiana, quando estes viviam nos Estados Unidos, Keats fez uma comparação: alguns vinhos pesados transformam o homem em Silenus, o "tutor" embriagado acompanhante de Dioniso. O *claret* o faz um Hermes, o deus mensageiro.

Benjamin Robert Haydon (1786-1846), pintor amigo de Keats, deixou registrado em seus diários um pecado (uma "angústia") do jovem poeta. Keats, certo dia, antes de esvaziar uma taça de Bordeaux, cobriu sua língua com caiena e engoliu o quanto pode outros grãos da pimenta para alcançar, como ele teria dito, "o delicioso frescor do *claret* em toda a sua glória".

A forma *claret*, aportuguesada para clarete, longe de ser um mero anglicismo para certo vinho bordalês, é uma respeitável referência a uma instituição inglesa que perdura, anota o crítico de vinhos Hugh Johnson. Segundo sua descrição, o *claret* é o tinto de Bordeaux, com predominância da uva merlot, nunca mais de 12,5% de álcool, seco, levemente tânico, muito refrescante, com acento de folhas verdes *(leaf green)* – "a cerimônia do chá transplantada para uma garrafa". O *claret* aparece nos mais antigos registros das lojas de vinho londrinas, como a Berry Brod & Rudd, que há nada menos do que três séculos funciona na mesmíssima Saint James Street, *number* 3, em Londres. Pode ser encontrado ainda em marcas próprias de supermercados, com o subtítulo Red Bordeaux.

Trata-se provavelmente de *claret* algo parecido ao que foi servido em 28 de dezembro de 1817, dia notavelmente frio, no jantar promovido por Haydon para apresentar o jovem poeta Keats ao mais experiente Wordsworth. O encontro, no ateliê em Lisson Grove, Paddington, Londres, serviria também para mostrar aos amigos o avanço do quadro monumental de Haydon, *Entrada de Cristo em Jerusalém*, hoje no Seminário Mount St. Mary, em Cincinnati, Ohio (EUA). Alguns de seus amigos, assim como Cristo, Newton e Voltaire, foram pintados na cena. Com telas grandiosas, de temáticas históricas e religiosas, Haydon pretendia resgatar "a nobre e sublime Grande Arte dos dias dourados de Raphael". Mas era preciso correr atrás de uns poucos e não tão convictos mecenas, saldar as dívidas...

Além de Keats e Wordsworth, na lista de convidados de Haydon estavam o ensaísta Charles Lamb (1775-1834), autor do célebre texto gastronômico *Dissertation on Roast Pig* (1823), no qual ele imagina a descoberta do pururuca. (Bo-bo, o descuidado filho de um chinês criador de suínos, pôs fogo na casa e acabou assando uns leitõezinhos, criando uma saborosa receita universal). Lamb foi funcionário de carreira na Companhia das Índias Ocidentais; era tempo do monopólio inglês nos negócios do chá e das porcelanas que vinham da China.

Também foi chamado para o jantar Tom Monkhouse, popular promotor de encontros literários (e, curiosidade, vizinho do pintor J.M.W. Turner). Outros amigos foram instados a chegar mais tarde, para o chá ou ceia, como o jovem explorador Joseph Ritchie, que lideraria expedição para traçar o curso do rio Níger, e John Landseer, conhecido gravador de paisagens inglesas.

A conversa naquela noite foi tão diversificada e inspiradora que sua síntese parece um microcosmo da vida intelectual da capital, em momento de agitação e mudança. Uma sociedade que, dois anos após Waterloo, ajustava-se com alguma dificuldade a um estado de paz, escreveu Penelope Hughes-Hallet. *The Immortal Dinner – A Famous Evening of Genius and Laughter in Literary London, 1817* é um relato histórico apaixonado e detalhista desse memorável encontro, feito por Penélope. O que se discutiu nesse jantar, "mesmo se um pouquinho colorido pelo que Haydon descreveu como seu excelente Porto", foi registrado nos diários do pintor e serviu de base para o livro.

A mesa de Haydon não foi de excessos, mas cumpriu o ritual de dois serviços, como era costume. A abertura de uma refeição nessa época se fazia com uma bela sopa – terrinas dispostas nas duas pontas da mesa com delicados *consommés* que, nas mesas mais luxuosas, incluía o de tartaruga. O salmão do primeiro serviço, conta Penélope, era o peixe mais evidente, assim como as ostras, tão abundantes quanto as enguias. A segunda rodada era geralmente constituída de pratos mais substanciais como faisões, lebres, perdizes ou outras aves de caça, pratos preparados com ingredientes especiais como línguas e pequenos cogumelos, além de rissoles de carne. As sobremesas dos ingleses do início do século XIX incluíam geleias ornamentadas, *blacmanges* e outros cremes.

Penelope intui que o menu de Haydon, somente três dias depois do Natal, deve ter apresentado também pelo menos uma receita de peru ou da tradicional torta recheada com carne de ganso, além do pudim de ameixas. Apesar do menu parecer excessivo, há de considerar que, para a maioria das pessoas, um jantar como esse, no final da tarde, era comumente a primeira refeição depois do café da manhã, explica a autora.

O grande *gourmet* do encontro era mesmo Lamb, já que Wordsworth e sua família seguiam os "benefícios" de uma vida de simplicidade, como nos velhos tempos, e achavam de bom tamanho um jantar com leite fresco e pedaços de pão, feito de aveia ou cevada. Muitas vezes o mingau esfriava e endurecia na frente de Wordsworth enquanto ele estava concentrado na conclusão de um poema.

Keats não tinha exagerado interesse em comida, mas não ficava indiferente a um peito de perdiz, uma perna de coelho, a asa de um faisão ou um galo silvestre. O poeta, como já vimos, elogiava o *claret* com a mesma intensidade, lirismo e êxtase com os quais Charles Lamb tratava o seu leitãozinho assado, pururuca. E não falem em porco gordo para quem encontra sob aquela camada croquicrequiquenta, moreninha e atraente, um "macio florescer da gordura". Lamb era conhecido pela defesa dos prazeres sensuais da alimentação. "Aqueles pedaços untuosos de carne de veado não foram feitos para serem recebidos por serviços desapaixonados. Eu odeio o homem que os engole, dizendo de maneira afetada não saber o que está comendo... Eu me afasto instintivamente de uma pessoa que professa gostar de vitela picada. Há um caráter fisiognomônico no gosto por comida. [O poeta] Coleridge sustenta que um homem não pode ter a mente pura se recusa bolinhos de maçã", escreveu Lamb.

Nas "recitações pós-prandiais", como descreveu Penelope, a paixão pelos livros fluia entre os convidados. Haydon era apaixonado por Shakespeare. Keats também amava Shakespeare, mas também apreciava Homero. Wordsworth era apóstolo de Milton. E o entusiasmo existia tanto para a declamação magistral de Wordsworth, quanto para a mais tímida de Keats.

Na mesa das ideias, as novas formas da poesia e do teatro, as pinturas de Haydon e a fadiga do mecenato. Os frisos do Parthenon grego, que tinham chegado a Londres uma década antes do "jantar imortal", ainda inspiravam conversas. Alunos de Haydon registravam esses mármores com expressão que agradava a Goethe e seus desenhos eram enviados a Weimar. Lord Elgin, "o usurpador", que em 1806 levara os mármores da Grécia à Inglaterra, com carimbos do sultão, nunca saiu da berlinda.

Napoleão também animava os debates. Wordsworth criticava o imperador dos franceses: uma figura satânica; charlatão audacioso e bandido sem escrúpulos, dizia. Já o crítico, poeta e editor Leigh Hunt acreditava que a queda de Napoleão representava o fim da esperança de uma França republicana. A irmã de Haydon chegou a ver Napoleão de longe, prisioneiro a bordo do *Bellerophon*, no porto de Plymouth, ainda acreditando em asilo na própria Inglaterra. Haydon também nutria certa simpatia por Napoleão, e por uma questão pessoal: Wellington não quis posar para um retrato.

*

OS ESCRITORES românticos alemães faziam com vinho suas metáforas mais ardentes e atormentadas. Em *Fausto*, de J.W. Goethe (1749-1832), flui o vinho da tentação mefistofélica, o "balsâmico sumo das uvas" que turba a razão. Em *O Sofrimento do Jovem Werther*, o rapaz da fatal desilusão amorosa traz a taça de vinho nas mãos em consumação exagerada, acompanhante do aturdimento.

Goethe foi o último renascentista da Alemanha. Conhecia e estava extremamente envolvido com os vinhos. Apreciava com fervor os elaborados na região do Reno, dos quais aprendeu a gostar desde a infância, com o próspero avô, comerciante de vinhos.

O Reno e seus vinhedos sempre compuseram também a paisagem sentimental de Friedrich Hölderlin (1770-1843), como anotou Miguel Ángel Muro Munilla no estudo *El Cáliz de Letras: Historia del Vino en La Literatura*. Em "O Retrato do Avô", Hölderlin descreve os vinhedos plantados na colina da sua terra natal, Lauffen am Neckar, e fala do vinho – esse "fogo ancestral e puro" capaz de unir gerações. Ele defendia que as crianças pequenas também experimentassem esse produto de esmero do homem e de sua terra.

Na Alemanha de fundação, a pátria para onde sempre retorna o viajante, como escreve Munilla, "não há colina sem uma vinha". A Grécia clássica que ilumina a poesia de Hölderlin aparece sob a reverência que este faz a Dioniso, o deus do vinho que também é o deus mais próximo da poesia – um Baco que triunfa pela alegria. Em seu canto "a nossos grandes poetas", Hölderlin conclama seus pares a saírem da letargia por meio do vinho sagrado e báquico. Em "Buonaparte" (aqui um trecho na tradução do poeta Antonio Cícero), Hölderlin escreve:

> *(...)*
> *Vasos sagrados são os poetas*
> *Em que o vinho da vida, o espírito*
> *Dos heróis se preserva,*
> *Mas o espírito desse jovem,*
> *O rápido, não explodiria*
> *O vaso que tentasse contê-lo?*
> *(...)*

O desembarque de Woodhouse

Marsala para os ingleses e sua marinha

ENQUANTO CARDUMES cintilantes de grandes atuns cruzavam as águas da costa oeste da Sicília, o mar agitado ao redor de Marettimo, Levanzo, Favignana, as ilhas egadinas, era iluminado por raios e trovões de uma barulhenta tempestade.

Era 1773. E o mau tempo obrigou o mercador inglês John Woodhouse a desembarcar apressadamente de seu brigue *Elizabeth* em Marsala, uma bolinha no mapa antes de Mazara del Vallo, seu planejado destino. Os Woodhouse eram do ramo da soda. Já em terra firme de Marsala, contra o desgaste da viagem, uma hospitaleira taça de *Perpetuum*, o vinho local, selou o início da história do vinho Marsala.

Puó sembrare strano ma il merito della storia del vino Marsala se deve ad una tempesta... Isso contam, exageram, invertem, mentem, falam até a verdade aqueles que querem fazer história com as próprias mãos.

Tino comercial acurado, Woodhouse tratou de enviar sem demora uma carga de 52 pipas do *Perpetuum* para Liverpool, não sem antes adicionar destilado de uva, fortificando-o para aguentar a viagem, uma técnica já comum à época. Woodhouse notara ainda que o terreno e o clima daquela região, onde cresciam as uvas grillo, inzolia e catarratto, eram muito semelhantes aos de Portugal e Espanha, de onde saíam os celebrados vinhos do Porto e o Jerez (o seu sherry), que tanto sucesso faziam na Inglaterra.

Por ter o gosto muito parecido ao sherry e ao "caramelo" do vinho madeira, escreve Hugh Johnson, o Marsala acabou também caindo no gosto inglês e foi primeiramente muito popular entre os súditos da rainha Victória e dela própria. Woodhouse não perdeu tempo e montou uma vinícola em Marsala, usando técnicas de fortificação semelhantes às soleras do Jerez dos espanhóis.

O almirante Nelson teria passado certa vez em Marsala com sua esquadra para "alimentar" os marinheiros com o vinho forte e generoso, isso logo antes da Batalha de Trafalgar (1805), contra Napoleão. O vinho tornou-se depois vinho de vitoriosos.

Outros negociantes e produtores de vinho seguiram os passos de Woodhouse, entre eles Benjamin Ingham e John Whitaker. Mas o grande impulso ao marsala foi dado pelo calabrês Vincenzo Florio, a partir de 1832. A empresa que fundou, hoje integrada a uma *holding*, ainda faz seus vinhos. Florio era grande empreendedor. Além da vinícola, esteve à frente de uma das maiores indústrias de pesca da Sicília, a ilha que não dispensa entre suas delícias gastronômicas o simples e saboroso atum empanado e frito em bom azeite – fruto de uma tradição de pesca ensinada pelos árabes chamada *matanza*.

*

DIFERENTEMENTE DO desembarque solitário de Woodhouse, o de *Garibaldi e I Mille*, em 1860, no mesmo porto de Marsala, teve muitas testemunhas e foi posteriormente registrado por artistas. Não chovia. Inúmeras gravuras e desenhos de época mostram o momento-chave do *Risorgimento* com o início da marcha de Garibaldi e seus soldados pela Sicília.

O jornalista Marc Millon infere: os marinheiros do *Intrepid e Argus*, os navios da marinha britânica que protegiam o porto de Marsala no desembarque de Garibaldi, tinham a bordo o vinho já famoso desde o século anterior. O Marsala era então produzido principalmente para ser consumido em Londres e outros pontos do Império Britânico. E tornou-se uma espécie de "vinho oficial" da marinha inglesa.

Vermelhos de Carpaccio

Cores venezianas na manta de Santa Úrsula

N A PONTA dos pés, a menina entrava no quarto em sombras, carregando uma bandeja com a xicarazinha de *espresso*. O *nonno* ia então acordando da soneca de depois do almoço para saborear o café, calmamente, ainda meio mergulhado na manta de *cashemere* marrom. O restinho açucarado no fundo da xícara, aquele não levado pela *acqua alta* do cafezinho, visto em *zoom* por olhões de criança, era o prêmio final da pequena Eleonora. Depois, brincavam. E Eleonora mostrava suas habilidades de dançarina ao avô.

O *nonno* era Vittorio De Sica (1901-1974), grande diretor do cinema neorrealista, e a menina, sua neta. O cenário, Veneza. Eleonora Baldwin nasceu nos Estados Unidos, filha de pai americano e mãe romana. Fotógrafa, escritora, blogueira e consultora, sempre esteve envolvida com a cultura de Roma, acompanhando a vida de uma "cidade eterna" não inume a transformações. As lembranças intimistas com o avô são nítidos fotogramas, publicados em um de seus *blogs*, o premiado *Aglio, Olio e Peperoncino*, inaugurado em 2009. Outros são *Forchettine*, com críticas de restaurantes da sua cidade, e *Rome Every Day*. Seu mais recente sucesso é o *A B Cheese*, um programa gastronômico do grupo *Gambero Rosso*, na Sky Italia.

Eleonora diz que, graças à generosidade do talentoso e bem-sucedido avô, passou finais de semana magistrais em Veneza, seguindo "uma dieta rigorosa à base de *carpaccio* e *Risotto Primavera*", pratos degustados no Harry's Bar. E ainda podia zanzar pela cozinha do restaurante, certamente ganhando agrados do batalhão impecável de garçons. É em nome dessa lembrança que Eleonora abre em *posts* coloridos os segredos do autêntico *carpaccio* dessa bem temperada infância.

*

ERNEST HEMINGWAY, Somerset Maugham, Arturo Toscanini, Orson Welles, Aristóteles Onassis, Maria Callas, Aga Khan, Truman Capote, Charles Chaplin, Vittorio De Sica foram clientes do Harry's Bar de Veneza nos seus anos de maior glória. Alguns, fugindo da *acqua alta*, logo depois se afogavam em grandes drinques. Porque o Harry's é, antes de tudo, um bar, escreveu o atual comandante Arrigo Cipriani.

Hemingway sorria ao pedir um *Montgomery*. E explicava a receita: um Martini feito na mesma proporção de gim e vermute que o famoso general britânico preferia quando conduzia seus soldados contra os inimigos – quinze por um.

O ator e diretor Orson Welles gostava era dos sanduíches de camarão, que devorava com ondas de Dom Pérignon. O escritor Truman Capote também gostava desses sanduíches, assim como todos os pratos recomendados pelo maître Angelo Dal Maschio. O "príncipe" Aga Khan, líder espiritual dos esmaelitas e presença constantes nos anos 1950, fazia sempre os mesmos pedidos: caviar beluga, de entrada, e *Ravióli ala Piemontése*.

No lendário Harry's Bar todos eram e são tratados com a elegância de um serviço exemplar (sem salamaleques) e com o poder de sedução dos bons ingredientes. Os modos de Giuseppe Cipriani (1900-1980) ainda dão o tom à casa aberta em 1931, em Veneza, e mesmo a alguns dos empreendimentos da geração mais nova, em Nova York, em que pesem certas agruras pela disputa da marca nos Estados Unidos.

O velho Cipriani punha a mão na massa (e nos cremes) de verdade. Na juventude, fora aprendiz de confeiteiro, depois *barman* e garçom (*"flying waiter"*) de alguns hotéis e restaurantes da Europa, flutuando suas bandejas ao movimento das temporadas. No final dos anos 1920, estava no Hotel Europa, em Veneza, mas já se perguntava: por que não abrir um bar elegante na cidade, com porta abrindo de cara para uma *fondamenta* (nome dado às ruas em Veneza que circudam alguns canais)? Acreditava que o *hall* dos hotéis muitas vezes exerce um poder intimidador sobre aquele que procura um bar. Não faltava sonho, mas faltava dinheiro. E tudo parecia que continuaria como estava.

Até que Giuseppe ficou amigo de um hóspede do Hotel Europa, Harry Pickering, estudante norte-americano que viajava em companhia de uma tia, do jovem namorado desta e de um cachorro. Estava ali na Itália para ficar longe de algum estágio de alcoolismo, mas, aborrecido com as companhias (talvez menos com a do cão), passava horas no bar entre coquetéis e *bourbons* duplos com 7UP. Calhou de o jovem ficar sem dinheiro, depois da partida da tia, e Giuseppe se prontificou a emprestar-lhe não poucas liras, economizadas a tanto custo pelo *pasticciero* que virara *bartender*. Dinheiro perdido?

Numa bela manhã do ano seguinte, lá estava Harry no bar do Hotel Europa em busca do amigo Giuseppe. Queria pagar, em dobro, o empréstimo. E com uma proposta na ponta da língua: abrir um bar em sociedade. Giulietta, com quem Giuseppe se casara poucos anos antes, logo achou um velho armazém de cordas (desses que só as cidades ao mar sabem ter), onde, com boas reformas, o negócio poderia funcionar. E assim nasceu o Harry's Bar: Calle Vallaresco, número 1.323. E assim o nome do filho, Arrigo, foi uma homenagem a Harry.

(Mais tarde a sociedade foi desfeita, amigavelmente, já que Harry não tinha nenhum jeito para papéis e administração e gostava mesmo de ser cliente, de bebericar no balcão. O Harry's passou então a ser tocado somente por Giuseppe.)

O Harry's Bar permanece com sua decoração sóbria de origem, os mármores cinzas do balcão e certo clima *art déco*. As mesas continuam pequenas, ou menores do que a média de outros restaurantes. Os talheres são os de sobremesa – e apenas garfo e faca, nada de aberrações de cem talheres que "provocam ansiedade, timidez e confusão entre os convidados".

No restaurante, estão disponíveis dois vinhos da casa, escolhidos a dedo entre os produtores da região. Chegam à mesa em jarras de vidro e são responsáveis por 80% dos vinhos vendidos no Harry's. O Soave vem de Verona. O Cabernet Sauvignon, do Friuli. "Penso que as pessoas criam um pouco de fetiche em relação ao vinho", escreveu Arrigo Cipriani em *The Harry's Bar Cookbook*. Nesse livro, ele conta histórias dos tempos de seu pai e abre segredos de todas as famosas receitas do Harry's, incluindo a do "molho universal" usado no *carpaccio* de verdade.

Os garçons são orientados a fornecer a carta de vinhos apenas àqueles que insistem. Arrigo tem pavor dos comensais que pedem vinhos caros por puro esnobismo. Mas é claro que, "para quem sabe o que quer e está preparado para pagar por isso, nós temos uma relativamente pequena, mas cuidadosamente selecionada lista de vinhos finos", italianos e da América dos italianos.

Para acompanhar o *Presunto com Figo*, Arrigo sugere Tocai (Jermann) ou Chardonnay (Kendall-Jackson). Para a versão veneziana do *Croque Monsieur* frito em óleo de oliva, Soave (Anselmi) ou Chardonnay (Pindar). A *Sopa de Cardo*, segundo Arrigo, deve ser escoltada por Chardonnay (Lungarotti) ou Fumé Blanc (Valley Oaks Fumé/Fetzer). Para o *Tagliolini al Tartufi*, Barolo Zonchera (Ceretto) ou Cabernet

(Clos du Val). E para o seu famoso *carpaccio*, Arrigo? Um italianíssimo Vintage Tunina (Jerman) ou vinhos da Zinfandel americana (Fetzer).

*

CONDESSA AMALIA Nani Moncenigo cruzou a Piazza San Marco e mais alguns passos entrou no Harry's Bar. A condessa, entretanto, não estava ali nem para um *Bellini*, nem para um *Montgomery*. Ao proprietário e amigo Giuseppe Cipriani, Amalia confidenciou que seu médico lhe prescrevera um cardápio de carne crua, rica em ferro, para curar--lhe uma anemia profunda. Desafio lançado, quinze minutos depois Giuseppe e alguns garçons entram no salão. No prato apresentado a Amalia, finíssimas rodelas de filé mignon, carne crua, "riscadas" com um molho à base de maionese e mostarda. Nascia o *carpaccio* de Amalia, o mesmíssimo da menina Eleonora, a neta de De Sicca. (Ana de Turim lembra da *carne cruda all'albese*, receita de Alba e de todo Langhe, no Piemonte, que não faria feio em cores, prazeres e talvez no próprio tratamento da condessa Amalia.)

Os donos do Harry's não cansam de explicar que o prato foi batizado em homenagem a Vittore Carpaccio (c. 1460 - c. 1525), já que os vermelhos do quadro do pintor lembravam os da carne crua. Essa a inspiração. O pintor veneziano ganhava uma grande retrospectiva no Palácio dos Doges à época dessa história dos anos 50. O renascentista Carpaccio, aluno de Gentile Bellini, e dominava as paisagens dos canais e suas perspectivas arquitetônicas. Tudo isso com uma paleta que incluía vivos vermelhos e jogos de luz e sombra. Há quem o trate como "pintor de histórias", vistas as narrativas empreendidas por seus personagens.

Portanto, esse nome, *carpaccio*, "não tem nada a ver com a finura das fatias" e foi dado porque o prato original de carne crua tinha uma tonalidade marcante, explica Russel Norman, criador dos restaurantes Polpo, em Londres, de inspiração veneziana. O primeiro Polpo foi aberto na Beak Street em setembro de 2009 e, por grande coincidência, ocupa um edifício onde o pintor veneziano Canaletto morou. Muito diferente do Harry's, Polpo é um *bàcaro*, recriando a atmosfera e os pratos servidos em restaurantes populares de Veneza. No menu do Polpo, damos de cara com o *Carpaccio* de Atum com pimenta rosa. Pelo menos no prato há uma paleta de cores a inspirar conexões com as do original da condessa Amalia.

No caso do *carpaccio*, "é o que os etimologistas chamam de causa perdida", escreve Norman, com bom humor, no seu livro de receitas *Polpo*, aludindo aos festivais de *carpaccio* anunciados mundo afora, feitos "finamente" de quase tudo, até de um esbranquiçado, pouco carpacciano, nabo.

Procurando o *carpaccio* do Harry's Bar na paleta do pintor Carpaccio, o encontramos, por exemplo, na manta de *Sonho de Santa Úrsula*, que integra o primeiro ciclo de encomendas ao artista para a Scuola di S. Orsola. A carne crua está também na coberta escarlate da *Virgem que Lê*. E nas vestes do *Retrato do Homem do Barrete Vermelho*.

Antes do *carpaccio*, Giuseppe Cipriani já tinha se inspirado nas cores de outro veneziano. Em 1948, criou o famoso coquetel *Bellini*, espumante da uva prosecco encorpado com purê de pêssegos brancos, uma homenagem ao pintor dos rosados. Valia-se da abundância dessas frutas na Itália, entre os meses de junho e setembro. Os pêssegos eram esmagados à mão na cozinha do Harry's e por pouco não transformavam toda a aquosa Veneza num pomar aromático.

*

HEMINGWAY COMPARTILHOU sua vida com os Cipriani, principalmente entre 1949 e 1950. Nesses dois anos, ora estava no Harry's, ora na ilhota de Torcello, na lagoa, onde Giuseppe tinha comprado uma pequena casa de hóspedes, uma *locanda*, com seis quartos idílicos. Hemingway estava finalizando as revisões de *Na Outra Margem, Entre as Árvores*, romance do pós-guerra que voltava a bater na tecla da dignidade diante da vida que se esvai, consciente da morte. Personagens do romance também conversam em mesas do Harry's Bar. A rotina de Hemingway na *locanda* ficou conhecida: às 10 da noite trancava-se no apartamento para escrever, não sem antes pedir à cozinha seis garrafas de Amarone. A pousada de Torcello nunca fechava para Hemingway, ficava aberta durante todos os meses do ano.

O Harry's só deixou de funcionar durante a Segunda Guerra Mundial. A primeira ordem dos fascistas foi: mude o seu "odioso" nome inglês. O Harry's passou a ser o Bar Arrigo. A placa com a mensagem "judeus não são bem-vindos", também obrigatória, foi logo destruída pelo cozinheiro Enrico Caniglia, que entrou para a história na luta contra a intolerância.

Entre 1943 e 1945, quando Veneza ainda estava ocupada pelos nazistas, o Bar Arrigo foi requisitado para ser refeitório da marinha de Mussolini. Nesse período de dois anos, os Cipriani faziam seu *tagliatelle* e outros pratos em casa, graças aos produtos que tia Gabriella conseguia de camponeses, no mercado negro: frangos, ovos, farinha, conta Arrigo em *Harry's Bar – The Life and Times of the Legendary Venice Landmark*. Não demorou para que alguns clientes descobrissem a casa particular dos Cipriani, onde podiam encontrar, à revelia dos nazistas, um bom prato de comida, uma taça cheia de vinho e muita conversa sobre a guerra.

Isso até a tarde de 25 de abril de 1945, quando tropas da Nova Zelândia entraram com seus veículos anfíbios nas águas do *Canalasso*. O Harry's renascia.

*

EM PLENA PANDEMIA DO CORONAVÍRUS, o octagenário Arrigo Cipriani ameaçou não reabrir o Harry's, já que as novas regras de convívio social, com mesas muito separadas, segundo ele, impedem a hospitalidade que sempre foi a marca registrada do bar.

Hemingway, até os espadartes

Além do *Mojito* do Floridita

O MAR ESTAVA para peixe. Foi em águas do Caribe, em 1953, a bordo do barco *El Pilar*, sintonizando informações meteorológicas, que Ernest Hemingway ficou sabendo que ganhara o Prêmio Pulitzer com *O Velho e o Mar*, escrito em Cuba, publicado um ano antes. Receberia o Nobel, um ano depois.

A tímida Mary Welsh, quarta mulher de Hemingway, contou em *How it Was*, livro sobre sua vida de muitas pescarias e muitos espadartes com o escritor em Cuba, que os dois comemoraram abrindo uma lata de sopa de rabada e comendo um pedaço de queijo, a ração disponível no barco. Os champanhes preferidos, Perrier-Jouet e Lanson Brut, e seus drinques habituais, uísque e vermute com água Perrier, tiveram de ficar para depois, em terra firme. Igualmente premiados, o velho Santiago e o menino Manolin também se contentaram, por outros motivos, com uma cerveja, aportados na Esplanada costeira do livro, onde a única perspectiva possível era a de uma vida e um mar sempre incertos.

A sede de Hemingway (1899-1961) nunca foi segredo, imortalizada pelo *Mojito*, bebido por ele "aos baldes", servido no Floridita, em

Havana Velha, onde morou. Está também associada, de maneira mais refinada, ao *Bellini*, o drinque sensação do Harry's Bar, em Veneza. O *Dry Martini*, sempre muitíssimo gelado, também entra nessa lista.

Entre 1921 e 1928, escritor numa Paris que era uma festa, dividia mesas fartas e bebidas (praticamente sem distinção) com artistas, escritores, editores, celebridades. Ezra Pound, James Joyce, Max Eastman, Miró, Picasso, Man Ray, Zelda e Scott Fitzgerald eram alguns deles – parte da famosa geração nem tão perdida assim, que tinha como "patrona" a decana Gertrude Stein.

Alguns tintos também foram combustíveis da turma, como relata Jean-Paul Caracalla em *Os Exilados de Montparnasse*. O autor dá destaque a uma carta que Hemingway enviou ao poeta Ezra Pound, narrando-lhe uma viagem que fez à Côte D'Azur, na companhia de Zelda e Scott Fitzgerald. Ao chegar em Paris, em 1924, Fitzgerald estava terminando seu romance *O Grande Gatsby*, mas já colecionava muita experiência para seu *On Booze (Pileques)*, livro ao mesmo tempo bem-humorado e corajoso no qual o autor mostra o poder do álcool, na escala ruinosa que pode ir dos mais divertidos prazeres ao alcoolismo.

Dirigindo um Renault sem capota, Hemingway e os Fitzgerald percorreram a paisagem deslumbrante da região das lavandas sem perder uma só taça dos vinhos disponíveis pelo caminho. Na viagem de volta a Paris, com muita chuva, paravam nos bares para se abastecerem. De garrafas. Hemingway escreveu que o amigo ficava excitado ao beber no gargalo. Hipocondríaco e com medo do que a roupa molhada pregada ao corpo poderia lhe causar, Fitzgerald pedia conselhos ao "doutor" Hemingway, que receitava bons goles de Mâcon, vinho produzido no Mâconnais, na Borgonha.

O refúgio boêmio desses artistas não era restrito a bares, o que não significava falta de bebidas. O eixo veio passando de Montmartre a Montparnasse, com a inauguração de uma sucessão de restaurantes e cafés que reuniam todas as celebridades, como La Coupole e La Pergola. Templo do *art déco*, La Coupole foi aberto em 1927, em grande estilo, festa puxada por pintores e 1.200 garrafas de champagne. Um ano depois, La Pergola aparece na vizinhança para dar espaço ao jazz e ao tango. La Rotonde, de 1911, já operava como templo dos surrealistas, dos compositores, dos *steaks* e das *tartes*.

A residência de Gertrude Stein e sua companheira Alice B. Toklas, na rue Fleurus, verdadeira galeria de arte, desde o início do século XX era um cultuado ponto de encontro para "originais" de todos os tipos. Toklas conta que as discussões literárias e artísticas quase sempre entravam na seara dos menus, dos vinhos, das comidas. Da sua cozinha saíram pratos dedicados a Picasso em tempo de dieta de carne vermelha, nunca dietas amorosas.

Duas livrarias de Paris também tinham a vocação de estimular os debates. Uma delas, a Shakespeare & Company, de Sylvia Beach, na rue d'Odéon, era considerada a embaixada da literatura inglesa em Paris – ali Sylvia lançou *Ulisses*, do irlandês James Joyce. Perto dali, La Maison des Amis des Livres, da companheira Adrienne Monnier, servia como biblioteca de empréstimo de obras clássicas e livros de poesia de vanguarda. Adrienne gostava da boa mesa e reunia artistas entre livros, jantares, queijos e vinhos. Não há que temer nem os molhos nem os vinhos, dizia Adrienne, desprezando, como fazia Gertrude Stein, a tirania da silhueta.

*

O TENENTE HENRY, personagem de *Adeus às Armas* encarnava o espírito do próprio Hemingway, jovem motorista de ambulância na Primeira Guerra: "Não fui feito para pensar. Fui feito para comer". Um lema que guiou o autor em suas viagens pelo mundo. No mesmo livro, espaguete ao alho e óleo, regado com garrafas do piemontês Barbera, compunha a cena da tirada: "Comida pode não ganhar a guerra, mas não perde nenhuma".

William P. Moore reuniu em *Dinning with Hemingway* várias citações sobre bebidas e comidas nas obras do autor. Incluiu até uma receita, garimpada em artigo de Hemingway para a revista *Esquire*, de 1935, na qual o escritor recordava suas caçadas quando garoto em Illinois (EUA). Hemingway manda cozinhar e flambar a galinhola em seu próprio suco, com armagnac, manteiga, um pouco de mostarda e duas tiras de *bacon*. A ave deve ser servida com purê de maçã. Hemingway também recomenda vinhos para acompanhar o prato: Capri, Saint-Estèphe, Corton, Pommard, Beaune ou Chambertin, o que nos dá uma pista na direção de Borgonha.

As paisagens da infância marcaram o escritor. As mesmas trutas pescadas para um *breakfast* com a complicada família, ainda nos Estados Unidos, foram parar em *O Grande Rio de Dois Corações* (1925), um dos seus primeiros contos. "Toda obra de Hemingway é, entre outros, o relato de uma longa e primordial pescaria à truta... Finalmente, quando esse peixe de modesto tamanho torna-se um peixe espada, pois bem, a missa acabou e o Nobel vem coroar tudo", escreve Olivier Rolim, em *Paisagens Originais*. Nesse livro, Rolim também compara a truta de Hemingway à borboleta de Nabokov, em termos de obsessão. A cerimônia da pesca da truta-arco-íris está em minúcias em *O Grande Rio de Dois Corações*, assim como a mistura preparada pelo esfomeado Nick: espaguete com feijões em lata, tudo bem misturado numa frigideira.

Bêbados e sábios de Dickens

Punch de personagens londrinos

CEDRIC DICKENS (1916-2006) faz sinal para o táxi em Londres. Ao entrar no carro, um daqueles Austin FX4 pretos, arredondados, percebe que, no volante, está o corpulento e loquaz Tony Weller, memorável cocheiro de *As Aventuras do Sr. Pickwick*. Trocam uma ou duas palavras sobre o tempo. Não se vê o céu. A chuva fina e fria é para eles sempre, e admiravelmente, suportável.

Bisneto do escritor Charles Dickens (1812-1870), Cedric costumava dizer, e acreditava, que os personagens delineados pelo bisavô não eram somente entes da imaginação e dos livros. Os bêbados e os sábios bebedores de Dickens poderiam ser facilmente encontrados nas esquinas, *pubs* e tavernas de Londres e de toda a Inglaterra. Teriam os mesmos temperamentos dos personagens esculpidos em plena Era Vitoriana. Antes de Cedric, o poeta e crítico T. S. Eliot (1888-1965) escrevera que os personagens de Dickens tinham "maior intensidade que os próprios seres humanos".

O pequeno David Copperfield se agiganta em emancipação ao ordenar cerveja em certo *pub* (de *public-house*), estabelecimento-instituição que Samuel Pepys via como o coração da Inglaterra. Encostado no balcão, Copperfield pede a melhor *ale* da casa. O vendedor informa que a melhor é a *Genuine Stunning*. E talvez porque a cerveja não fosse autêntica e a mulher do taberneiro se encantasse com a bravura do pequeno Copperfield, acabou devolvendo-lhe o dinheiro com um beijo de compaixão.

Em *Oliver Twist* (1837), o órfão Oliver é também maior do que ele mesmo, ao avançar em direção ao mestre, prato e colher nas mãos, "alarmado com sua própria temeridade", implorando por mais uma porção do intragável mingau.

Cedric é autor de *Drinking with Dickens*, espirituoso *sketch* que alinha bebidas e seus bebedores citados nos romances do bisavô, tempo em que "a maioria dos homens bebia pesado". Cedric relaciona e comenta as receitas de drinques e as bebidas contemporâneas a Dickens. E publica um inventário das garrafas da adega do escritor, em Glad's Hill, a casa de campo em Kent, um balanço de agosto de 1870. Nessa lista estão relacionadas não menos do que 2.200 garrafas: entre outras, *magnuns* de golden sherry e amontillados, dezenas de raros Madeira, Porto de várias safras, algumas dúzias de Château Margaux, Volnay, Clos Vougeot da Borgonha, uma dúzia de garrafas *magnuns* de *claret*, Chambertain, champagnes, Sauternes, conhaques, rum, uísque, vinhos do Mosela, vinhos australianos, garrafas de moscatel e explícitas três dúzias de Hock Joohannisberg, importadas dos vinhedos Methernich pelo próprio Dickens, além de 17 garrafas de Kirch Wassis, compradas na Floresta Negra, em 1854.

Maypole Hugh, da turma de *Barnaby Rudge* (1841), levava a fama de ser capaz de beber um Tâmisa inteiro. O comerciante Mr. Dolls tinha comportamento condenável, pois nunca estava sóbrio e fazia de tudo, até trair sua filha, por uma taça de rum. Ao lado do rum, o gim barato era o grande vício dos ingleses comuns, que buscavam na bebida o esquecimento temporário de suas misérias. Em 1845, uma Londres de

1,5 milhão de habitantes bebeu cerca de 34 milhões de litros de gim – a bebida destilada à base de cereais e infusão de zimbro e outras especiarias, que passou a ser um grande problema de saúde pública.

O agiota Daniel Quilp, comerciante de acessórios de navios entra na categoria dos "bebedores desesperados" de Cedric. Rosna e ameaça *Mrs.* Quilp, faz com que ela tire imediatamente da sua frente o serviço de chá, ordena charutos, água quente e uma grande garrafa de rum, põe as pernas sobre a mesa para misturar seu primeiro *grog* do dia.

A bebida como santo remédio tem bons representantes em *Mrs.* Bloss *(Sketches by Boz, 1836)*. Quando cansada, *Mrs.* Bloss não dispensava costeletas de carneiro, picles, uma pílula e uma garrafa de meio litro de cerveja escura para engoli-la, de preferência uma cremosa *Guinness*, a cerveja irlandesa fermentada desde 1759. O destaque de Cedric na categoria *"medicinal drinkers"*, entretanto, é *Mrs.* Crupp, senhoria de um David Copperfield já em Londres. Ela sofria de espasmos e de inflamação no nariz que podiam ser tratados com uma poção feita de cardamomo, ruibarbo, aromatizada com sete gotas de essência de cravos. Ou, a segunda e melhor opção, uma boa dose de *brandy*, bebida de *gentlemen*, melhor se de Cognac.

Bob Sawyer bebia muito, mas divertia-se animadamente com os amigos, e não tinha recaídas sentimentais por causa da bebida. Estudante de Medicina, Sawyer inventou o tradicional *Milk Punch* (com leite quente, mas também álcoois de conhaque e rum), *punch* companheiro de viagem e de carruagem entre Bristol e Birmingham.

Já *Mr.* Pickwick bebia por prazer, com brindes intermináveis à comilança e à amizade, mas com a moderação pregada pelo próprio Dickens na vida pessoal. "O *brandy* é mencionado 45 vezes em *Pickwick Papers*", contou Cedric. Na lista desses bebedores amantes do convívio fraternal entra o impagável devedor *Mr.* Wilkins Micawber, que com um *penny* extra na algibeira já queria promover festa para os amigos. Como Charles Dickens, Micawber adorava o cerimonial do *Gim Punch*, ao entardecer. E filosofava: "o *punch*, meu querido Copperfield, como o tempo e a maré, não espera por ninguém". David Copperfield entra na classificação daqueles que estão ganhando experiência, "semeadores de aveias selvagens", escreveu Cedric.

Charles Dickens era frequentador assíduo da Trafalgar Tavern, em Park Row, bem perto do Colégio Naval Real, em Greenwich, taverna com vista espetacular do Tâmisa. O local era ponto de encontro de políticos, que faziam seus conchavos na privacidade do andar de cima. Dickens e outros convivas, que poderiam ser os escritores William Thackeray (1811-1868) ou Wilkie Collins (1824-1889), chegavam pelo rio e não se sabe se ficavam no andar de baixo. Os pequenos *whitebait* também chegavam pelo rio. Pescados no Tâmisa, iam, fresquíssimos, diretamente para a cozinha. Ao seguirem para as mesas, não raro ganhavam a companhia de taças de champagne. Nessa taverna de Greenwich se passa a cena do *breakfast* de casamento de *O Nosso Amigo Comum* (1865), o último livro publicado em vida por Dickens. Ele e seus amigos também podiam ser vistos nas tavernas Crown and Sceptre e Ship.

*

FICARAM CÉLEBRES os coquetéis apreciados pela coleção de tipos dickensianos, entre eles o Ponche de Natal, mistura de rum, limão e açúcar, servido quente em taças de *claret*, ao pé das lareiras. No final da vida, muito requisitado para leituras públicas de sua obra, Dickens alardeava sobre um remédio infalível para o cansaço e outros males da velhice: batia alguns ovos com *Sherry*, o vinho que fazia com o *Porto* a dobradinha da Era Vitoriana. Ou mesmo os misturava ao champagne. Apesar de ser um degustador comedido, às voltas com ideais de temperança, seus relatos das celebrações do Natal nunca dispensaram um bom copo. O Natal de Dickens, com as famílias reunidas e aquecidas pelo fogo e pelo poder agregador das bebidas, sempre em contraste com as que nada têm à mesa, é uma imagem literária marcante.

Entre os contos de Dickens está *A Christmas Carol (Um Conto de Natal)*, de 1843. Nessa incensada obra, o avaro Scrooge é convertido ao espírito natalino depois de rever, com a ajuda de fantasmas, os vários 25 de dezembro de sua vida. Simbolicamente, o vinho aguado da infância se contrapõe a um belo ponche, o estalo emotivo no qual Scrooge "se manifesta humano". O velho não só aumenta o salário de seu funcionário como oferece a ele um *Bishop*, o vinho tinto vertido em laranjas amargas, com especiarias e açúcar.

A Dickens era cara a oportunidade proporcionada pela data de reunir famílias diante de um peru e de um pudim. Em outros livros, passamos a ter certeza de que a celebração do Natal foi inventada ali, em suas páginas, ou pelo menos na sua literatura ganhou mais cor, "foi redefinido", como analisou Simon Callow em *Dickens' Christmas – A Victorian Celebration*. Estão lá, na escrita e nas ilustrações, as velas, as guirlandas, a ceia copiosa, o calor, os vinhos, os *punchs*, os brindes. Cenas próprias para a revelação dos contrastes da sociedade inglesa, com seus garotos sujos, remendados, olhando para alguma janela iluminada em busca do conforto de pelo menos um prato quente desviado da cozinha.

*

WILLIAM THACKERAY (1811-1868), amigo de Dickens e frequentador da Trafalgar Tavern, em Greenwich, era romancista e escreveu ferinas críticas aos esnobes de seu tempo, os *england dinner-giving snobs*. Colaborava com a revista *Punch*, artigos posteriormente reunidos em *Book of Snobs*, em 1848.

Os esnobes sob a pena de Thackeray são aqueles que, acostuma-dos com carneiro, "assado na terça-feira, frio na quarta, picadinho na quinta", resolvem abandonar essa sequência e passam a receber para um menu muito além de suas posses. Ou ainda aqueles que contratam uma dupla de lacaios baratos (que substituem a empregada do dia a dia), para servir a comida comprada pronta *(twopenny-halfpenny)*, em pratos de Birmingham, estes no lugar das costumeiras louças padrão. Thackeray critica aqueles esnobes que saem de sua esfera social, con-vidando lordes, generais, políticos, pessoas da moda, mas são mesqui-nhos em hospitalidade a seus iguais. Mas os mais esnobes de todos, escreve Thackeray, são aqueles que podem, mas nunca oferecem jan-tares. "O homem sem hospitalidade nunca se sentará comigo. Deixe esse sórdido desgraçado murmurar com seu osso sozinho!"

A machadinha de Carry A. Nation

Armas contra o álcool e os *saloons*

*Não se deixe atrair pelo vinho
quando está vermelho,
quando cintila no copo e escorre suavemente!
No fim, ele morde como serpente
e envenena como víbora.*

PROVÉRBIOS 23:31,32

*É o senhor que faz crescer o pasto para o gado,
e as plantas que o homem cultiva,
para da terra tirar o alimento:
o vinho, que alegra o coração do homem;
o azeite, que lhe faz brilhar o rosto,
e o pão, que sustenta o seu vigor.*

SALMO 104:14,15

*O povo de Israel, inclusive os levitas, deverão trazer ofertas
de cereal, de vinho novo e de azeite aos depósitos onde se
guardam os utensílios para o santuário. É onde os
sacerdotes ministram e onde os porteiros e os cantores
ficam. Não negligenciaremos o templo de nosso Deus.*

NEEMIAS 10:39

VESTIA-SE DE preto da cabeça aos pés e não largava a machadinha. Nem a Bíblia. A norte-americana Carry A. Nation (1846-1911) precisava dos dois para sua cruzada contra o álcool. Com a machadinha, destruía *saloons* atemorizando proprietários e a clientela, numa onda de ataques iniciada no estado do Kansas (EUA). Com a Bíblia, justificava suas ações e arrebanhava seguidores. Em 1874, ao usar o sobrenome do marido que era pastor, Carry A. Nation criava com o seu nome um *slogan* para sua causa e fermentava o sentimento de que "carregava uma nação nas costas" em defesa da temperança. Seu ativismo é anterior à Lei Seca (1920-1933).

Sofreu com o alcoolismo do primeiro marido, que apareceu trançando as pernas para o "sim" do casamento. E viu o drama daqueles levados pelo álcool à sarjeta e ao crime – testemunhos de presos que visitou durante períodos de evangelização nas cadeias. Carry, a heroína de alguns extremistas do Kansas, acreditava que atendia a um chamado dos céus. Apegava-se às teses de que o vinho citado nas escrituras não é o mesmo que provoca os efeitos intoxicantes e, sim, suco de uva, não fermentado. Em *Bible Wines*, um erudito tratado escrito pelo reverendo William Patton e publicado em 1874, em Nova York, pela National Temperance Society and Publication House, o pastor tentou provar, de maneira elegante e culta, a teoria do suco de uva, condenando as traduções do grego e o que seria o uso deturpado das citações bíblicas como chancela ao consumo desenfreado.

Carey Ellen Walsh, estudiosa da história do vinho em Israel, sabe que a Bíblia traz belas construções literárias e que estas refletem a intensa cultura do vinho entre os primeiros povos da região. Acredita também que todas as evidências históricas e arqueológicas por ela pesquisadas levam ao perfil de um vinho que alegrava ou embebedava justamente porque era fermentado e tinha álcool, não era suco de uva. Em *The Fruit of The Wine: Viticulture in Ancient Israel*,

Carey Walsh relaciona a realidade da agricultura israelense a todos os principais episódios e personagens bíblicos.

*

EM *What Would Jesus Drink?*, de 2011, Brad Whittington, texano filho de pastor e formado numa comunidade batista que sempre atuou com rigidez no combate ao consumo de álcool, analisa friamente as citações bíblicas sobre o vinho. Faz questão de distinguir a letra do texto bíblico das regras de tradição, culturais, de cada igreja cristã. Para ele, uma coisa é condenar o consumo, como ele mesmo o faz, considerando as estatísticas dos estragos sociais relacionados ao alcoolismo ou ao abuso eventual das bebidas alcoólicas. Outra, muito diferente, é pregar a abstinência apropriando-se de citações e, principalmente, transformando o vinho bíblico em vinho sem álcool, suco de uva, sempre quando necessário na defesa de teses religiosas.

O vinho e outras "bebidas fortes" aparecem na Bíblia (Velho e Novo Testamentos) em 247 citações, em referências negativas, positivas e neutras, estas muitas vezes simbólicas.

> *Estou como vinho arrolhado,*
> *Como odres novos prestes a romper.*
> JÓ 32:19

Whittington diz que quase caiu de costas quando fez as contas e descobriu que 58% das citações eram positivas. "Eu nunca tinha ouvido um sermão positivo sobre o vinho e nunca esperava esse resultado", escreveu.

Também foi apanhado de surpresa ao detalhar os conteúdos. São 58 as referências nas quais o vinho aparece, sem qualquer condenação moral, como parte integrante do dia a dia da época de Jesus, e 47 as que tratam da abundância do vinho como bênção de Deus.

A videira, porém, respondeu: "Deveria eu renunciar ao meu vinho, que alegra os deuses e os homens, para ter domínio sobre as árvores ?"
JUÍZES 9:13

A maioria das 40 citações bíblicas negativas ao álcool condenam seu consumo excessivo.

Não se embriaguem com vinho, que leva à libertinagem (...)
EFÉSIOS 5:18

A conclusão final de Whittington: "a posição das escrituras dá ênfase ao consumo moderado do álcool com um alerta contra a embriaguez". E se há tantas alusões contra a embriaguez e pregação por abstinência, como pensar que nas mesas da época as jarras e as ânforas estavam cheias de suco de uva? As ânforas da festa das bodas de Canaã, as do milagre da água transformada em vinho, certamente continham a bebida embriagante.

*

"QUANDO O INVERNO de 1900 chegou, Carry A. Nation estava convicta de que, como Moisés conduziu o povo de Israel para a 'terra prometida', como diz o Antigo Testamento, ela estava destinada a conduzir o povo da América para a terra prometida da Lei Seca, onde bebidas alcoólicas não existiam", escreve Bonnie Carman Harvey na biografia de Carry.

"Bom dia, criador de bêbados e viúvas! ", era saudação usual dirigida aos donos de *saloons* com os quais cruzava pela rua. "Você vai para o inferno!", imprecava. Carry era capaz de tirar o cigarro da boca de alguém e amassá-lo praguejando contra o vício. Implicava também com mulheres bem vestidas e com os maçons, que teriam levado o seu primeiro marido para o mau caminho.

Algumas integrantes da Women's Christian Temperance Union (WCTU) celebravam as notícias sobre a destruidora machadinha de Carry A. Nation e dos planos dela para atingir também as cidades Medicine Lodge, Wichita, Newton, Enterprise, Topeka e Leavenworth. A WCTU foi fundada em 1874 em Cleveland, Ohio, com o mote de temperança extraído da obra do filósofo grego Xenofonte (c.400 a.C.): moderação em todas as coisas saudáveis; total abstinência das coisas prejudiciais. É certo que muitos entusiastas do movimento não concordavam com os métodos de Carry, incluindo o segundo marido, levado a pedir o divórcio. Nessa época os movimentos pela temperança já tinham mudado sua bandeira. Tramavam pela proibição constitucional total da bebida, o que aconteceria uma década depois.

Em Wichita, Carry ficou furiosa ao entrar no Hotel Carey e se deparar com o luxuoso bar, um dos mais bonitos de todo o oeste americano. Reclamou do quadro atrás do balcão, bateu boca com um atendente. Para ela, *Cleópatra no Banho* era uma indecência inconcebível. Cleópatra foi vítima de Carry no dia seguinte. Entrou no hotel entoando um "Glória a Deus" e começou a batalha apedrejando a rainha do Egito e seus acompanhantes desnudos. Destruiu depois um elegante espelho veneziano. Nada ficou fora do alvo de sua barra de ferro: garrafas, taças, *decanters* de cristal, candelabros; um corrimão de latão e os móveis brilhantes de cerejeira ficaram imprestáveis.

Carry foi presa, a primeira detenção de uma série de trinta, entre 1900 e 1910. Deixou-se fotografar numa das celas, ajoelhada, com a Bíblia nas mãos. Com isso, ganhou páginas de jornais e conquistou mais espaço para sua causa. Os *pins* com a sua machadinha em miniatura passaram a ser vendidos para arrecadar dinheiro para as cruzadas. Ao deixar uma das prisões, mesmo adoentada e abatida, foi logo dizendo: "O trabalho de Deus apenas começou. Mostre-me um bar". Sabemos o que ela faria.

*

JIMMY TOSCANA menino (e depois também o jovem Jimmy) vive e narra o dia a dia de uma típica comunidade italiana de Denver, nos Estados Unidos, em pleno vigor da Lei Seca. Os italianos que desembarcaram na América no início do século foram maltratados pela pobreza, aliciados pelo gangsterismo, pelos preconceitos, e viveram dramas recorrentes de crise de identidade.

"Fico nervoso quando trago amigos em casa (...) Aqui pende um quadro de Victorio Emanuelle, adiante outro da Catedral de Milão e, ao lado, uma imagem da basílica de São Pedro, e sobre o aparador repousa um jarro de vinho em estilo medieval; está sempre cheio até a borda, sempre vermelho e cintilante (...)"

Jimmy é o alter ego do escritor americano John Fante (1909-1983), o personagem central dos contos de *O Vinho da Juventude*. Essa coleção de escritos nasceu como *Dago Red*, em 1940, e começou a ser publicada na forma atual a partir de 1985. John Fante é mais conhecido pelo romance *Pergunte ao Pó*, celebrado pelos *beatniks*. Fluente, a prosa do autor foi saudada por John Steinbeck: é daquelas obras que conseguem universalidade ao falar de uma rotina dura, sem *glamour* algum, de uma casa num bairro de imigrantes empobrecidos.

Dago Red, explica o tradutor Roberto Muggiati, é o "tinto carcamano" e refere-se ao vinho que os italianos do norte de Denver bebiam durante o período da Lei Seca. *Dago* era uma palavra ofensiva, pejorativa, contra a qual os italianos e seus filhos lutavam sem trégua.

O vinho da juventude de Jimmy é a bebida por trás da frequente embriaguez do pai desempregado, o pedreiro sem obra a levantar, a quem só restava beber, voltar para casa assobiando *La Donna è Mobile* e esperar, com vergonha, diante de uma mulher exaurida pelos afazeres de casa e do fogão. "Vimos seu rosto, avermelhado, alegre, estimulado, os olhos brilhantes como os de um esquilo. Não estava exatamente bêbado, mas a inclinação do chapéu e o balanço dos ombros nos diziam que não havia poupado no borgonha".

O vinho que pontua o livro de Fante é também o vinho da missa, símbolo de toda carga moral e religiosa de seu ambiente – uma comunidade ajoelhada ao catolicismo. Durante a Lei Seca, o "vinho sacramental" era liberado e a produção caseira, sem fins comerciais, também podia ser autorizada.

Quando o novo padre do colégio de Jimmy foi visitar os Toscana, o dono da casa seguiu uma rotina imutável, essa sim dava orgulho à família: o visitante era convidado a descer até a adega cavada na terra onde havia quatro barris de cinquenta galões de vinho – cem galões amadurecidos e cem em processo de fermentação. Era motivo de júbilo voltar da adega com a jarra cheia de vinho fresco e proibido, "gotículas da espuma ainda borbulhantes".

*

UMA GARRAFA, três convidados, duas taças. Foi num jantar de Natal. Ao redor da mesa, três gerações de americanos: o escritor Garrett Peck, a mãe dele e a avó. Para o *"roast beast"*, abriu um bom Borgonha, safra 1997. Somente ele e a mãe aproveitaram da garrafa. Sua avó, que cresceu sob a Lei Seca, não. Os americanos ainda convivem com esses fantasmas, mostra Peck no seu *The Prohibition Hangover – Alcohol in America from Demon Rum to Cult Cabernet.*

O livro mostra a trajetória de um país onde o álcool foi demonizado durante décadas – *"demon rum"* era como os movimentos religiosos ligados à temperança tratavam as bebidas alcoólicas, principalmente os destilados, sem excluir cerveja e vinho – Estados Unidos que agora tratam de abraçar todos os prazeres da boa taça, representados pelos grandes *cabs* californianos e pelo riesling de Nova York, cultuados em todo o país (e fora dele). Os mesmos Estados Unidos que convivem com uma série de leis estaduais (Utah, Oklahoma, Mississipi, Alabama, Kentucky e Delaware) que proíbem o livre comércio de vinhos entre consumidores e vinícolas, sob pressão constante e eficaz do movimento *Free the Grapes!* e do blogueiro Tom Wark, do site *Fermentation*.

É farta a literatura sobre os problemas gerados no período da Lei Seca, entre eles o gangsterismo protagonizado pelo contrabandista Al Capone e a quebra da viticultura dos EUA. Mas, segundo Peck, o país real ainda não parou para discutir seriamente o papel do álcool na sociedade americana de hoje. De uma maneira secular, Peck pergunta se alguém pode negar que a cerveja é elemento indispensável em um jogo de beisebol. E adianta esconder bebida num saco de papel?

Os Estados Unidos sempre estiveram intimamente ligados ao vinho, principalmente devido às religiões e a seus ritos. Ao desembarcarem na Flórida em 1562, huguenotes franceses imediatamente passaram a produzir vinhos com a uva branca *scuppernong*. O primeiro assentamento inglês, em Jamestown, é de 1607. Dois anos depois, os colonos já cultivavam seus vinhedos. Até mesmo os peregrinos, saídos de Southampton, Inglaterra, podem ter feito vinho logo após desembarcarem do *Mayflower* no cabo Cod em 1620. Afinal, William Bradford, governador da Colônia de Plymouth, escreveu no seu diário que os embarcados viam "vinhedos em toda parte". Não está totalmente descartado o registro de que muitos beberam vinho próprio para celebrar o *Thanksgiving* de 1623. A *assemblage* das religiões com o vinho nos Estados Unidos é feita em detalhes no livro *Religion and Wine – a Cultural History of Wine Drinking in the United States*, do professor de estudos religiosos Robert C. Fuller, da Bradley University em Peoria, Illinois.

Durante os anos 1700 e o início dos anos 1800, missionários franciscanos e jesuítas moldaram a Califórnia com suas missas e suas videiras. Os próprios pais da pátria americana, em especial Thomas Jefferson, sempre celebraram a bebida, com sofisticação iluminista. Até o século XIX, o vinho fazia parte do patrimônio da boa vida dos Estados Unidos. Mas o cenário mudou rapidamente diante das misérias econômicas e sociais e do alcoolismo a elas relacionado. Católicos, episcopais, luteranos e as comunidades judaicas, que usavam o vinho em suas celebrações, eram contra a proibição total do álcool. Batistas, metodistas e religiosos da Assembleia de Deus logo passaram das teses de temperança para as que levaram à Lei Seca.

Seria um erro, entretanto, escreve Fuller, interpretar o crescimento dos sentimentos proibicionistas como resultado de preconceitos estritamentes religiosos. Segundo ele, a Lei Seca fazia parte também da agenda ideológica nascida do compromisso cristão com a santificação moral, da preocupação capitalista com a eficiência dos trabalhadores e da indignação diante da erosão da estabilidade familiar.

A sentença do vinho
In vino veritas

Para Marina Carbonari

VERÃO. A JOVEM, não tem 18 anos, põe à mostra uma erudita tatuagem nas costas, logo abaixo da nuca: *In vino veritas*. Ela mesma confessa que foi um erro do tatuador, que deveria ter "escrito" *Carpe Diem* (aproveita o dia, o momento fugaz, em possíveis traduções), máxima extraída de uma das *Odes* do poeta Horácio (65-8 a.C.). O tatuador teria se enganado ao conferir a sua lista de latins. A concisa frase que a menina carrega no corpo, *In vino veritas* ("no vinho, a verdade"), é um lema milenar propagado com força desde a Idade Média, se não com as mesmíssimas letras, pelo menos com a mesma intenção.

Seu significado primeiro revela uma das qualidades mais nobres do vinho, seu poder de estimular as conversas, os debates, embalando afeições, promovendo encontros. O inebriado se expressaria de maneira livre, sem mentiras ou amarras. Como resumem os checos: "O vinho puro desenrola a língua".

Renzo Tosi, autor do *Dicionário de Sentenças Latinas e Gregas* escreve que a frase *In vino veritas* não aparece dessa forma em nenhum autor latino clássico, mas conta que paralelos entre vinho e verdade são encontrados tanto em Horácio como em Plínio. Estes se referem, por sua vez, a um ditado popular, de origem grega, documentado por Alceu e que chegou depois, nessas andanças das ideias e das línguas, "explicitamente citado como provérbio grego", a Platão, Teócrito e Plutarco: "Vinho e crianças são verazes".

In vino veritas tem seu similar em quase todas as línguas modernas. Tosi destaca a frase francesa, que não economiza palavras: *Avant Noé les hommes, n'ayant que de l'eau à boire, ne pouvaient trouver la vérité* ("Antes de Noé, os homens que só tinham água para beber não encontravam a verdade"). O ditado cita o Noé bíblico, que teria plantado a primeira videira e foi protagonista da primeira embriaguez com vinho.

In vino veritas é também parte de um estudo sobre "os caminhos da vida" do filósofo dinamarquês Kierkegaard, de 1845, que trata de um banquete onde os convivas falam a verdade sobre o amor, a mulher e o casamento. Cada participante discursa sobre suas teses *in vino* e não poderiam fazê-lo "antes de ter bebido o bastante para notar o poder do vinho, ou seja, enquanto não estivesse naquele estado em que se diz muita coisa que de outro modo não se gostaria de dizer, mas sem que contudo a conexão do discurso e do pensamento fosse constantemente interrompida por soluços".

Proverbial na Antiguidade é o dito "O bronze é o espelho do rosto; o vinho é o espelho da mente", que alguns atribuem ao dramaturgo grego Ésquilo. "O que permanece no coração do sóbrio está na língua do bêbado" é um provérbio documentado em Plutarco que chegou ao Brasil, via europeus, para ganhar forma no certeiro e algo debochado "Cachaceiro não tem segredo".

Inevitavelmente, a embriaguez e a "verdade dos bêbados" sempre estiveram presentes nos provérbios populares, realidade que algumas vezes subverte a ideia filosófica original de *In Vino Veritas*. "De vinho, abastado, e de razão, minguado", listou José Roberto Whitaker-Penteado em *O Folclore do Vinho*. Penteado traz em seu livro uma coletânea com nada menos de 200 provérbios brasileiros que envolvem o vinho, a uva, a vide e o viticultor. "Conselho de vinho é falso caminho" pode ser contraposto a "Onde entra o beber, entra o saber". "Quando o vinho desce, as palavras sobem". O ditado escocês, do século XVIII, vai na mesma trilha: "Quando o vinho afunda, as palavras nadam". Mas, "se bebes vinho, não bebas o siso", aconselham os propagandistas da temperança.

Penteado explica que a maioria desses provérbios espalhados pelo Brasil repete *ipsis literis* os rifões portugueses, que embarcaram para cá na bagagem dos colonizadores. Os relatos folclóricos, em todos os cantos do mundo, nunca deixaram de lado os níveis de embriaguez (Charles Dickens fez isso com fleuma vitoriana).

Charles A. Coulombe em *The Muse in the Bottle* resgata uma história mexicana, que tem herança grega e italiana: depois dos primeiros copos, o homem é capaz de cantar como um passarinho; depois da primeira garrafa, está forte e disposto a lutar como um leão, mas quando passa de qualquer medida, age como um porco e logo, logo está na sarjeta. *"Ay, que mala suerte!"*

Frida e Rivera, murais

O México e o amor na cesta de comida

DO ALTO DO ANDAIME, Rivera abraçava Detroit com seus pincéis, trabalhando sem parar na grande "saga da máquina e do aço", mural encomendado pelos Ford, mecenato incorporado pela americaníssima companhia. Mas na hora do almoço, quando a fome aparecia – benditos sejam *el Dios del Maíz* e a Virgem de Guadalupe, que não fazem distinção de territórios, ideologias e estômagos –, se o muralista mexicano mirasse para baixo, encontraria o olhar profundo de Frida, protegido pelo traço negro, "emplumado", das cerradas sobrancelhas.

A frágil e forte Frida Kahlo muitas vezes surgia do nada na área dos murais, vestida como uma tehuana (ou como uma zapoteca ou como uma síntese de todas as culturas mexicanas, como escreveu Francisco Haghenbeck). Longas saias, o *rebozo* de seda de Oaxaca, joias pré-colombianas de jade ao pescoço. E no braço, uma cesta de gostosuras mexicanas para o marido Diego Rivera. Uma cesta enfeitada com flores. Comida duplamente aquecida, já que coberta com panos de prato bordados com mensagens de amor. É assim que ainda fazem algumas camponesas mexicanas ao levar a refeição de meio-dia para seus maridos nas plantações. *"Felicidades mi amor."*

Em 1932, Diego Rivera plantava a sua visão sobre "progresso" no mural do Instituto de Arte de Detroit, nos Estados Unidos do automóvel: a força do trabalho e dos trabalhadores sempre à frente, em primeiro plano. Isso chegou a causar certo furor entre os conservadores de plantão (e havia muitos), que não viam razão para buscar um artista de fora e, ainda por cima, comunista. Os Ford, entretanto, nunca abriram mão da grandeza artística e do "espírito" de Rivera.

(A história foi diferente no vestíbulo do Rockfeller Center, em Nova York. O mural no qual Rivera pintou Marx, Lênin e Trotsky imiscuindo-se num dos ícones do capitalismo não sobreviveu às pressões. Ao ser finalizado, em 1933, foi imediatamente coberto com uma lona. Meses depois, foi destruído. E nada adiantou Rivera ser o pintor favorito da mãe de Nelson Rockfeller.)

Frida valorizava a comida popular, construindo e exaltando a *mexicanidad*, com a cumplicidade do corpulento e espaçoso Diego Maria de La Concepción Juan Nepomuceno Estanislao de La Rivera y Barrientos Acosta y Rodríguez, seu grande e mulherengo marido. Consta que o pintor foi criado até os quatro anos com leite fresco de uma grande cabra ordenhada por uma índia (mel e leite de cabra alimentaram Zeus recém-nascido, no monte Ida).

As cestas com iguarias que tanto estimulavam o paladar de Diego Rivera também foram levadas por Frida aos andaimes do marido em Cuernavaca, no estado de Morelos, no próprio México, quando Rivera pintava um mural na casa do embaixador americano. Em dia de mais sorte no amor, Dieguito recebia uma jarra de cerâmica com o famoso pulque de Iztapalapa. O antigo palácio, cheio de história, pertencera ao conquistador espanhol Hernán Cortés. Portanto, "naturalmente", Rivera logo trataria de pintar numa das paredes o herói revolucionário mexicano Emiliano Zapata em seu cavalo. Ele acreditava que era preciso, com todas as tintas, denunciar as injustiças de um México que convivia com elas no início do século XX. Injustiças muitas vezes dribladas com o poder de uma comida "feita com intensidade emocional", como as codornas em molho de pétalas de rosa do filme *Como Água para Chocolate* (1992), de Alfonso Arau, com roteiro de Laura Esquivel, autora de romance homônimo.

Frida tinha aprendido a cozinhar com a ex-mulher de Rivera, Lupe Marín, que fora uma das inúmeras modelos e musas do pintor. Com Lupe, conhecera o jeito certo de preparar os pratos preferidos de Rivera, como os *chiles en frío*, uma especialidade do campo, recheados com carne moída banhada em um molho agridoce de tomate e cebolas picadas. Também *tortillas* de camarão e figos-da-índia azedos e o "purê" de feijões misturado a queijo, acompanhado dos crocantes *totopos*, os *nachos*, os *chips* de milho.

Em Detroit, Frida fizera romaria pelo quarteirão mexicano da cidade e encontrara ingredientes para produzir alguns pratos. O milho tão mexicano, tão peruano quanto americano, não era problema. (Os Estados Unidos tornou-se, a partir de meados do século XIX, o grande celeiro mundial de milho, retomando uma cultura tradicional de seus índios. O pipoqueiro estado de Nebraska cumpriu seu papel ao levar a ancestral *finger-food* dos indígenas aos *halls* dos cinemas. E hoje, juntamente com Iowa, Illinois, Ohio, Indiana, Missouri, Wisconsin, Minnesota e Kansas produz "o alimento que produz alimentos", engordando gado, porcos e aves, e que é a *commoditie* de uma série de indústrias.)

Peregrinação nada incomum, a de Frida, na vida de imigrantes e exilados, visitantes temporários como os Rivera, em tom de nostalgia e nacionalismo. Ali alguém procurando feijão preto, carne seca e farinha de mandioca para sua feijoada, lá um italiano implorando de mãos juntas ao feirante de mãos atadas um simples cardo para refogar. Alguém disse aí, no mercado, uma berinjela branca, por favor, para uma grega *papoutsakia* com as cores da preparada em Santorini.

À parte o milho, onde encontrar então, facilmente, *la cháia, el jitomate, la piña, la chirimoya, la papaya, los capulines, el mamey, el zapote, el chicozapote, la guayaba, las ciruelas, los jocotes, los tejocotes, las pitahayas, el chayote, la anona, el chilacayote* e o mundo dos *chiles?*

Se estivesse no México, ao ver Frida, Rivera bem poderia saudá-la com tiros para o alto, com arma que um bom revolucionário sempre deveria trazer na cintura. Fez assim na festa de seu próprio casamento, em 1929, no terraço do apartamento da amiga, fotógrafa e ativista política Tina Modotti (que alguns beijos e muito mais haveria de trocar com Frida), entre varais de enfeites de papel e rios de pulque e tequila. A festa fora aberta com uma sopa de ostras. Lupe e outros cozinheiros do mercado mais próximo prepararam arroz com banana da terra, *huauzontles* em molho verde e vermelho, chiles com *picadillo* ou queijo, *mole* de Oaxaca. E a história foi assim se repetindo...

Nos banquetes pré-colombianos, nunca faltavam os *tamales* – uma espécie de pamonha salgada, que, na festa do deus Jaguar Tezcatlipoca, é recheada com feijões e chiles. Mudando a festa e o deus, mudam os recheios. Para o deus do fogo Huehueteotl, *tamales* com molho de camarões e chiles. Laura Esquivel e Paco Ignacio Taibo tratam a iguaria como ícone da nação mexicana. *!Que vivan los tamales!* é o título de um livro de Jeffrey M. Pilcher e também um grito de guerra nacional.

Durante muitos anos, a cozinha mexicana foi um campo de batalha. De um lado, os pães de trigo dos espanhóis; de outro, os *tamales* e as *tortillas* de milho preparados pelas mulheres nativas. A cultura do milho sustentou as grandes civilizações dos toltecas, astecas, maias e incas. Mesmo assim, os colonizadores queriam impor ao Novo Mundo a cultura do trigo. A síntese só viria a acontecer no México em meados do século XX, com a criação de uma cozinha que agora não abre mão da sua mestiçagem.

*

TROTSKY CERTAMENTE nunca tinha visto nada parecido com a mesa encontrada na Casa Azul de Coyoacán, à Rua Londres, 127, cedida por Frida e Rivera para seu exílio mexicano. Seria a mesa na qual dividiria muitas refeições na sua última escala como fugitivo de Stálin.

Trotsky e a mulher Natália foram recepcionados por Frida ao desembarcarem no Porto de Vera Cruz, em 9 de janeiro de 1937, vindos de Oslo, na Noruega. Ao entrarem na Casa Azul encontraram sobre a toalha da mesa de jantar frases que Frida montou com flores – uma dessas frases prestava homenagem à IV Internacional, então proposta por Trotsky.

A Casa Azul abrigava coleções de arte pré-colombiana e tinha um pátio com muitas plantas. Flores saíam do jardim para os exuberantes arranjos nos vasos. A paleta de Frida estava nas gamelas de frutas coloridas, frutas mexicanas que transbordavam para seus quadros e para os pratos das visitas. Pela Casa Azul também passaram André Breton e sua mulher. O casal achava o México surrealista por excelência.

No Dia dos Mortos de 1938, divertidas caveiras brancas de açúcar e inúmeros esqueletos fizeram, como sempre, a alegria de crianças e adultos em Coyoacán e em todo o México. Frida nunca deixava de montar seus altares para os mortos, enfeitados com abundância de *cempasúchil*, a flor de um laranja vivo que a tradição trata como um sol iluminando o espetáculo da morte. Celebrava também os dias santos, aniversários, batizados e preparava mesas fartas para as festas populares. Os menus do Dia dos Mortos de Frida tinham mole amarelo, mole vermelho, *tamales* em folha de bananeira, compota de abóbora e frango em caldo de galinha, onde entravam purê de sementes de gergelim e amêndoas (*Pipián*). O chamado *Pão do Homem Morto* também não podia faltar.

Nesse mesmo dia, Rivera presenteou Trotsky, *El Viejo* de Frida, com um grande crânio branco, de açúcar, como os que enfeitam o país inteiro em 2 de novembro. A caveira trazia na testa um nome escrito com açúcar colorido: Stálin.

Stálin foi o perseguidor de Trotsky de todas as horas e seria seu algoz dois anos depois. A 20 de agosto de 1940, um agente espanhol a mando de Stálin golpeou o crânio verdadeiro de Trotsky com uma picareta, tal qual a usada por alpinistas para quebrar gelo.

Granadas selvagens

Figo-da-índia, do México a Pirassununga

O *OPUNTIA FÍCUS-INDICA* mereceu distinção no brasão de armas do México: a águia que devora a cobra cascavel é sustentada justamente pelo florido cacto *Opuntia*. O brasão sintetiza a história da cidade do México. Os astecas construíram a antiga Tenochtitlán atendendo aos deuses, justamente onde encontraram a águia sobre o *nopal*, o nome popular do cacto. Das suas "folhas" almofadadas *(nopales)* é que brotam fileiras de flores, depois frutas, os figos-da-índia. São como granadas selvagens, salpicadas com pequenos tufos de microespinhos. Mas o verde, o amarelo e um vermelho de paleta renascentista aparecem como progressivo pano de fundo, juntos na ação integrada de um pacífico amadurecimento.

Maria Quinteiro, a *Quita* minha mãe, que amava todas as frutas, paixão que tinha como símbolo uma pequena árvore de cabeludinha *(Myrciaria glazioviana)* que cuidou no quintal de casa, comprava nossos figos-da-índia na feira, em Botucatu (SP). Eram embrulhados pelo vendedor um a um, com bastante jornal, contra a ação dos pequenos e temidos espinhos. Não vinham tão disciplinados, em caixinhas, como hoje.

Muita gente se impressiona com a existência de delícia nesses "figos do inferno", que são as peras espinhudas *(prickly pears)* dos americanos. Ao ser "dissecada" com cuidado na cozinha, faca e garfo como bisturis, a fruta mostra seu coração ocre, ferroso, acetinado. Massa carnuda de suave crocância, já que absolutamente inseparável de suas sementes.

Vamos todos brincar de cacto.
CASSIANO RICARDO

Em Capri, a ilha italiana do imperador Tibério, com enclave sueco de Axel Munthe, um sorvete de figo-da-índia, vendido em barraquinha, aplaca o calor. Frutas ao natural, bem geladas, já descascadas, brilham em saquinhos plásticos à sombra de uma mureta de Oia, na Grécia, e garantem alguns bons trocados aos meninos vendedores.

No México, "folhas" bem limpas e picadas transformam-se nos populares *nopalitos* em molho verde, onde entram ainda *tomatillos*, cebola, alho, coentro e *jalapeño*. Os *nopales* também podem aparecer fritos em tirinhas, regados com limão e um pouco de azeite. As pétalas das flores, comestíveis, dão colorido a saladas.

Esse cacto ganhou mesmo o mundo, estendendo-se a partir das terras áridas mexicanas onde foi domesticado. É importante item da pauta agrícola do país, ao lado do milho e do agave azul, a planta com a qual fazem a embriagante tequila. O *Opuntia* tem sido cultivado desde tempos pré-colombianos também como planta hospedeira da cochonilha *(Dactylopius coccus)*. Dessa minúscula hemíptera são extraídos valiosos corantes para vívidos vermelhos e roxos. Cores sobre cores desafiando a aridez mexicana.

Há uma colônia abundante da *Opuntia ficus-indica* em uma das escarpas da vulcânica Santorini, nas Cíclades gregas: as plantas e seus intocáveis frutos, em silêncio de oração, protegem a igreja toda branca, no alto do monte Profeta Elias. São alimentos populares, prontos para se dividir, colhidos em quintais (não dá para entender os preços estratosféricos alcançados por aqui). Mas esses cactos podem formar cercas para separar terrenos e mentes. Em 1961, Cuba mantinha uma linha de 13 quilômetros da planta, a sua "Cortina de Cactus", para inibir a fuga de cubanos para os Estados Unidos.

No livro *The Epicurian* (1894), o chefe Charles Ranhofer do Delmonico de Nova York, apresentou o desenho de uma *pièce montée* diferente daquelas que enfeitavam a mesa de nobres europeus: massas de *nougat* de pistache deram forma a nopales espalmados num vaso. Carême não faria melhor.

Nas "folhas" suculentas de um desses cactos, no sítio chamado "No Sítio", propriedade de João Soares Veiga e Mariinha Ferri, em Pirassununga (SP), escrevi um dia, com canivete, um G e um A, como faziam os antigos namorados.

Delicadezas de Vatel

Chantilly para o Rei Sol

U MA FRUGAL LARANJA é servida a Luís XIV. O sol ainda não se pôs em Chantilly. A fruta parece inteira no prato, mas está descascada com perfeição. E pode ser aberta num átimo, virar serpentina, deixando à vista um conjunto de gomos perfeitos, sem fiapos, para escorregar de maneira macia pela goela do rei. Luís XIV se extasia com a criação de François Vatel (1631-1671), mestre dos Prazeres e Festividades do príncipe de Condé, então anfitrião do rei.

A cena foi criada e perpetuada pelo diretor Roland Joffé em *Vatel, um banquete para o rei*. Nesse filme de 2000, Gérard Depardieu, na pele do grande *chef* Vatel, deu corpo a uma personalidade detalhista, de poucas palavras, mas à frente de fornadas, tanto nas cozinhas quanto nos palcos montados ao longo dos jardins de Chantilly, onde espetáculo e banquete eram uma coisa só. Na falta de ovos, e com leite gordo à disposição, improvisou e criou o creme chantilly. "Digam a quem perguntar que é um creme tradicional da casa". Luís XIV lambeu os beiços depois de devorar uma tacinha cheia, declarando guerra à Holanda dos Orange.

O príncipe de Condé recebia o rei e uma numerosa corte para três dias e três noites de pratos requintados e taças cheias. Centenas de pessoas, com pensão completa. Não puderam escapar, em meio a excessos, da sensibilidade marcante de Vatel. Ele é o criador de sofisticadas esculturas de gelo à espera angustiante dos peixes, mas também de singelas frutas caramelizadas que adoçavam os olhos. Encontra ainda tempo para ensinar a meninos pobres da cozinha o nome das 1.500 variedades de maçã cultivadas na sua França.

A vida de Vatel foi resgatada e ganhou cor na ficção graças a uma única citação na correspondência de Madame de Sévigné (1626-1696), uma das testemunhas da sua genialidade na festa de Chantilly. Muito do que se pode inferir historicamente sobre ele foi reunido em *Vatel et La Naissance de La Gastronomie*.

A versão mais popular da morte de Vatel é aquela em que, em nome da honra dos cozinheiros, cravou sua arma no peito, antevendo o fracasso de um dos serviços, já que os peixes não chegavam (chegaram atrasados). Outra versão sustenta que o suicídio tem a ver com sua ojeriza por uma eventual transferência para a corte de Luís XIV, decidida pelos nobres em um jogo de cartas.

Nas linhas deixadas para Anne de Montausier (Uma Thurman), por quem se apaixonou, Vatel se entrega a sonhos, indicando à amada os vinhos de Vaucluse, aqueles que estariam em seu caminho de volta para casa, vinhos que teriam no *bouquet* o aroma dos frutos das cerejeiras então plantadas entre os vinhedos da região.

*

A PERSONALIDADE DE Vatel também ganhou vida na pena de Alexandre Dumas. Num dos capítulos do movimentado livro *Visconde de Bragelonne*, Vatel é surpreendido por seu amo, Nicolas Fouquet, comprando vinho numa simples taverna, *L'Image-de-Notre-Dame*, em plena

Place de Grève, hoje a praça do Hôtel-de-Ville, a Prefeitura de Paris. Fouquet foi o todo poderoso superintendente do Tesouro francês à época de Luís XIV e conseguiu ficar mais rico que o rei. Era amigo de poetas, escritores e pintores. Poussin, Molière, La Fontaine frequentavam sua mesa.

Por um instante, olhando Vatel na taverna, Fouquet chegou a pensar que sua adega andava chinfrim, desabastecida. E estava mesmo. Ao ser abordado pelo patrão, Vatel logo lhe mostra com ironia essa realidade: "Está tão bem sortida a adega que, quando algumas pessoas vão jantar em sua casa, não bebem". O despenseiro, continua Vatel, não tem, por exemplo, vinho para o paladar de *monsieur* La Fontaine, o poeta das fábulas. Em casa de Fouquet ele não beberia porque não gosta de vinho forte. "Faço então o que tem de ser feito."

O *maître-d'hôtel* Vatel mostra a Fouquet uma garrafa de vinho de Joigny, da Borgonha. Ele sabia que, pelo menos uma vez por semana, vários dos amigos do amo batiam ponto no *L'image-de-Notre-Dame*, local ideal para beber o tal vinho (que, dizem, não faltava na adega do rei). Estava justificada a compra.

Vatel aproveita para contar outro segredo ao amo: tem abastecido a adega do patrão com sidra comprada na rue Planche Milbray, já que é a bebida que *monsieur* Loret consome em Saint-Mandé. À estupefação de Fouquet, Vatel completa: "Certamente esta é a razão de Loret comer com tanto prazer em sua casa".

Fouquet gosta que Vatel trate de seus convidados e amigos com a mesma distinção com os quais atende a vontades de duques, nobres e príncipes. E fala em dobrar o seu salário. Para quê? Vatel logo murmura: "Ser recompensado por ter feito a obrigação é algo humilhante".

Vatel trabalhou na casa do endinheirado Fouquet, em Saint-Mandé (onde todos os luxos privados e todas as visões estéticas eram permitidos) e o acompanhou depois à senhorial propriedade Vaux-Castelas. O rei quis certa vez conhecer Vaux-Castelas e foi recebido com banquete memorável, mas que acabou selando a sorte do anfitrião. Luís XIV gostou dos muitos requintes à mesa e deve ter até sorrido com a encenação da comédia-ballet *Les Fâcheus*, de Molière. Mas não engoliu o exibicionismo de Fouquet – um súdito não pode ofuscar o rei, ainda mais um rei-sol. E o que dizer do mote de Fouquet por todo canto de Vaux-Castelas: *Quo non ascendet (Até onde subirei?)*. Não demorou para o rei mandar encarcerá-lo no castelo de Pignerol, acusado por malversação de recursos públicos. Da prisão Fouquet só sairia morto, 16 anos depois. A lenda diz que Fouquet é o "homem da máscara de ferro".

Depois da queda de Fouquet, Vatel se refugiou na Inglaterra. Voltou dois anos depois, já contratado por Louis II de Bourbon, Condé, para as festas de Chantilly. Num dos pátios de Chantilly, o rei Luís XIV aparece hoje em bronze, com ar vitorioso, derrotada a Fronde, pisando na cabeça de um leão, estátua que recebe comensais do restaurante La Capitainerie, instalado sob os arcos das antigas cozinhas de Vatel.

Latrinas de Marly-le-Roi

Agrião contaminado na mesa da corte

OS REVOLUCIONÁRIOS ajudaram com desmedido prazer a desmontar o *château* que Luís XIV construíra em Marly. Para começar, levaram os majestosos cavalos de mármore esculpidos por Guillaume Coustou, o Velho, para o início da Champs Élysées, onde nasceria a Praça da Concórdia. É verdade que os herdeiros de Luís XIV nunca se interessaram tanto pelo lugar e, com o passar dos anos, o mato foi tomando conta de tudo. Sobrara em Marly uma das tantas fontes e mais nada do jardim original. Em 1800, com Napoleão, o palácio que restou da sanha dos revolucionários foi vendido e virou uma fábrica de fiar algodão, mas o empreendimento durou pouco mais de seis anos. Tudo depois foi demolido. No final do século XIX, alguns entusiastas da preservação, entre eles o escritor teatral Alexandre Dumas (filho), resgataram alguma estatuária perdida por lá e criaram no local pequenos jardins.

Entretanto, as latrinas do *château*, usadas pelo rei e seu *entourage* durante longos 35 anos (1680-1715), sempre escaparam das diversas fúrias. Porque enterradas estavam e talvez aparentemente representassem um pouco menos da ostentação de Luís XIV, foram esquecidas onde sempre estiveram desde o século XVII até anos atrás.

O projeto de Marly-le-Roi, propriedade-refúgio de Luís XIV a não mais de 18 quilômetros do centro de Paris, nos subúrbios à oeste da capital, com paisagens mais abertas que Versalhes ("para refrescar a visão do rei"), nasceu pequeno, mas cresceu tanto, com jardins barrocos e uma fabulosa máquina de águas, a ponto de o duque Saint-Simon conjecturar em suas *Memórias* que o custo final da construção teria ultrapassado o de Versalhes. Com Marly, o rei queria mesmo se livrar do assédio dos cortesãos e do pesado protocolo. E água de outra fonte para o sedento palácio de Versalhes era sempre bom garantir.

Em Marly, os banquetes eram impecáveis, a começar da geometria do serviço à mesa e da disposição dos convidados. Quem soube disso, de sua fartura e perfeição, retratadas em mapas de recepcionistas e intendentes, correu atrás das latrinas de Marly-le-Roi. Eram, afinal, latrinas de respeito. E como outras, de tantos palácios ou de pequenas ruínas pelo mundo, têm cumprido seu papel na recomposição histórica da alimentação e das doenças.

As latrinas de Marly mereceram atenção especial do biólogo molecular Morton Satin, que narra as investigações ali realizadas por especialistas em parasitologia, em um dos capítulos de *Death in the Pot – The Impact of Food Poisoning on History*. Nesse livro abrangente, Satin mostra como a contaminação de alimentos, desde os tempos bíblicos, decidiram guerras, alteraram humores e mudaram cursos da própria história. Esquadrões inteiros do general Pompeu, em 67 a.C., sucumbiram diante das toxinas dos favos de mel da região do Mar Negro e, por pouco, Roma não perdeu terreno para Mitrídates, rei do Ponto.

Os arqueólogos que encontraram as latrinas durante escavações em Marly-le-Roi certamente deram vivas ao Rei Sol. Estavam ali, nos coprólitos *(paleopoop)*, fezes conservadas pela dessecação ou mineralização, informações sobre doenças que afetaram a corte e, de bandeja, pistas sobre um naco da dieta desses nobres.

Entre os principais achados, vestígios de dois tipos de parasitas: *Ascaris lumbricoides* e *Trichuris trichiura*, espécies que ainda agora fazem estragos na saúde de muita gente. Tudo leva a crer que a gigante lombriga *Ascaris* provinha de ovos microscópicos presentes na carne consumida quase crua nos palácios. Desse parasita, a população mais pobre, sem o luxo da carne, escapava. O rei e sua amante de ocasião, não. E haja náuseas, dores abdominais, vômitos e barrigas inchadas no *château*. Já a *Trichuris*, menos sintomática, estaria ligada à contaminação de vegetais frescos por fezes, usadas muitas vezes como fertilizante.

Satin conta que a equipe liderada por Françoise Boucher, especialista em Parasitologia da Faculdade de Medicina em Reims, encontrou também nas latrinas de Marly indícios dos parasitas *Taenia* e *Fasciola hepática*. A *Fasciola* é ingerida principalmente com agrião fresco e folhas de boca-de-leão. E consegue no seu "caminhar", a partir do intestino delgado, atingir o fígado, provocando icterícia e casos de anemia. Qual teria sido o motivo da febre intermitente daquela linda duquesa que passou uma longa temporada em Marly?

"A presença de *Ascaris*, *Trichuris* e *Fasciola* são fortes indicadores da falta de higiene durante a preparação de vegetais e saladas, nada verdadeiramente surpreendente, uma vez que o conhecimento da transmissão de organismos patogênicos era muito limitado", escreve Satin.

Ironia, o vilão agrião, esse parente da mostarda, sempre apareceu na lista de "remédios" do grego Hipócrates (400 a.C.). Os pobres também escapavam dos parasitas graças à rotina do caldeirão, onde pouca carne e alguns vegetais entravam na receita de um sopão bem quente, com grãos integrais.

Morton Satin ironiza. Escreve que Jean-Anthelme Brillat-Savarin (1755-1826), autor do aclamado *Fisiologia do Gosto* (1826) e criador de um dos aforismos mais repetidos e célebres da história da gastronomia

("Dize-me o que comes e te direi quem és"), também poderia ter dito, sem errar, algo extraído das entranhas: "Dize-me o que te devora por dentro e te direi quem és".

*

O LIVRO DE BRILLAT-SAVARIN, desde seu lançamento foi tábua de discussão sobre o futuro da gastronomia francesa pós-revolução, uma espécie de "certidão de nascimento da gastronomia".

"A descoberta de um novo manjar causa mais felicidade ao gênero humano do que a descoberta de uma estrela", escreveu Brillat-Savarin, no tom de um *moraliste*, amparado também nas ciências da vida. "Muito tempo antes das filosofias do desejo, sejam elas freudianas ou menos poeticamente biológicas, Brillat-Savarin anunciou o parentesco entre sexo, olfato, gosto, alimento e nutrição", escreveu Michel Onfray, filósofo francês que tem feito a defesa do hedonismo à mesa, em livros como *A Razão Gulosa* e *O Ventre dos Filósofos*. Os prazeres da mesa começavam a libertar a cozinha da tirania da dietética.

Na era dos restaurantes e dos cafés, a obsessão por comida transformara Paris na capital gastronômica da Europa e na capital da escrita sobre tudo isso, destacando-se na vitrine Honoré de Balzac (1799-1850). "O romance francês abriga a população que mais come e bebe na literatura universal", disse Jean-Robert Pitte, professor da Sorbonne e autor de *Gastronomie française – Historie et Géographie d'une Passion*, em uma entrevista ao *Jornal da Tarde*.

Foi também a era de ouro do vinho, para usar expressão do crítico inglês Hugh Johnson, observada a expansão da produção e do consumo. Trens e barcos a vapor faziam com que os vinhos franceses deixassem as páginas de Balzac para alcançar as mesas não só de Paris e outras capitais europeias, mas as de Nova York e Chicago. (Demoraria, entretanto, alguns anos para que os franceses propusessem a canonização da herdeira do Château Haut-Brion, guilhotinada pelos revolucionários franceses décadas antes, como lembra Steve Charters em *Wine & Society*)

O escritor Theóphile Gautier (1811-1872) conta que Balzac comemorava a entrega de manuscritos a seu editor, na Paris da primeira metade do século XIX, bebendo quatro garrafas de Vouvray, vinho branco parceiro das ostras. Não era à toa. O romancista nasceu em Tours em 1799 (ano do golpe de Napoleão) e conhecia muito bem o cenário e os sabores da região de vinhedos do Vale do Loire.

Balzac tratou de questões que não estavam presentes na obra de romancistas anteriores ou contemporâneos, anota a escritora Anka Muhlstein no seu livro-ensaio *Balzac's Omelette*. Anka escreve que Balzac ampliou o aforismo de Brillat-Savarin ("Dize-me o que comes e te direi quem és"), acrescentando ao "Dize-me..." um "onde comes e a que horas do dia" e "eu te direis quem és".

Diferentemente de Guy de Maupassant (1850-1893), que descrevia a degustação de ostras apelando para a poesia de seu amalgamento com a língua do comensal, Balzac estava interessado na maneira como um jovem fazia o pedido do prato, em qual restaurante, e com quais intenções diante de uma ou outra *mademoiselle*.

Anka Muhlstein mostra como alguns escritores apropriaram-se da pantagruélica mesa francesa. "Se você sonha com figos recheados de creme amarelo", tente Gustave Flaubert (1821-1880), escreve Muhlstein. Para Victor Hugo (1802-1885), assim como para o inglês Charles Dickens (1812-1870), a comida, "ou a falta dela", servia para "evocar os horrores da pobreza". Émile Zola (1840-1902) foi um caso à parte com o seu *O Ventre de Paris*, um dos capítulos da série de romances Les Rougon-Mäcquart, dedicado inteiramente ao grande mercado Les Halles.

Balzac vivia entre frugalidade e excessos à mesa. Quando estava em plena criação literária, água, um bom café forte e frutas (peras e pêssegos) bastavam. Depois das provas na gráfica, o quadro mudava: era a vez dos restaurantes, com centenas de ostras (e garrafas de vinho branco), costeletas de carneiro, pato, peixe da Normandia. Depois, mandava a conta para seus editores. Com mesas repletas de Madeira, de doces Tokaji, champagne, vinhos de Bordeaux e da Borgonha, os personagens de Balzac honram tanto Brillat-Savarin quanto o político Cambacères, algumas vezes lembrado por convencer Napoleão a acabar com a proibição do tráfego ferroviário de ostras do mar a Paris.

Zola desce ao ventre de Paris

Les Halles e a metáfora da burguesia gorda

> *As duas mãos no queixo*
> *Do alto de minha mansarda (...)*
>
> CHARLES BAUDELAIRE
> *Flores do Mal*

J OVEM ESTUDANTE SEM DINHEIRO, quando chegou a Paris em 1858, Émile Zola morou num pequeno apartamento, no oitavo andar de um edifício – lugar dos mais baratos, mas com vista privilegiada dos telhados da cidade. Enquanto sobrevivia de pão embebido em azeite da Provença, que os familiares e amigos lhe enviavam, profetizava: escreveria um romance no qual Paris seria a principal personagem.

O poeta Charles Baudelaire (1821-1867), pouco tempo antes, havia feito outro esquadrinhamento de Paris, do "alto de sua mansarda", vivendo o turbilhão de reformas do barão-prefeito Georges-Eugène Haussmann, "o grande destruidor" da cidade medieval (ou aquele que deu literalmente novos ares à capital com seus amplos bulevares). Tudo a mando de Napoleão III, perturbado com a força das trincheiras populares armadas nas pequenas vielas (Victor Hugo logo partiria para seu longo exílio e milhares de franceses opositores ao regime passaram a ser capturados e despachados para as inabitáveis colônias penais). "Baudelaire nos lembra [na sua poesia lírica] que as cidades são 'vivas', justamente porque são habitadas. E, por serem vivas, elas mudam. O progresso é a sua nêmesis", escreveu o poeta Sebastião Uchoa Leite (1935-2003), em um dos ensaios de *Crítica de Ouvido*.

Émile Zola foi engolido pelo ventre da Paris "capital do século XIX" (para usar expressão do filósofo Walter Benjamin), mas não fez poesia, estava é atento à ciência pós-darwiniana. Dizia, por isso, ser um romancista naturalista, inspirando-se na miríade de personagens do Balzac que tanto admirou. Era politicamente progressista, defendia a exposição das fraquezas das relações sociais, mas sem militância literária (a política ficava para os artigos de jornal – o de maior repercussão o *"J'Accuse!"*, em defesa de Alfred Dreyfus).

O ventre no qual Zola caiu, a partir da mansarda de escritor, era o remodelado Les Halles Centrales – novos pavilhões de ferro e vidro do mercado de sonho de Napoleão III, estruturas capazes de amparar (ou, saturadas, deixar ao relento, nas vizinhanças, pelas veias da cidade) comerciantes, finos burgueses, seus serviçais, *flâneurs*, sem-teto, revolucionários, conspiradores, fofoqueiros e bandidos. E por onde andou aquela criança uma vez encontrada debaixo da avalanche de repolhos?

Paris era então uma cidade onde um trabalhador médio dispendia um terço ou dois de sua renda em pão. Ao mesmo tempo em que a glutonaria virava moda entre as classes dominantes, tudo encorajado pelo imperador, escreve Mark Kurlansky, historiador da gastronomia, na apresentação de sua competente tradução para o inglês de *O Ventre de Paris*.

Zola lançou *O Ventre de Paris* em 1873 – Les Halles como retrato de uma besta "inchada de gordura", apta a besuntar a burguesia parisiense com suas melhores iguarias. O que não significa que Zola, já com algum dinheiro no bolso, não gostasse de comer bem, na companhia dos amigos escritores Gustave Flaubert, Edmond de Goncourt e Alphonse Daudet.

Um ano antes do lançamento de *Le Ventre de Paris*, Émile Zola praticamente morou no mercado. Conversou com sua população ruidosa e ruminante; ouviu o clamor dos leiloeiros ao venderem um magnífico rodovalho a 30 francos, o badalar dos sinos que assinalavam a troca dos turnos; tomou nota de cada detalhe, até da silhueta filigrânica dos ferros dos pavilhões ao entardecer. Observou a chegada dos nabos de Nanterre antes do sol aparecer; escutou o risco do ferro das charretes no chão de pedra, o barulho das colheres raspando o fundo dos pratos das sopas quentes das noites frias; admirou o "tapete simétrico de vegetais coloridos", a montanha de engradados em perigoso equilíbrio; auscultou cada movimento, peristáltico ou voluntário, desse que era o órgão mais vivo da cidade.

O Ventre de Paris é um grande inventário de sons, cheiros e cores. Edmond de Goncourt dizia que Zola tinha uma "curiosa obsessão olfativa", relata Kurlansky. Era "um verdadeiro cão de caça", identificando todos os cheiros vegetais, animais e humanos do mercado. Estão n'*O Ventre de Paris* o perfume dos lilases, das camélias, dos buquês de margaridas, resedás e amores-perfeitos; o rançoso respirar dos queijos, o hálito quente do emaranhado de aves. Mas também o sutil aroma do mar que vem da bela e trigueira vendedora de peixes, que encanta o mercado e que às vezes tem pregadas às mãos escamas esquecidas de arenque, que brilham como madre-pérola. E ai de quem insinuar que seus linguados não estão muito frescos.

O escritor não esqueceu dos cheiros do álcool dos negócios de vinho. Do álcool da transpiração. *"Oh, esses parisienses! Brigam para conseguir alguns sous e então esvaziam os bolsos tomando vinho nas lojas"*. E quando está frio de rachar, se embriagam com *punchs* e vinho quente que descem pela garganta como "chumbo derretido".

Ao lado dos pacotes de manteiga, há um enorme queijo *cantal* (o queijo dos gauleses, um dos mais antigos da França, de tipo firme, de vaca, produzido em Auvergne, região central da França), o *chester* e o *gruyère* ("que parecem a roda de primitivos vagões"), parmesão, *bries* ("tristes como luas minguantes"), *port saluts* (queijo meio-macio do Pays de la Loire, com característica casca alaranjada), *romantour*, *roqueforts*, queijos de cabra, *mont d'ors* (e sua fragrância doce), *troyes* (fétidos como uma adega úmida), *camemberts* (com seu cheiro de "caça em decomposição"), *neufchâtels*, *limbourgs* ("azedo como o hálito de um homem morrendo"), *marolles* ("fedido como um estábulo imundo"), *pont l'evêques* ("quase repugnantes"), *livrarots* ("vermelhos apagados, ásperos e sulfurosos na garganta"), *olivets* e *géromes* (com afiados toques de anis). "À certa hora do dia, os queijos combinam de exalar seus cheiros em cacofonia de mau hálito", escreveu Zola. E uma explosão "cresce e espalha, não mais uma coleção de odores individuais, mas uma mistura nauseante, uma força feroz e sufocante".

A escrita de Zola fez antropologia muito antes da moda das ficções com temas gastronômicos e etnográficos, observa Kurlansky. E que relações estabelecer então entre a cidade e aqueles que também se alimentam por meio de um "amarradinho" de ingredientes para o tradicional *pot-au-feu*: quatro alhos-porró, três cenouras, uma mandioquinha-salsa, dois nabos, duas tiras de aipo, tudo limpinho, pacote pronto para ir para a panela, símbolo da comida caseira?

(No Mercado de Ferro de Belém do Pará, inaugurado em 1901, com estruturas *art nouveau* vindas da Europa, o garoto descalço oferece o buquê de coentro e pimentas para um peixe qualquer, quem sabe para o tucunaré que sempre chama a atenção com sua vistosa marca "tribal".)

Mademoiselle Saget compra *mirabelles*, aquelas ameixas amarelas de açúcar, finge que vai para casa, dá uma volta, disfarça e estaciona numa das bancas montadas atrás dos vendedores de ostras. Mas faz tudo para não ser vista ali. É freguesa de comerciantes que vendem sobras de comida de embaixadas, casas de ministros e de restaurantes, coletadas diariamente. Pedaços de carne, aparas de caça, cabeças e rabos de peixes, fetas de bolo quase intocadas. Uma vendedora diz a *mademoiselle* Saget que seu produto vem exclusivamente das Tulherias. E ao servir-

-lhe um dia uma fatia de cordeiro, diz que aquele pedaço de carne saiu direto do prato do próprio imperador. Mademoiselle Saget leva para casa *mirabelles* e o cordeiro de Napoleão III.

Estão na mesma banca, na mesma caixa de madeira, no mesmo embrulho de papel amarelo, pardo, nas mesmas páginas do livro de Zola e na memória de todos que passaram pelo Halles as "cenouras flamejantes" e seu "rubor coral", o "delicado verde das alfaces", o "buquê de alcachofras", as chicórias e escarolas com pés grossos de terra, os nabos bem acabados como marfins, as peras de todas as "raças", amarelas ou retocadas com *rouge*, as pirâmides de maçãs com "ombros e quadris dourados", os miúdos muitas vezes indecifráveis da medieval *triperie*, o mercado das tripas que não se contenta só com os órgãos mais comportados. Estão nos ganchos as carnes todas e seus sangues mais ou menos enxutos, muitas vezes ao lado das cabeças degoladas de pequenos e grandes animais.

No mercado de peixes a imagem é fatídica: "lagostas vivas debatendo-se no mármore enquanto morrem". E os leilões de peixes vai começar. "Misturados por acaso numa rede de pesca nas misteriosas profundezas do grande mar", há de tudo no Les Halles: *haddock*, bacalhau, pescada, linguado, solha escura; enguias ("espessas cobras azul-escuro com fendas pretas para os olhos, tão viscosas que parecem estar vivas, escorregando"), cações ("com suas bocas que escancaram como gárgulas chinesas e barbatanas curtas como asas de morcego – monstros montando guarda pelos tesouros das grutas oceânicas"). E há os peixes de luxo, exibidos individualmente nas bandejas: o salmão ("reluzente como prata polida, cada escama com seu contorno como se tivesse sido gravado com um buril numa placa de metal"); os salmonetes ("com marcas mais grosseiras, de escamas maiores"), os grandes rodovalhos, os atuns ("lisos e lustrosos"); as percas arredondadas ("com enormes bocas rasgadas abertas, como que para deixar um espírito fora do comum escapar no momento angustiante da morte") e arenques, pargos, cavalinhas, trilhas, lúcios, trutas, barbos brancos, cadozes, frutos do mar, camarões rosados e cinzas, lagostas, compondo uma vasta natureza morta – *still lives*.

(Vivo hoje é o Tsukiji, mercado de frutos do mar e peixes de Tóquio, grande bazar de ingredientes para pratos crus e as algas, soluções distantes da cozinha francesa. O Tsukiji, que tem papel central na *cuisine* japonesa, mereceu afiado tratado etnográfico do professor de Antropologia Theodore C. Bestor, da Universidade de Harvard – uma longa e fina faca, uma *Yanagiba*, como um ramo de salgueiro, movimenta-se precisa sobre uma peça de atum.)

Dos carros que entregam vegetais, desembarcou um dia Florent, revolucionário fugitivo de uma colônia penal nas Guianas, personagem que amarra a história de Zola. Com Florent vamos conhecer, nos meandros do mercado, a realidade sanguinolenta tanto dos açougues como aquela do imperador Napoleão III. Florent, que se tornou oficial--inspetor do Les Halles, voltará a conspirar pela República. Mas antes, Zola descreverá o que Florent vê na vitrine da *charcruterie* do irmão Quenu e da cunhada Lisa, na rue Rambuteau, perto do Les Halles.

Pois ali estão: uma fileira de potes repletos de *rillettes* [a barriga de porco cozida durante horas para formar uma pasta, que antes da era da refrigeração, durava bom tempo armazenada em potes de cerâmica, prato especial da Touraine e Anjou] alternando-se com potes de mostarda. A próxima linha é de bem arredondados *jambonneaux* [paleta] desossados, empanados com farinha de rosca dourada, pratos com línguas recheadas (à moda de Estrasburgo) vermelhas, como se tivessem sido envernizadas e parecendo quase sangrentas perto das pálidas linguiças e pés de porco; *boudin* [linguiça feita de sangue de porco, o chouriço] enrolado como serpentes; *andouilles* [grandes linguiças defumadas recheadas com tripas e barriga de porco]; linguiças secas em invólucros prateados alinhados como coristas; *pâtés*, ainda quentes, com pequenos rótulos neles presos como bandeiras; grandes, gordos presuntos; grossos cortes de vitela e de porco cujos sucos já viraram uma clara gelatina como doce de cristal.

Atrás há outros pratos e caçarolas de cerâmica nas quais carne em pedaços e carne moída dormem sob cobertores de gordura. Entre os pratos e as comidas, numa cama de papel azul, há vasilhas de molhos e caldos e trufas em conserva, *terrines* de *foie gras* e latas de atum e sardinhas. Uma caixa de queijos cremosos e uma de *scargot*, caracóis de madeira com salsinha e manteiga, estão casualmente espalhadas nos cantos opostos. No alto da vitrine, drapeado com simetria, numa barra armada com afiados dentes de lobo, há gomos de linguiça, *saucissons* secos e cervelas [linguiças especiais feitas com pedaços de carne e alho, famosas as da Alsácia e as de Lyon], membranas rendadas penduradas como cordões e borlas – adereços do teatro da comilança.

*

O MERCADO LES HALLES foi fotografado por Robert Doisneau a partir de 1932, quando comprou sua primeira Rolleiflex 6X6. Não há fotógrafo que não se anime com um mercado que sempre fala pela cidade (que o digam Alex Ribeiro, Paulo Pampolin, Agliberto Lima e Masao Goto, que têm à disposição em São Paulo a Rua 25 de Março e seus camelôs, o Mercadão e seus sanduíches descomunais de mortadela e de bacalhau como passionais confidentes).

Os herdeiros d'*Os Miseráveis*, de Victor Hugo, foram fotografados por Doisneau no Les Halles, assim como os personagens redivivos do romance *O Ventre de Paris* (1872), de Zola. Não é muito difícil os dois planos – realidade e ficção – se misturarem quando em boas mãos.

O açougueiro de jaleco ensanguentado perfila-se diante dos ganchos com porcos, salvando-se sempre do pequeno mar vermelho a seus pés. É apenas um daqueles que se mostram com seus aventais endurecidos por tantas substâncias em evolução, na rotina de macetar cabeças de ovelhas e manipular seus delicados cérebros. Enquanto isso, duas jovens pegam carona num carrinho de transporte de verduras e um homem de pulôver caminha tranquilamente com a caça estirada ao ombro, cervo e coelho ainda em pelo. Num outro momento, a freira de hábito impecável faz força para puxar um carro com engradados. Não se sabe o que faz ali uma senhora de *vison*, àquela hora do dia. Vai certamente esbarrar com um daqueles "fortes" que carregam grandes animais abatidos, alguns dos 700 flagrados por Doisneau como heróis do mercado. E há horas em que não se sabe o que é gente, o que é sombra nas imagens do fotógrafo, nesse Les Halles formigueiro. Às vezes se tem a nítida impressão de que a roda de queijo gigante vai começar a rolar pela cartografia das caves subterrâneas. Algumas dessas fotografias estão reunidas em *Robert Doisneau, Paris Les Halles Market*, de Vladimir Vasak.

Qual a montanha mais bela, a de peixes ou a de repolhos? As espadas-de-são-jorge parecem estar bem em conta. Quantos parisienses (místicos?) estão agora com um vasinho apertado nas mãos? A mulher com lenço na cabeça se esquenta diante de um braseiro. E toda aquela xepa que toma o mercado após o corre-corre começa a ser triada por alguma boca, sem muita escolha na escala de urgência das fomes.

Quando fotografava Les Halles, Doisneau sempre esbarrava na Igreja de São Eustáquio, no começo da Rua Montorgueil, onde tudo tinha começado. Zola e seus personagens também sentem a "justaposição esquisita" – o gigantesco e maciço espectro cinza onipresente, silente e até sem fé, diante dos pavilhões cheios de gente e de vida. Era ao largo dessa construção do gótico tardio que os comerciantes vendiam seus gêneros desde o século XII, quando o rei era Luís VI, o Gordo.

No século XVI, as autoridades municipais organizaram e deram mais vida ao mercado. As ruas adjacentes passaram a vender cada qual um gênero: pão, manteiga, queijo, ovos, lardo, mas também lingerie, sapatos. Em 1788, um ano antes da Revolução Francesa, um mercado de vegetais foi aberto na região do Cimetière des Innocents, onde jaziam restos mortais de pelo menos 10 milhões de franceses. Conta-se que, nos quinze meses anteriores, enquanto o cemitério era transferido, Paris assistiu, quase toda noite, a cortejos de carrinhos de ossos escoltados por padres e tochas, crânios às vezes rolando durante a procissão, ao som de melancólicos cantos fúnebres.

A seu tempo, Napoleão Bonaparte também quis remodelar a região, tinha planos de cobri-la, para aumentar a salubridade local. Foi derrotado antes pelos ingleses. As mudanças mais drásticas ocorreram com Napoleão III e seu trator Hausmman. A primeira ideia não foi para a frente porque o projeto parecia transformar Les Halles numa fortaleza militar. Mas logo depois vieram os solenes, elegantes e amados pavilhões em ferro e vidro dos arquitetos Louis-Pierre Baltard e Félix Callet. Era 1870. O modelo francês passava a inspirar mercados em várias cidades ao redor do mundo.

É nesse mercado que circulam ainda os personagens de Zola e circularam gerações e gerações de franceses durante cerca de um século. Les Halles sempre pulsou com a cidade. Durante o cerco de Paris (1870-1871) e a falta de gêneros (até animais do zoo foram abatidos para aplacar a fome), o mercado dava conta de oferecer carne de cavalo e vai se saber carne de mais o quê. Durante a Segunda Guerra Mundial (1939-1945), Les Halles se perfilou com uma orgulhosa tropa de 200 homens pela resistência aos nazistas. Proteger o mercado e seus suprimentos era estratégico e intensas batalhas foram ali travadas, conta Vladimir Vasak. No auge do conflito, 400 alemães foram trancafiados no frigorífico da *Bourse du Commerce*.

Com o crescimento de Paris, seu "ventre" foi ficando indigesto para os governantes da "cidade moderna". Como o trânsito cada dia mais complicado, o mercado perdia-se nas suas próprias leis. Num dos seus cadernos de notas, Doisneau escreve que as autoridades não deixaram de apelar para o "espectro dos ratos" – 300 mil roedores habitantes das noites do Les Halles prontos a infestar Paris.

Em 1969, o presidente Charles de Gaulle fechou Les Halles, sob protestos. Muitos comerciantes já tinham se mudado para o novo mercado em Rungis, na periferia sul de Paris, construído anos antes. Os tratores puseram tudo ao chão em 1971. Doisneau fotografou as monumentais estruturas destruídas, ferros retorcidos e depois o grande buraco ali escavado. Registrou também comerciantes e a população de Paris assombrados com tudo aquilo. Em 1977, a Prefeitura implantou no local a grande estação RER Châtelet-Les Halles, ligando as estações de metrô Châtelet e Les Halles. Em 1979, o centro comercial Forum Les Halles começou a funcionar na antiga área do mercado.

Um único pavilhão, o de número 8, antes destinado aos vendedores de frutas e vegetais, foi preservado, transferido e remontado em Nogent-sur-Marne – relíquia arquitetônica francesa e mundial, mas sem o barulho dos peixeiros e o cheiro dos queijos.

Muito antes de Doisneau, Zola fotografou sua Paris. Foi um dos primeiros fotógrafos amadores de seu tempo, logo após George Eastman lançar, em 1888, a primeira câmera portátil. Kurlansky relata que, nos últimos oito anos de sua vida, Zola fez muitos milhares de *snapchats* (certamente não tão efêmeros quanto os atuais, por celular). E nem por sonho pensaria em uma Paris sem Les Halles.

*

No final da década de 1950, Teruka Minamissawa saiu da USP-Maria Antônia, em São Paulo, para uma temporada na Sorbonne, em Paris. Logo de cara, teve de enfrentar os garçons parisienses que gostavam de provocar a espivetada japonesinha: água era coisa de rã. Era a senha para os vinhos. Assistiu encantada ao então novo teatro do absurdo de Eugène Ionesco: *La Cantatrice Chauve* fez sua longeva vida no mesmo Quartier Latin dos filés com fritas de Teruka. Ganhei de presente o texto da peça, um pequeno livro da Gallimard, edição de 1953, com capa genial de Steinberg. Mas é do mercado Les Halles a lembrança que tem mais vida, que mais borbulha e aquece. Lá Teruka provou e aprendeu a fazer a democrática sopa de cebolas, que confortava e alimentava esfomeados funcionários e carregadores do mercado e todos os personagens que emergem nas madrugadas das grandes cidades. Do Les Halles trouxe a receita que replicou muitas vezes, em muitos invernos, em São Paulo, Ilha Solteira e São José dos Campos. Para filhos, netos e agregados. Informalmente, passou a colher de pau para a filha Ana Paula, que magicamente faz a sopa do Les Halles de 1958. Teruka Minamissawa é minha sogra.

Caneton número 45.651

O pato teatral do Tour D'Argent

RECEBI PELO correio o cartão do restaurante La Tour D'Argent. É o de número 45.651, sobrescrito à mão, em tinta azul.

Fréderic Delair, *maître-d'hôtel* do restaurante, aparece na fotografia com um quê do dramaturgo norueguês Henrik Ibsen, cabeleira e suíças rebeldes, pequenos óculos ovalados. O primeiro a acusar a semelhança foi um frequentador muito especial da casa, o poeta, ator e homem das artes Jean Cocteau (1889-1963). Tantos outros enquadraram Delair entre as mesas e as janelas do La Tour D'Argent. Mudaram-se as jaquetas, seus botões, a cor e o comprimento dos aventais, e até a Notre Dame lá fora, com estruturas destruídas depois de um incêndio. Envelhecidas mesmo suas gárgulas, irremediavelmente mais sujas, desgastadas e meio corcundas, não tão longe dali. Num salão também corre a visão do Sena, que uma vez fora de seu curso, não se intimidou em alagar as adegas do restaurante em uma de suas históricas incursões.

O maître Delair, depois gerente do restaurante, aparece na fotografia na companhia de um garçom, manipulando um pato prestes a se transformar em prato, o que não significa que o *Caneton Tour D'Argent* seja apenas questão de mais uma letra. A receita desse pato prensado, *canard au sang*, teria sido criada em meados do século XIX pelo *chef* Méchenet, da gótica Rouen, capital da Normandia. Foi recuperada (sempre haverá detratores dizendo: "foi apropriada") por Delair, que a colocou no circuito dos pratos de tradição, criando pompa e, mais do que tudo, um verdadeiro ritual, o *théâtre du canard*.

A partir de 1890, Delair começou a numerar cada um dos patos servidos. E os comensais passaram a levar para casa um cartão numerado, lembrança do jantar. O milionésimo Caneton saiu da cozinha do La Tour D'Argent em 2003. Dois anos depois, já eram 1.027.863.

O pato 432.728 foi servido nos anos 1970 para um grupo muito especial, encabeçado pela revolucionária crítica gastronômica Gael Greene, que durante trinta anos, a partir de 1968, escreveu a coluna *The Insatiable Critic* para a revista *New York*. Gael estava acompanhada do casal Júlia e Paul Child. Júlia, já uma celebridade entre *foodies* nos Estados Unidos, a cozinheira que apresentou a moderna cozinha francesa para os americanos (principalmente com *Mastering the Art of French Cooking* e em shows de TV), nem de longe foi reconhecida pelo proprietário do La Tour D'Argent, Monsieur Claude Terrail (restaurante depois comandado pelo filho André Terrail). A experiência não foi das melhores, já que o pato estava seco, a sopa de lentilha razoavelmente boa, mas um tanto rústica para o grande serviço, e o peixe, ah! o *barbue* (rodovalho), *"rotten"* (podre), reclamou Júlia Child. O preço da refeição, por sua vez, estava salgado. "Fiquei indignada. A América estava em vias de uma revolução, aprendendo a cozinha francesa com Júlia, e a França, toda cheia de si, não a tinha notado: tinha de reconhecer nossa ardente Joana D'Arc", escreveu Gael em *Insatiable – Tales from a Life of Delicious Excess*.

O peito do *Caneton Tour D'Argent* que o mundo inteiro sempre aprecia quando está devidamente macio é cozido em Porto, conhaque e na essência da carcaça do próprio pato (sangue e tutano), conseguida depois que a ave é prensada em uma dessas engenhocas que dão ar de laboratório às cozinhas. Frequenta o restaurante quem gosta de uma culinária clássica, mas também quem tem tempo necessário para os vinhos. Foi o caso do escritor norte-americano Jay McInerney, que experimentou o seu pato, "exuberante naquele dia", no almoço de Páscoa de 1999, ouvindo os sinos da Notre Dame, acompanhado de taças do borgonha Volnay Clos de Ducs (Domaine Marquis d'Angerville), safra 1989.

A adega do La Tour D'Argent é uma das mais famosas câmaras subterrâneas de Paris (certamente depois daquelas que abrigam a abóboda de ouro do Banco de Paris e o covil do *Fantasma da Ópera*, no *ranking* do jornalista Chris V. Nicholson). Em 27 salas que se espalham sete pisos abaixo do salão principal, descansa uma coleção de 350 mil garrafas. O restaurante foi saqueado em 1789, durante a Revolução Francesa. O general nazista Hermann Göring, já rechonchudo em tempo de Paris ocupada, pôs boca e olhos gordos em muitas garrafas, as visíveis, já que uma parede falsa protegeu uma infinidade de outras.

*

LA TOUR D'ARGENT serviu de inspiração a várias cenas de *Ratatouille*, a animação da Pixar/Disney, que traz o ratinho Remy em proezas como cozinheiro hedonista. Recheado de citações, o filme é prato cheio para *gourmands* e *gourmets*. E é evidente que a aura do La Tour D'Argent sempre encanta, apesar de toda a sequência relativamente recente dos "desestrelamentos" no *Guia Michelin*. E tem história.

Os proprietários o anunciam como o mais antigo restaurante de Paris, com mais de 400 anos, propaganda que vem desde lá atrás, nos primeiros cartões assinados por Delair. Na soma dos séculos, incluem os anos nos quais o estabelecimento era uma taverna no Quai de la Tournelle (*depuis* 1582), pela qual teriam passado o rei francês Henrique III e o cardeal Richelieu. Um teria vislumbrado o garfo pela primeira vez; o religioso teria sido ali apresentado ao café. Outras personalidades passaram por lá atrás de garças e tortas de pato selvagem. Muito depois disso, a baronesa-romancista que se assinava George Sand e seu poeta Musset foram assíduos diante de patos assados e pernas de cordeiro.

Em *Ratatouille*, é memorável a cena na qual o crítico gastronômico Anton Ego, até então empertigado e irascível, vai se desmontando diante de uma arquitetada *ratatouille*, tão saborosa que trouxe sua infância de volta (como a *madeleine* de Proust em *Em Busca do Tempo Perdido*). Os legumes montados com disciplina e rigor à la Carême (o distinto *pâtissier* das *pièces montées*) ilustram bem o poder de fogo de um prato com cara e alma, privilegiados aqueles que se fiam nos conteúdos e se embriagam nas formas.

Os enófilos certamente identificam na animação a homenagem feita aos vinhos Château Latour e Château Cheval Blanc, reverenciados dentro e fora das telas como duas grandes criações da civilização. No filme, o Latour é usado em manobra para embebedar o aprendiz de cozinha e dele retirar confissões, mas o resultado foi levá-lo às nuvens. O Château Latour, produzido em Pauillac, no Médoc, é um dos mais renomados vinhos de Bordeaux, um Premier Grand Cru Classé. O Cheval Blanc 1947 pedido por Anton Ego é considerado um dos melhores vinhos de todos os tempos.

Contam que o rapapé da animação ao vinho francês provocou ciúmes e agitou o *lobby* dos viticultores californianos. A Disney bem pretendia imprimir o ratinho Remy em um Chardonnay 2004 da Borgonha, mas teve de desistir da ideia.

*

O MEU CARTÃO do restaurante La Tour D'Argent, número 45.651, é de coleção, adquirido via Etsy da loja Neatstuff Antiques.

O fogãozinho de Apollinaire

Cubismo e alcachofras com Picasso

GUILLAUME APOLLINAIRE (1880-1918), olhos brilhantes como avelãs e boca pequena como pimenta (assim o pintou o poeta Max Jacob, emulando os retratos vegetais de Archimboldi), equilibrava-se na balança entre os ponteiros *gourmet* e *gourmand*; eventuais excessos do último fartamente perdoados pelo refinamento do primeiro. "Observei que aqueles que sabem comer raramente são tolos", defendia-se Apollinaire, estabelecendo a boa mesa como terreno de convivência entre ele, seus amigos pintores, poetas e escritores.

Na guerra, atordoado de amor, fazia poemas na lama das trincheiras. Os soldados franceses tinham vinho entre as armas. E era essa a diferença entre nós e os "boches", escreveu Apolinnaire. Antes de chegar à ração dos militares, 20 milhões de litros de vinhos do Languedoc foram doados aos hospitais, para ajudar na recuperação dos feridos.

Já cabeça de pano, bandagens do subtenente francês ferido no *front*, Apolinnaire também enfrentou inimigos com o pulsante *Caligramas* (1914-1918), livro de inovadores poemas visuais que encabeçaram a vanguarda literária da sua época. Nunca deixou de empunhar armas e caçarolas pelos cubistas e outros artistas então "exilados" em Paris, entrincheirados em Montmartre e Montparnase. Muitas estratégias de combate pelo novo, desenhadas em cafés, não demoravam a pular para as inúmeras críticas que escrevia para jornais. *Apollinaire on Art* é um livro editado em 1960 que reúne todas elas, desde suas primeiras impressões, em 1902, ao ver o Altar de Pérgamo, em Berlim (um "poema em pedra"), ao texto para a exposição Matisse-Picasso, na Galeria Paul Guillaume, em 1918, no qual pede para que Cleópatra não jogue a arte de Picasso, uma bonita pérola, no vinagre.

Antes da Primeira Guerra, Apollinaire foi o cozinheiro do pequeno apartamento no Boulevard Saint-German. Nesse *"pigeonnier"* (poleiro de pomba), como ele mesmo o chamava, dividia sofisticados pratos com amigos, indiferentes ao serviço abertamente tosco. Ao lado de um fogãozinho de duas bocas, numa acanhada mesa, Picasso e o poeta Max Jacob podiam degustar uma lagosta preparada como se deve. Os frutos do mar eram da predileção de Apollinaire, que tinha todos eles dissecados na coleção de livros de gastronomia e de receitas, muitos pescados nos buquinistas ao longo do Sena.

Tinha o dom de surpreender os amigos com os segredos que somente ele conseguia extrair dos cozinheiros dos restaurantes que frequentava. Para embalar os casos amorosos, mantinha sempre à mão *Le Manuel Culinaire Aphrodisiaque*. Saindo dessas páginas, não raro um purê de alcachofras, finalizado com um pouco de creme bechamel, era prato de armadilha amorosa. Foi Apollinaire quem ensinou o casal de pintores Delaunay a "cozinhar e viver", escreveu a amiga e fã Gertrude Stein na *Autobiografia de Alice B. Toklas*.

O Chez Baty, bem na esquina dos bulevares Montparnasse e Raspail, foi um dos restaurantes preferidos de Apollinaire e também de Picasso. O proprietário Pere Baty era considerado pelo poeta como "o último verdadeiro comerciante de vinhos" de Paris. O restaurante se destacava muito mais pela adega do que pela comida. Era no Chez Paty, antes da Primeira Guerra, que aconteciam as reuniões editoriais da *Les Soirées de Paris*, a revista literária de Apollinaire. E se havia pouco dinheiro para imprimi-la, não faltavam trocados para uma garrafa de Chambertain de 7 francos ou uma pequena taça de fino Clos Vougeot, por 55 centavos.

Heather Hartley é autora de um perfil completo do "Apolinnaire *gourmet*", publicado na coletânea *A Tin House Literary Feast – Food & Booze*. "A comida perpassa sua obra [de Apollinaire] – às vezes, é apenas uma estrofe, outras vezes, é o principal ingrediente de uma história, ou simplesmente uma gota de licor escuro para terminar uma linha de poesia. Um *gourmandise* inspira outro, seu apetite para a comida não pode ser separado de seu apetite por palavras", escreveu Hartley no capítulo *In a Crowded Kitchen*.

É a autora quem descreve as manobras no apartamentozinho no Boulevard Saint-Germain, mas não deixa de resgatar os detalhes do banquete de 80 talheres oferecido por amigos a Apollinaire em 1916, dois anos antes da morte do escritor. Festas voluptuosas eram comuns em Paris até pouco depois dos anos 20, sem que grandes motivos existissem a não ser mesmo o gosto pela reunião divertida de escritores, poetas, escultores, pintores, boêmios de todos os naipes. Alguns encontros tinham como ponto de partida a efervescente casa de Gertrude Stein.

No banquete a Apollinaire, o pintor cubista Juan Gris foi o mestre de cerimônia, chamando atenção para o cardápio, todo ele alinhavado com títulos e temas de obras do poeta: *Méditations esthétiques* en salade; Acrelin de chapon à l'*Hérisiarque*, Vin Blanc de *l'Enchanteur*, Vin Rouge de la *Case d'Armons*, Champagne des *Artilleurs*. No final da lista, alcoóis, todos eles. *Alcoóis*, coleção de poemas de 1913, é considerado uma das grandes obras do primeiro Modernismo. Em "Vendimiário", Apollinaire escreve: *Eu estou bêbado de ter bebido todo o universo/ Sobre o cais onde eu via o fluxo das ondas e dormirem as embarcações/Escutem-me, eu sou a garganta de Paris/E eu ainda beberei o universo se quiser/ Escutem meus cantos de universal embriaguez.*

Apollinaire sempre escrevia aos amigos relatando suas bebedeiras – grandes, de vermute; ou leves, de vinhos do Reno; e mais severas quanto mais inventivas, como as de uns tais coquetéis *carabinés*, misturas de molho de carne ao Porto, absinto, suco de limão ou licor de zimbro. Como registrou o amigo poeta Francis Carco, Apollinaire podia cair na farra entre carnes, pão, vinho e *bouillon* e, ainda assim, conseguia sentar e trabalhar até tarde da noite.

Tirando pedra dos rins

Samuel Pepys fez pastelões e etnografia

ONHECEMOS O ROSTO de Samuel Pepys (1633-1703) graças ao trabalho do gravador S. Moore. Ele ilustrou o livro encomendado ao arauto Francis Sandford sobre a coroação de James II e da rainha consorte Mary, em 23 de abril de 1685. Conhecemos não só a fisionomia, mas o corpo inteiro de Pepys – rechonchudo, apertado na sua roupa (de cetim carmesim), sapatos de veludo preto; olhos esbugalhados, quem sabe já pensando na mesa de Westminster e já ouvindo a música de Purcell. Henry Purcell (1659-1695) foi organista da capela real e criou a música para a coroação de James II. Pepys está preservado no traço de Moore (as cores são de outro retrato) assim como esteve enquanto ajudava a carregar o dossel que protegia o rei durante a festa.

Pepys tinha direito a participar da procissão de coroação porque era um dos "barões" de Cinque Ports (Dover, Hastings, Hythe, Romney e Sandwich; mais tarde Winchelsea foi incluído). Esses decididos patriotas ajudavam a coroa com navios e homens a defender a então desprotegida costa sul da Inglaterra. Carregar o dossel dos reis, de Ricardo I a George VI, era um privilégio para esses ingleses, "barões de um dia só". Assim como era emocionante, ainda mais para um comilão como Pepys, participar da festa no Hall de Westminster.

Em *The History of The Coronation of the most High, Most Mighty, and Most Excellent Monarch James II,* publicado em Londres em 1687, Sandford listou detalhadamente tudo o que se comeu no banquete da coroação. Na mesa que Samuel Pepys dividiu com juízes, arcebispos, bispos e outros barões, havia 144 pratos, em profusão de cores. Carne, peixes, muitas tortas. Só de saladas, Sandford contou 18. Ingredientes então considerados de luxo estavam por toda parte: aspargos, mangas, bambus, trufas, cogumelos morel... E mais gamos (assados inteiros), leitões, geleias, *blancmanges* e outros 27 pratos doces. A lista de itens da festa de James II não foi tratada como menu, pois essa palavra ainda não era usada para isso. A designação grandiosa ficou por conta da designação "catálogo".

Nesse catálogo estava a *Salmagundy* real, uma salada preparada com alface, frango picado, anchovas, tudo guarnecido com pequenas cebolas pochês e uvas escaldadas. Bonita, com os ingredientes formando círculos, não à toa a *Salmagundy* saiu da memória dos banquetes reais para aportar nos pratos de Ivan Day, *chef* e estudioso da história da alimentação. Ele reproduziu a salada com pompa para uma série da TV inglesa. *Salmagundy*, que na verdade pode levar em sua composição quase tudo, é por isso mesmo palavra usada para tratar de uma mistura extravagante. A mesa de James II era *salmagundy*. Essa salada já era uma receita popular (um "tesouro") anos antes, incluída por Robert May (1588-1660) em *The Good Huswives Treasure*, um tesouro para as donas de casa.

(Livros oficiais, editados com a chancela real, pérolas extraídas de diários, ou cadernos de receitas caseiros, organizados no aconchego das pequenas copas e cozinhas, sempre acabam ajudando historiadores da gastronomia. Saciam também a fome dos "leitores de receitas", atraídos pela composição regional das listas de ingredientes, os personagens, e pelos modos de prepará-los, o enredo, sem que nenhuma caçarola precise necessariamente ir ao fogo e sequer uma colher fique suja. Esses leitores, que buscam contextos culturais nas entrelinhas, ajudam a manter o mercado desses livros. Herdei um caderno de receitas da minha mãe, onde a torta com carne de porco tinha assinatura da amiga senhora Ziláh.)

Os especialistas ingleses e de todo mundo deleitam-se até hoje com o diário de Samuel Pepys, escrito entre 1659 e 1669, mostrando que nosso "barão de um dia só" já era um *gourmet* anos antes da coroação de James II. As entradas do caderno de Pepys celebram o dia a dia dos ingleses do século XVII, trazem detalhes dos complicados arranjos políticos, mas não descuidam da rotina da casa de funcionários públicos como ele, um pouco mais do que remediados, com direito a empadões, pastelões.

Algumas festas de Pepys, talvez as mais alegres, tinham como objetivo comemorar o sucesso de cirurgias pelas quais passou para retirada de pedras nos rins. A festa preparada em 4 de abril de 1663 tinha à mesa *fricassé* de coelho e de frango, uma perna de carneiro cozida, carpas, cordeiro, pombos assados, lagostas, algumas tortas, entre elas uma de lampreia, anchovas, e bom vinho (Château Haut-Brion?). Em 10 de abril do mesmo ano, ele registrou sua passagem pela taverna Royal Oak, onde "bebeu um vinho francês chamado Ho Bryen (sic)", moldado para o paladar inglês por Jean de Pontac, criador do château, em 1533.

Uma das carnes preferidas de Pepys, conta Ivan Day, era a de cervo, usada em recheio de pastelões. Era uma carne de luxo, raramente encontrada nos açougues, muitas vezes levada a Londres por aristocráticos caçadores e presenteada a escolhidos.

(Cenas que ilustram a ligação visceral do cervo à aristocracia inglesa estão no filme *A Rainha*, de Stephen Frears, de 2006. Pendurado numa das dependências do Castelo Balmoral, na Escócia, um exemplar de peso foi "visitado" por uma Elizabeth II-Helen Mirren atormentada, que fugia das pressões advindas do pouco caso que deu à morte da princesa Diana.)

Pepys e a mulher também faziam pastelões de cervo em casa, em graus variados de proficiência. Na maioria das vezes, essa carne era preparada no campo das caçadas, já que na panela doméstica podia ficar extremamente seca. E havia sempre o risco de a carne "feder como o demônio". Envolta em grossa massa de centeio, a carne resistia e podia se manter em boas condições na despensa por alguns meses. No século XVI, havia gente que exportava pastelões de cervo para a França.

No diário de Pepys, os pratos favoritos do autor são mencionados 50 vezes. Mas pelo menos uma das entradas nos leva à dureza das tarefas da cozinha. Soubemos que, em determinado dia (nublado?), sua mulher, comezinhamente, queimou a mão no fogão.

Gosto barroco em Noto

Ascensão diante de uma *granita*

O JOVEM ALEMÃO está vermelho e não se desgruda do litro de água mineral. O sol de Herculano e Pompeia não o perdoou. O calçamento irregular da Via dell'Abbondanza destruiu suas sandálias *Birkenstock* que já não eram novas. Ficou ainda mais tostado na árida escalada ao Vesúvio. Viveu uma trégua ao atravessar o estreito entre Reggio di Calabria e Messina: céu nublado criou mistério quando colocava os pés na cidade que tratou o ferido Cervantes, depois da Batalha de Lepanto (1571), a Messina idílica de Nietzsche, que dela fez poesia (*Idyllen aus Messina*, 1882). Matou a sede com uma laranja vermelha siciliana, que também é um sol, a "bola em chamas" de Anaxágoras. Voltou a sofrer com o calor em Taormina, na visita ao teatro grego espetacularmente litorâneo. Protegido em sombra da caverna de Siracusa, ouviu o tenor anônimo cantando árias no Orecchio di Dioniso. Mas, para ver as ruínas do monumento funerário ao tirano Hierão II (306 a.C.-215 a.C.), foi obrigado a enfrentar novamente o sol a pino. Exausto, está agora em Noto, salvo, contente, novamente à sombra, diante de uma taça de *granita* de amêndoas. Posso vê-lo.

Estudante de Arquitetura em Würzburg, cidade dos bispos, da Residenz, dos céus de Tiepolo, de vinhos e aspargos brancos, está em Noto para traçar pontes entre o barroco alemão e o barroco que toma conta das construções de Noto. Muitos dos prédios dessa cidade italiana foram reconstruídos nesse estilo após o terremoto que a arrasou, em 1692. *Moleskine* para as notas de viagem, há algo de Goethe arqueológico nesse estudante que veio à Itália para ver história e suas pedras. Chamam-no de Werther. Há também um tanto de Karl Philipp Moritz filósofo na sua ânsia em decifrar belezas e arte. Por ora, o jovem com o rosto e os braços vermelhos esquece da sua garrafa de água mineral e da tarefa de estudioso. Está diante de uma taça de *granita* de amêndoas. Isso já é o bastante para filosofar.

"A comida pertence a um território quando consegue representar a sua essência", escreveu um jornalista italiano sobre essa receita preparada com amêndoas de Avola. E a *granita* faz isso: refresca uma "lição de terroir", nos moldes da dos vinhos franceses. "Apenas uma colherzinha faz você se maravilhar ao reconhecer nos pequenos fragmentos de gelo a sutil aspereza das máscaras de mármore das cariátides sustentando os pequenos balcões das ruas em Noto." O jovem alemão está diante do creme branco, aparentemente simples, que traz à taça um sabor ao mesmo tempo intenso e refrescante. Agora desvenda o gosto barroco da *granita* de amêndoas.

As amêndoas da *granita* de Noto estão associadas ao vale entre Ragusa e Siracusa. No final do *Ottocento*, o botânico Giuseppe Bianca selecionou amendoeiras como saída para os agricultores que viam a epidemia da filoxera atacar seus vinhedos da uva nero d'avola. Além da variedade pontuda, aquela usada por Maria Grammatico nas receitas de marzipã de Érice, as cozinhas sempre buscam as amêndoas *fascionello* e romana.

A *granita* de amêndoas foi criada provavelmente em Avola e é o sabor mais popular em toda costa leste da Sicília. Já a especialidade de Messina são as *granitas* de café e de morango. Os recipientes onde são servidas recebem cobertura de creme fresco. Na Catânia não se sobrevive sem uma *granita* de pistache.

No dia seguinte à sua chegada a Noto, logo depois de acordar, Werther seguiu a recente rotina de aplacar o calor com *granita*. E a encontrou em pleno *breakfast: a granita* de amêndoas acompanhada de um brioche em meia esfera. O pão feito de farinha e ovos servindo, aqui e ali, partido, como pazinha.

Na Idade Média, os *nevaroli* tomavam conta para que não faltasse neve, estocada para o ano todo. Os nobres calorentos de Messina compravam neve extraída das franjas do Etna e sobre ela espremiam limão ou outros cítricos, como tinham lhes ensinado os árabes. Estavam a um passo da *granita*, menos ou mais granulada, que vencia os dias e o calor.

No Caffè Sicilia de Noto, fundado em 1892 como fábrica de torrone e marmelada, mas desde sempre com serviço de café, *gelateria* e *pasticceria*, ao gosto do fim do *Ottocento*, os irmãos Corrado e Carlo Assenza continuam servindo ritualmente suas *granitas* em tigelas de cerâmica branca. E os novos sabores não brigam com os tradicionais. Ao lado da *granita* feita com amêndoa de Noto, apresentam as de café, chocolate, morango silvestre, amora preta, pêssego, laranja sanguínea, cereja amarga, *mandarine* e uva moscato. Werther, que desta feita deixara propositalmente o *moleskine* e a garrafa de água mineral no quarto, provou uma *granita* com anunciado sabor *new-wave*, de figo picante.

*

AS MINHAS FÉRIAS DE CRIANÇA, em Santos (SP), não eram férias sem o Opala alaranjado e a raspadinha, colorida de groselha.

Parada em Ranholas

Pisando em ovos conventuais

Para Paula Carbonari

As duas manas Lousadas! Secas, escuras e gárrulas como cigarras, desde longos anos, em Oliveira, eram elas as esquadrinhadoras de todas as vidas, as espalhadoras de todas as maledicências, as tecedeiras de todas as intrigas. E na desditosa cidade, não existia nódoa, pecha, bule rachado, coração dorido, algibeira arrasada, janela entreaberta, poeira a um canto, vulto a uma esquina, bolo encomendado nas Matildes, que seus olhinhos furantes de azeviche sujo não descortinassem e que sua solta língua, entre os dentes ralos, não comentasse com malícia estridente.

EÇA DE QUEIRÓS,
A Ilustre Casa de Ramires

QUEM VAI DA Praça da Sé ao Mosteiro de São Bento, optando pelas ruas XV de Novembro e Florêncio de Abreu, no centro de São Paulo, encontrando a Praça Antônio Prado, deve obrigatoriamente amarrar os cavalos ou estacionar a carruagem em Ranholas.

Assim fazia D. Fernando II (1816-1885), o "rei-artista", marido de Maria II, quando ia de Lisboa a Sintra, em Portugal. Era em Sintra que ficava seu refúgio predileto, o Palácio Real da Pena, que cuidara de construir. Parava em Ranholas, apaixonado pela vila, onde encontrava as delícias da Fábrica das Queijadas Mathilde, uma doçaria fundada em 1850. E o caso com esses doces foi tão arrebatador que D. Fernando

II não demorou para conceder à fábrica a chancela real: Mathilde seria a fornecedora oficial da queijada e receberia um selo metálico para carimbar e conferir autenticidade aos produtos destinados à Casa Real.

Hoje há uma Casa Mathilde no centro de São Paulo (a de Portugal não existe mais), uma fábrica de doces instalada no prédio que já sediou o primeiro restaurante da família Fasano, a alguns passos do histórico Edifício Martinelli e da Bolsa de Mercadorias & Futuros. A doceria não é só ponto de parada para a Queijada da Mathilde, mas também para outros doces portugueses: Bola de Berlim, Delícia de Laranja, Disco, Mimo da Pena, Noz de Galamares, Palmier Coberto, Pastel de São Bento, Queijada de Leite, Suspiro, Torta de Azeitão, Travesseiro de Sintra, um mais gostoso que o outro, sem contar bolos e pães portugueses. Há ainda o aclamado *Pastel de Nata*, que, como sempre deve ser, sai borbulhante e crocante do forno potente (de 370°C a 400°C), à vista dos fregueses.

Pastel de Nata, e não Pastel de Belém, porque os pastéis de Belém há tempos passaram para outra categoria, não são mais considerados simples mortais pastéis de nata, desses encontrados em boas casas de doces portugueses mundo afora. Para não criar encrenca em tempos de demarcação de territórios de tudo quanto é alimento: pastéis de Belém só podem ser os fabricados nessa confeitaria em Belém, em Lisboa. Esses pequenos discos de massa crocante, repletos de um creme amarelo pelando, com chamuscados na medida exata, são disputados na Caza dos Pastéis de Belém desde 1837. Dessa casa na Rua de Belém, número 84, saem em média 15 mil pastéis de nata por dia.

Em 1820, com a Revolução Liberal, perseguição e desalojamento de religiosos, os pastéis deixaram de ser produzidos no vizinho Mosteiro dos Jerônimos e caíram no mundo. É possível dizer que não demoraram para cruzar para a vizinhança, pelas mãos do armazenista de açúcar Sebastião Alfredo Silva, que tinha uma pequena refinaria de cana-de-açúcar junto ao mosteiro. De posse da receita, Silva se associou ao confeiteiro Domingos Rafael Alves. A saga do *Pastel de Belém* é muito melhor contada pelo jovem escritor português Fortunato da Câmara, em *Os Mistérios do Abade de Priscos*. Hoje, o balcão da mesma confeitaria vê diariamente uma algazarra de braços estendidos à espera dos pedidos sempre entregues e achados na névoa feita pela canela pulverizada a partir de grandes recipientes de metal. E o moço atento já, já lhe trará a bica, porque é o café o acompanhante de praxe.

Dizem que a receita da Caza dos Pastéis de Belém guarda um segredo. "Em cozinha, o segredo que muitas vezes se anuncia acerca de uma receita e que a transforma num sucesso, regra geral, não existe. Ou seja, o segredo do sucesso de uma especialidade é fazer passar a ideia de que existe mesmo um segredo", desmistifica Câmara. O autor dá crédito, entretanto, à qualidade dos pastéis de Belém, já que uma linha de produção volumosa permite degustar os pastéis "acabados de fazer", "um fator de prazer incomparável, em relação à comê-los frios ou aquecidos", escreve. Os da Casa Mathilde, em São Paulo, saem do forno na hora.

Os doces conventuais portugueses tiveram a benção do açúcar produzido no Brasil, combinada com a boa oferta de gemas de ovos. As freiras, que não tiveram seus conventos em Portugal fechados abruptamente como os dos monges, usavam as claras para deixar seus hábitos e outros panos branquíssimos e engomados. E muitos vinicultores usavam-nas em grande quantidade para filtrar seus vinhos. As gemas restantes encontraram aplicação principalmente como ingrediente de recheio de muitas das receitas criadas especialmente por freiras, muitas delas descendentes de famílias da aristocracia.

No Rio de Janeiro, que já foi a capital do reino, é grande a tradição dessas receitas. Mas há uma muito especial, a das Barrigas de Freira, docinhos delicados preparados com esmero há décadas pela carioca Mônica Soares de Sampaio Verdial, que aprendeu tudo sobre eles numa estada de alguns anos em Portugal. Essas genuínas Barrigas enfeitam e dão sabor principalmente a festas de casamento. E Mônica não vence de tantas encomendas.

Paula comeu bem devagar uma Barriga de Freira numa democrática rodada de doces no restaurante Alfaia, em Copacabana (RJ), e nunca mais a esqueceu: um recheio sedoso de ovos (em creme onde entram também manteiga e extrato de baunilha) esconde-se, já aparecendo, numa massinha branca dobrada em lua, tão fina como papel e quase transparente. *Papos de Anjo, Ovos Moles, Pastéis de Santa Clara... Toucinhos do Céu, balas de ovos* são puro encantamento de gemas que encontram cada uma um ponto particular e os desafios de cada receita. Sacarófagos em êxtase.

Chipa com sol rachante

Simplicidade e alegria guaranis

Para Daniel Amarilla

Seria muito melhor para o país que estes parasitas da pena fossem bons aradores, carpidores, peões nas chácaras, nas estâncias pátrias, não esta praga de letricidas piores que gafanhotos.

AUGUSTO ROA BASTOS
Eu, o Supremo

NAQUELA RUA então de poeira vermelha de uma Assunção de "sol rachante", a trouxa de pano bem branco nos braços da mulher cor de cobre é um verdadeiro milagre. A chipeira apresenta os alvos farnéis admitindo o olhar perscrutador de cada transeunte. A fome parece nunca abandonar alguns estômagos, em algumas esquinas, a horas tantas. Por isso se instala a concorrência entre as vendedoras de chipa, esse alimento de conforto feito de amido de mandioca (*yuca*), queijo paraguaio, ovos, manteiga ou gordura, leite e sal.

Estão ali naquelas ruas da memória juvenil as esculturas de tecido e comida, cestas equilibradas na cabeça e um falar algo estridente e gutural – uma linguagem híbrida, o guarani nativo sempre lutando com o espanhol dos reis católicos, num embate sem vencedores. Nada esconde, porém, a reverência da abordagem. Algumas dessas mulheres vendedoras oferecem as chipas tentando desviar o olhar.

Estivesse por ali o todo poderoso José Gaspar Rodríguez de Francia

(1776-1840), *Karaí Guazú*, Pai de Todos, *El Supremo,* ditador que governou o Paraguai no século XIX, com uma convicção cidadã da soberania do seu país, "isolacionista" a fechar-se nos quintais da pátria, para o bem e para o mal, diria à primeira chipeira que visse, balançando sua capa com forro escarlate:

– Levanta essa cabeça, índia!

Mas o texto nacionalista de Francia, com seu Paraguai independente e orgulhoso diante dos ameaçadores inimigos da vizinhança, perdeu-se há tanto tempo, entre guerras, genocídios e aventuras de tiranos sucessores... Sobrevive com vigor de romance, entretanto, em *Eu, o Supremo*, do escritor paraguaio Augusto Roa Bastos (1917-2005). Resiste ainda, esse sentimento de nação, em cada chipa vendida e apreciada, nas exclamações de gosto guarani – essa chipa que escorregou recentemente para todo o Brasil, principalmente pela fronteira permeável com o Mato Grosso do Sul.

El Supremo, o personagem, determinou certa vez a um médico-herbolário desse romance-histórico fantástico de Roa Bastos que descobrisse qual osso a mais havia na coluna dos paraguaios que os impedia de levantar a cabeça. Essa cabeça aprumada era tão importante para seu projeto de Paraguai independente como a disseminação das orquestras escolares, o trabalho nas chácaras comunais etc. Era fundamental também altivez para manter o país distante tanto quanto possível das garras de Albion, da "anglófila pulcritude" desembarcada simbolicamente em Assunção na forma de perfumados sabonetes moldados em Londres.

> *Pedi-lhe que nas autópsias o senhor buscasse na região da nuca algum osso oculto em sua anatomia. Quero saber porque meus compatriotas não podem levantar a cabeça. O que há nisso? Não há nenhum osso, disse-me o senhor. Deve haver então algo pior; algum peso que lhes empurra a cabeça sobre o peito.*

Procure, encontre, senhor meu! Pelo menos com o mesmo
cuidado que põe em procurar as mais estranhas espécies
de plantas e insetos.

A velha chipeira, se tivesse ouvido esse Francia do romance, levantaria o rosto, atendendo a uma ordem que poucos experimentavam descumprir. Hoje a chipeira esconde dentes feios, enquanto mostra pães bonitos, como se essas compensações fossem razoáveis. Aos poucos, entretanto, liberando-se do peso de todos os ossos da história, uma nova geração de paraguaios está atenta ao papel da liberdade na construção do país. E como gostam do seu Paraguay!

As mulheres, posicionadas com logística de *ñanduti*, em redes pelas ruas de Assunção, emulando suas belas rendas, parecem (e certamente estão) verdadeiramente orgulhosas do resultado de seu trabalho, o *panecillo* mais que dourado que alimenta toda gente. Algumas chipas são (quem duvida?) assadas no quintal, em forno de barro, como mandam os costumes e apreciaria Francia. O mesmo Francia que, fechando a fronteira para os panos, provocou as mulheres de Yataity del Guairá a tecerem os primeiros *ao po'i*, que vestem paraguaios e "gente do mundo" com extrema dignidade e original elegância.

É chipa por todo lado, de vários tamanhos (a *chipa guazú* que reconforta os mais famintos), por toda Assunção e todo canto do país, muito famosa a de Caacupé, cidade vizinha ao lago do Ypacaraí. Quer também sua chipa a multidão que se apinha nos pequenos e enfeitados ônibus, gente quase saindo pelas janelas, que se aproveita dos semáforos fechados para suas compras rápidas, no mais autêntico *fast food* hispano-guarani.

"Nossa cozinha, como nossa raça, provém de duas vertentes duras e ascéticas, a castelhana e a guarani, e é seu fiel reflexo. É talvez por isso, que para o gosto paraguaio, *el locro* [cozido] fumegante sobre a imaculada toalha branca, o reconfortante *So'o Iosopy* [sopa de carne amassada], a chipa fragrante e o mel moreno com queijo Paraguay sejam, entre outros, a soma do refinamento gastronômico", escreveu Josefina Velilla de Aquino em seu *Tembi'u Paraguay* (Comida Paraguaia), um clássico pioneiro da cozinha desse país. Antes como dona de casa do que como fundadora do primeiro Instituto de Arte Culinária do Paraguai, Josefina reuniu receitas de tradição. Uma cozinha de alto teor protéico, explica, que se consolidou quando os alimentos escassearam durante a assimétrica Guerra do Paraguai.

*

POSICIONANDO CADEIRAS na calçada, de preferência debaixo de frondosa árvore – e quase sempre não há assento para todos que vão aparecendo do nada –, os amigos passam a guampa de tereré como um cachimbo da paz. Assim era na casa cheia dos Amarilla nos anos 1970. Não há fronteira social capaz de impedir essa evolução fraterna. A água supergelada rouba o sabor da erva mate *(Ilex paraguariensis)*, a receita mais barata, simples, popular e estimulante, que ajuda a aplacar o calor em terra de "sol rachante".

Enquanto a cuia gira, a palavra come solta. O guarani, que nessas ocasiões de intimidade avança sonoramente sobre o espanhol, é a língua alegre e cúmplice de companheiros. Há quem encontre na palavra *tereré* o registro onomatopaico da última sugada (tr-rre-rre...) na guampa. E acrescente-se mais água à erva porque a conversa parece não ter fim. O ditador Solano Lopez (1827-1870) não raro bebia *tereré* com soldados (Elisa Lynch, caluniada companheira irlandesa de Lopez, bebericava o húngaro Tokaji e beliscava stilton quando soube que seu marido fora confirmado como presidente do Paraguai).

O hábito do *tereré* teria sido preservado pelos veterenos da Guerra do Chaco (1932-1935), na qual os paraguaios venceram os bolivianos em disputa territorial. Os soldados (o escritor Roa Bastos lutou no Chaco com apenas 13 anos de idade) tomavam o mate gelado para que fogueiras não indicassem sua posição aos inimigos.

A história da erva mate é anterior à chegada dos espanhóis à América do Sul. Mas os primeiros registros são de meados do século XVI, quando o general Irala, um "adelantado" espanhol não reconhecido pela coroa, "mandou e desmandou nas terras do Prata", conta Luís Carlos Lessa, em sua monografia *Chimarrão*.

Em 1554, numa expedição a partir de Assunção rumo ao Leste, Irala e seus soldados chegaram a terras do Guaíra (o atual estado do Paraná) e foram muito bem recebidos por milhares de índios guaranis – hospitalidade até então nunca vista pelos conquistadores espanhóis. Os guairenhos eram mais alegres e dóceis e tinham um hábito generalizado: consumiam "uma bebida feita com certas folhas fragmentadas, tomada num pequeno porongo por meio de um canudo de taquara, em cuja base um paciencioso trançado de fibras impedia que as partículas da folha também fossem ingeridas", escreve Lessa.

O *caá-i* (água da erva, em guarani), bebida indicada aos pajés pelo deus Tupã, foi apresentada pelos índios a Irala, que logo identificou seus efeitos estimulantes. A partir daí, o Paraguai virou um imenso e rentável ervário, muitas famílias enriqueceram (Elisa Lynch também) e o uso do mate se estendeu às margens do Prata, espalhando-se por toda região. Escravizados, os guaranis que tão bem receberam Irala, eram usados em tempo de colheita como "mulas" de transporte, movidos a chibatas dos capatazes – viagens insalubres, de quase um ano, até 60 quilos de mate nas costas, dos ervais de Maracaju e Guaíra até Assunção.

A campanha dos franciscanos contra a "erva sagrada" dos índios, que, em clima de Inquisição, tornou-se "erva-do-diabo", viria a fracassar. "Nos primeiros anos do século XVII, o mate já era uma bebida indispensável nos lares platinos, desde o rancho dos mestiços às casas senhoriais de Assunção e Buenos Aires". E, desta feita, os próprios jesuítas trataram de acolher a *caá-i* dos guaranis, estudando detidamente sua cultura. A primeira erveira cultivada cresceu em Imembuí (atual Santa Maria, RS), em terras dos povos das missões.

O chimarrão é a versão fumegante do *tereré*.

*

No seu "jazzístico" *O Jogo de Amarelinha* (1963), o escritor argentino Julio Cortázar faz citações ao mate, erva amarga que dá certa doçura à vida do argentino, do uruguaio e de todo brasileiro do sul, dos pampas, onde quer que eles estejam. Os reconhecemos de longe, com suas guampas. (Numa travessia em barco lotado entre ilhas gregas, confusão de gente, o casal encontra espaço nas poltronas apertadas para seu mate, com água fumegante mantida com zelo numa pequena garrafa térmica.)

É Horácio Oliveira, protagonista e narrador d'*O Jogo de Amarelinha* (aquele que não marca encontros com a amante e espera que uma coincidência alinhe o tempo e o espaço dos dois), quem diz: "Meu único diálogo verdadeiro é com essa erva verde". Ele não diz, mas tem em cena guampa e bombinha de metal (algumas de prata, a distinguir rendas), que integram o conjunto de sobrevivência dos gaúchos. O mate já está posto.

Todo argentino sabe o que é uma cuia para o mate. Por isso a surpresa, ou não, quando a então presidente da Argentina, Cristina Kirchner, foi encenar e ensinar a missa ao papa argentino Jorge Mario Bergoglio, de Flores, o papa Francisco, explicando em entrevista como o seu presente haveria de funcionar no Vaticano. Romanceando, soou mais ou menos assim: Ora, o que é o mate, Santidade? O mate é ... E com isso, se faz assim... Mas antes de tudo, e o conselho não foi dado, há de se arranjar mate que preste.

Horácio Oliveira está preocupado. Seu mate está acabando... (eram outros os tempos). Preocupados sempre estão todos aqueles em seus exílios, distantes do mate "verdadeiro" ou de algum alimento de afeição.

> *Em Paris, custava quinhentos francos o quilo nas farmácias e tratava-se de uma erva perfeitamente asquerosa que a drogaria da estação Saint-Lazare vendia com a vistosa qualificação de "maté sauvage, cueilli par les indiens", diurética, antibiótica e emoliente. Por sorte, um advogado de Rosário – que, a propósito, era seu irmão tinha-lhe enviado cinco quilos de Cruz de Malta, mas já restava muito pouco. "Se a erva acaba, estou frito", pensou Oliveira.*

Horácio Oliveira, nos anos 1960, também estudava "o comportamento extraordinário do mate, a respiração da erva fragrantemente levantada pela água e que, com a sucção, desce até pousar sobre si mesma, perdido já todo brilho e todo perfume a não ser que um pouco de água estimule de novo, autêntico pulmão argentino de reserva para as pessoas solitárias e tristes".

> *Já havia algum tempo que Oliveira se importava com coisas sem importância e a vantagem de meditar com a atenção fixa no jarro de mate estava no fato da sua pérfida inteligência jamais poder supor no jarro noções como aquelas que malvadamente provocam as montanhas, a lua, o horizonte, as moças na idade da puberdade, um pássaro ou um cavalo.*

"*Este pequeno mate também me poderia indicar um centro, pensava Oliveira (...)*" Horácio Oliveira é capaz de "sondar a realidade" de uma guampa de mate como se cada movimento fosse um improviso de jazz, uma porta de evasão do mundo cotidiano, a busca por uma totalidade inatingível, sempre perseguida, em meio a fragmentos. Formulação que é também a de Cortázar. Trata-se do jogo alucinantemente lúcido das obras do escritor do qual nos fala David Arrigucci Jr. no texto crítico (também de invenção) *O Escorpião Encalacrado*.

*

O "Q" DA QUILMES Cristal é um olho encaracolado que pisca para os argentinos desde 1880. O olhar é quase sempre retribuído como parte da ambígua cumplicidade dos relacionamentos. A cerveja que se vestiu de azul para se associar aos símbolos formais da pátria é produzida na cidade de Quilmes, colada à Buenos Aires, onde, no final do século XIX, o imigrante alemão cervejeiro Otto Bemberg montou banca. (A AmBev controla praticamente toda a empresa desde 2006.)

A Quilmes, com o "Q" em redemoinho, amparada precariamente no parapeito de uma janelinha de bairro pobre, onde funcionários em macacões desencontrados descansam de uma obra pública e dividem alguns miúdos bovinos de uma grelha improvisada, tem quase o mesmo significado ritual daquela garrafa bem equilibrada na mesa bemposta e austera de um restaurante no bairro de Palermo, onde a fumaça da carne (não os miúdos) não chega ao salão.

Entre os quatro mil livros e documentos do escritor Julio Cortázar (1914-1984), reunidos na biblioteca que tomava a casa na rue Martel, em Paris, e posteriormente doados em 1993 por sua primeira mulher Aurora Bernárdez à Fundación Juan March, há um cartão identificando uma excursão do escritor para Quilmes, a cidade dessa cerveja, que emprestou seu nome de uma antiga tribo indígena da região de Tucumán, que se revoltou e lutou contra os espanhóis e teve que se refugiar perto da capital.

Cortázar colocou a sua garrafa de Quilmes Cristal nas primeiras linhas de *Os Prêmios* (1963), tomada de fôlego inicial para um jogo literário que se verá inquietante.

Carlos López da ficção está no London real, café que foi remodelado na esquina da Avenida Peru com a Avenida de Mayo. Na atual Confiteria London City, devotos das letras sul-americanas e de alguns de seus cronópios são hoje conduzidos à mesa na qual Cortázar teria escrito *Os Prêmios*, acompanhado de muitos cigarros e muito café.

López foi um dos sorteados na Loteria Turística, que o levaria a uma viagem marítima com agenda e roteiro desconhecidos. Aguarda as instruções. Otimista, carrega na mala três garrafas de bagaceira de Catamarca. Para beber com as "garotas bonitas".

> *A marquesa saiu às cinco horas – pensou Carlos López. – Onde foi mesmo que li isso? Era no London, esquina de Peru com a Avenida de Mayo; eram cinco e dez. A marquesa saiu às cinco horas. López balançou a cabeça, para afastar a lembrança incompleta, e provou sua cerveja Quilmes Cristal. Não estava bem gelada.*

O exercício de metalinguagem é desconcertante: o livro real, onde Carlos López é personagem, integra a ficção e embaralha os tempos e os espaços. Dr. Restelli, outro contemplado com a viagem sem destino, confessa estar também nessa tarde como um peixe fora d'água: "Estou muito acostumado ao chimarrão doce das quatro horas, sabe? ". Olha o copo da Quilmes. E, pela janela, a multidão que sai do metrô de todo dia e sabe para onde vai. Dr. Restelli, López e outros sorteados aglomerados no London, não.

Teoria de genialidade

O faisão alabastro de Lisa e Pessotti

MENAROST É UMA velha e honesta *trattoria* de aldeia, tocada pelo casal Lisa e Giulio. Fica na pequena Santa Chiara, que é quase um *paese* no caminho para Sant'Ilario. É um daqueles templos de boa comida vistos e imaginados por Isaías Pessotti nos seus romances. Menarost está fundada na principal de suas obras de ficção, *Aqueles Cães Malditos de Arquelau*.

Nesse livro, Pessotti narra a história de pesquisadores-bibliomaníacos ansiosos e empenhados em decifrar um manuscrito inédito do século XV. Todos pertencem a uma instituição de pesquisa da Milão dos anos 1960. Entre manuscritos, afrescos, velhas abadias, pinturas medievais e renascentistas, os personagens dos romances de Pessotti revigoram suas teses e desejos acadêmicos entregando-se de boca e alma aos pratos italianos. Durante a busca da gênese de um *Commentarium* e do perfil de seu autor, podem muito bem desfiar conceitos de metodologia científica, não raro numa mesa na Lombardia.

Um menu do dia na *trattoria* Menarost, oralizado por Giulio e escrito por Pessotti, pode compreender pão, salame caseiro (do inverno anterior, plenamente *stagionato*, com perfume e umidade ideais e um preciso toque de alho), *Penne all'arrabbiata* (numa tigela fumegante, destaque para as senhoras alcaparras e o queijo grana recém-ralado), *fagianella* (receita genial de Lisa), polenta branca, batatas ao forno ou creme de maçãs silvestres, vinhos das uvas pinot grigio (de San Vendemiano, perto de Castelfranco) e Barbera (o B mais rústico da tríade piemontesa composta ainda pelos vinhos Barolo e Barbaresco).

Saberão os leitores que o autor do manuscrito em debate é um certo "bispo vermelho", que tece loas ao grego Eurípides, como Isaías Pessotti faria se fosse o religioso e o fez como escritor e como professor de extensa carreira universitária. "A beleza dos textos de Eurípides, o seu apego à verdade (mesmo à verdade das paixões) e sua aversão aos embustes do poder sempre me fascinaram", disse-me o autor quando lançou *Aqueles Cães Malditos de Arquelau*, seu primeiro romance. *Manuscrito de Mediavilla*, de 1995, o segundo, também evolui com pratos italianos. N'*O Manuscrito...*, nem uma rotineira *bruschetta* escapa da companhia de uma garrafa de Grechetto, uva da Umbria também vinificada em Torgiano.

*

EM *LUA DA VERDADE* (1997), dietas de conventos e restaurantes se misturam. Desta feita um padre, uma jornalista, um engenheiro e um romancista debatem mistérios de um processo da Inquisição portuguesa e a condenação do heliocentrismo. Estão no menu: Galileu, Tycho Brahe, Kepler...

Os pesquisadores viajam no navio *Provence* e já observam a lista de grandes vinhos franceses e italianos disponíveis na embarcação. Mas o jesuíta reclama da ausência de vinhos verdes portugueses para acompanhar os peixes e dá uma dica preciosa ao personagem romancista, que está a caminho de Évora: beba um Alandra.

Em outro momento, diante de um menu com *Ossibuchi Bellunesi* ("mais vêneto, impossível"), a lombardíssima *Faraona Gaieri* e um *canneloni* especial, recheado com abóbora, a escolha recai em um Chiaretto da Puglia. "Costumam ser leves, brilhantes, pouco frutados. São até alegres: não têm a sisudez de um Nebbiolo, por exemplo..." Todos do grupo gostam da escolha e aproveitam para atazanar os críticos de vinho, suas encenações e escritos impressionistas.

Segundo o engenheiro, os críticos de vinho fazem seus comentários muitas vezes com a paleta dos críticos de pintura: "matizes melancólicos, *chiaroscuro* angustiante, luzes e reflexos eufóricos, profundidades agitadas que se contorcem como num espasmo..." E para uma gargalhada geral, o complemento do jesuíta: "...num espasmo telúrico, onde, à força primária e instintiva da forma, sobrepõe-se, ainda que tímido, o equilíbrio de uma geometria crepuscular, quase macabra..."

*

MUITAS DAS delícias descritas nos seus livros, o autor já tinha provado em diferentes estadas acadêmicas pela Itália, nos anos 60. Outras já cozinhou ele mesmo em Ribeirão Preto, pilotando fogões para amigos ao ritmo de livros antigos de culinária italiana, preciosidades editadas antes mesmo da produção industrial dos alimentos. O professor com estudos sobre a loucura, que se tornou escritor premiado – ganhou o prêmio Jabuti com *Aqueles Cães Malditos de Arquelau*, da Editora 34 –, esteve em algumas dessas *trattorias* na mesmíssima Itália dos seus personagens.

Giulio, que atende a mesa e lava os copos na Menarost do início da nossa história, tem vários ouvidos para a conversa dos pesquisadores. Entre goles de vinho, os professores tratam da linha de transmissão do conhecimento, de uma pessoa a outra, de uma época à outra. "A evolução do saber em qualquer área é o produto de conteúdos intrínsecos e quase permanentes das ideias, cruzamentos eugênicos ou bastardos com outras ideias e mutações ou recombinações introduzidas por elementos capazes de originar espécies ou subespécies novas. Geniais seriam justamente aqueles homens que instituem ou geram estirpes novas de ideias e de formas. Ou gêneros novos, por isso são ditos geniais", dispara um dos animados acadêmicos.

É quando Giulio do Menarost resolve entrar na conversa porque também tem uma teoria da genialidade, aplicada de maneira técnico--romântica à *Fagianella* da sua mulher Lisa. A receita do faisão do Menarost tem na sua genética as ideias aprendidas pelo pai de Lisa como *chef* de um hotel na Montecarlo nos anos 1900.

> *Há alguns temperos que são indispensáveis, quase exigidos pelo tipo de carne do faisão, como acontece também com outras carnes: cada uma tem a sua natureza. O que serve no preparo de um faisão, pode ser totalmente absurdo quando se fala em codornas ou galinhas d'angola. E, claro, mais ainda quando se trata de peixes e mariscos. Por isso todo bom cozinheiro jamais pensa em tomates quando prepara um faisão e não admite nem a ideia de champignon quando tempera lulas, por exemplo.*

Giulio diz que não adianta impor sabores a determinada carne. O faisão que não aceita tomates, vai muito bem em companhia de presunto cru, conhaque ou Marsala. Ele explica que a função tanto do Marsala quanto do conhaque é a de "cortar o sabor eventualmente acre das partes mais escuras do faisão, que é uma carne 'selvagem'". Já o presunto cru, "assegura uma certa umidade às partes carnudas", que durante o cozimento podem facilmente ressecar.

O que não pode haver de jeito nenhum é uma competição de sabores, alerta Giulio. O avô de Lisa aperfeiçoou a receita ao perceber que o Marsala, que pode adoçar demais o faisão, podia muito bem ser substituído pelo conhaque, que garante à carne um sabor mais seco, "mais alcoólico que licoroso". Essa então foi a receita transmitida a Lisa: faisão com presunto cru, as ervas habituais, e o conhaque.

Sofia, a irmã de Lisa, logo mudou a receita do avô, mantendo, entretanto, o essencial: trocou o presunto por nata, suavizando o sabor, "evitando o gosto de frito que o presunto pode pegar". "É uma evolução da receita, mas não uma revolução", diz Giulio. Ele logo vai avisando que a cunhada não copiou ninguém e indica que na culinária há experiências que ocorrem ao mesmo tempo em cozinhas diferentes e distantes e que podem ser muito parecidas, quando não iguais. "O uso da nata é normal, por exemplo, no *Faisão Delia* ou no *Faisão alla California* (...) o problema é que ela pode 'talhar' ou azedar, quando se usa limão", explica. (Giulio não pode deixar de espinafrar a americanice do nome *Faisão alla California*: "Que nome mais idiota para um faisão! Se é por causa do limão, poderia chamar-se *Brianzola*, pois toda velha Villa da Brianza tem limões excelentes. Mesmo os cultivados em vasos de terracota".)

Tudo isso, incluindo a experiência da irmã, Lisa foi levando em conta para aprimorar a sua própria receita, questionando sempre as maneiras de preparação do prato, que é "a raiz de qualquer descoberta culinária". A cozinheira do Menarost descobriu, por exemplo, que "uma mistura de vinho branco forte e seco, não muito maduro, combinado com alecrim, tem o aroma de grandes destilados alpinos, e o sabor dos conhaques mais secos". Isso traz à receita algumas vantagens: exclui-se o conhaque, e com ele o risco de um fundo amargo. A eliminação do Marsala já tinha abrandado a cor intensa do molho. O faisão ganhou uma leve cor dourada, "puxando mais ao ouro do que ao cobre". Lisa descobriu também que o faisão ganha em maciez, umidade e novo perfume quando passa uma noite inteira na mistura de vinho branco, tipo malvasia, com alecrim (sob a pele).

Para solucionar "o problema" do presunto cru "tostado", Lisa tratou de usar cebola ralada, levemente refogada na manteiga fresca misturada ao Malvasia, regando o faisão pouco a pouco.

> *A cebola fica perolada, perde o sabor ácido, graças à manteiga, e o gosto adocicado, por causa do Malvasia. O faisão ganha toda a suavidade sem que a cebola se imponha: ela desaparece num sabor novo que une, delicadamente, o gosto dela ao da manteiga, ao lado do Malvasia, ao aroma do alecrim, 'cortado' pelo vinho.*

> *— Mas qual a diferença entre novidade e genialidade de uma receita?*

> *— ...uma receita é genial quando tem três qualidades. Ela deve ser original, uma solução superior para obter um certo prato, e deve produzir novas receitas ou aplicações a outros pratos. A de Lisa é genial por tudo isso: é completamente nova, resolve melhor os problemas do preparo do faisão, como sabor, umidade, cor, aroma e, em terceiro lugar, já ficou um estilo, uma marca dos pratos de Lisa. Ela já melhorou ou criou, depois disso, várias receitas para frango, pombo, peru e até certos pratos de vitela.*

— Então, uma ideia é genial quando é original, quando é uma solução superior às que existem e quando gera outras ideias novas. É isso, Giulio?, pergunta Anna, uma das pesquisadoras.

— Signori, ecco la Fagianella!

Entraram então em cena, em travessa de louça esmaltada, "os dois faisões inteiros, dourados, sobre o molho de vinho branco, manteiga e cebola ralada, com perfume suave e contido de alecrim fresco". Mas o prato ainda não tinha nome.

> *O que mais aprecio nesse faisão é a cor, disse Lisa, esfregando a mão no avental. Um nome então deveria salientar esse tom leve, de amarelo dourado, um campo de trigo maduro ao sol da manhã. Essa cor suave, quase transparente que fica no sugo e na pele do faisão. Essa cor de... Talvez, hesitou ela, a cor justa, ou o nome certo seja... faisão... alabastro.*

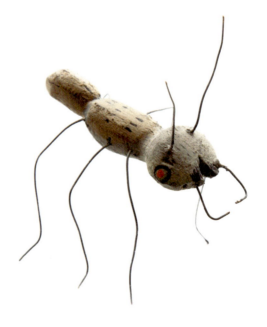

*Os objetos que ajudam a compor este livro
fazem parte de uma pequena coleção pessoal,
ampliada durante a redação destes textos.
Cada objeto conta uma história específica e
diferente, que pode ser imaginada ao relacionar-se
com as histórias feitas com palavras. Muitos deles
foram adquiridos em viagens. Todos têm ao mesmo
tempo o peso e a leveza da memória.*

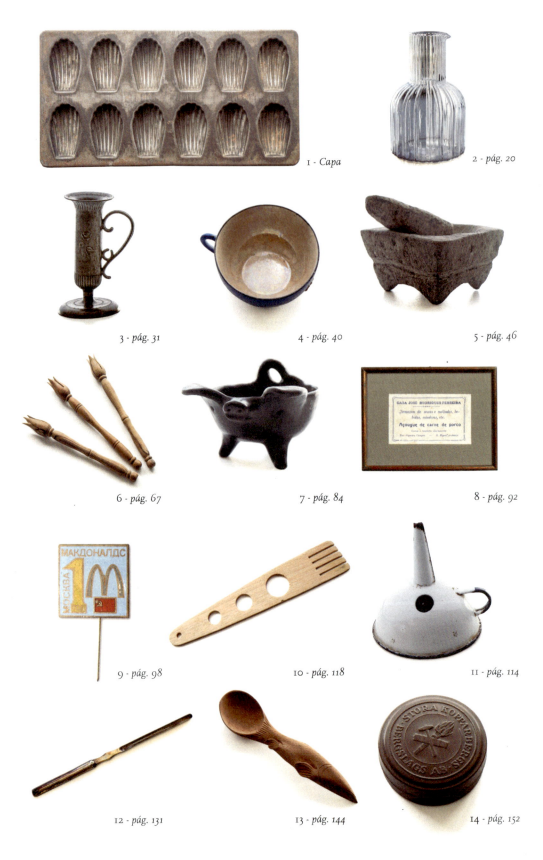

1 - Capa

2 - pág. 20

3 - pág. 31

4 - pág. 40

5 - pág. 46

6 - pág. 67

7 - pág. 84

8 - pág. 92

9 - pág. 98

10 - pág. 118

11 - pág. 114

12 - pág. 131

13 - pág. 144

14 - pág. 152

15 - pág. 158   16 - pág. 179   17 - pág. 180

18 - pág. 192   19 - pág. 208   20 - pág. 216

21 - pág. 236   22 - pág. 240   23 - pág. 246

24 - pág. 250

25 - pág. 288   26 - pág. 302   27 - pág. 310

OS OBJETOS

1. Fôrma para madeleine, em metal, com 12 cavidades. Paris, anos 1900/1910 (39 cm x 20 cm). Capa

2. Decanter português, em vidro (18 cm de altura, 11 cm de diâmetro na base). Pág. 20

3. Porta-velas em estanho. São Paulo (8,5 cm de altura). Pág. 31

4. Xícara de porcelana japonesa, com motivos em alto relevo. São Paulo, anos 1960 (6 cm de boca). Pág. 40

5. Almofariz em pedra, Mercado Artesanal de Chillán, Chile. 2002 (13 cm de lado x 7 cm de altura; mão do almofariz, 11cm). Pág. 46

6. Pegadores de azeitonas, em madeira de oliveira torneada. Artesão de Oia, Santorini, Grécia, 2013 (15 cm de comprimento, o maior). Pág. 67

7. Cerâmica em formato de porco, do Mercado Artesanal de Chillán, Chile. 2002 (10 cm de altura, boca com 13 cm de diâmetro). Pág. 84

8. Cartão enquadrado da Casa José Rodrigues Ferreira, São Miguel Arcanjo, anos 1930 (12,5 cm x 7,5 cm). Pág. 92

9. Pin em metal comemorativo do primeiro ano do McDonald's de Moscou, em 1991, (2,1 cm x 2,1 cm, haste com 3 cm). Pág. 98

10. Medidor de espaguete em madeira, com três furos. Itália (38 cm de comprimento). Pág. 102

11. Funil em ágata. Santelmo, Buenos Aires, Argentina (boca com 12 cm de diâmetro, 13 cm de altura). Pág. 120

12. Colher para ossobuco, em prata, Inglaterra (25,3 cm de comprimento). Pág. 131

13. Colher em madeira, com cabo em formato de peixe. Centro Artesanal Dominicos, Santiago, Chile, 2008 (16 cm de comprimento). Pág. 144

14. Lata em cobre da Stora Kopparbergs, Falun, Suécia. Souvenir (7 cm de diâmetro x 2,5 cm de altura). Pág. 152

15. Moedor de pimenta em latão, Mercado das Pulgas de Monastiraki, Atenas, Grécia, 1998 (17,5 de altura). Pág. 158

16. Bule em metal, com cabo de madeira à moda turca (18 cm de altura x 10 cm diâmetro da base). Pág. 179

17. Peça de vidro azul, uma das inúmeras desenhadas pelo finlandês Alvar Aalto para o Hotel Savoy, em 1936. Fabricado pela iittala. Pág. 180

18. *The Diary of Samuel Pepys*, editado por Lord Braybrooke e publicado por George Newnes Ltd, em Londres, em 1902. Pocket size, em papel bíblia e capa de couro (17 cm x 10 cm). Pág. 192

19. Botões em metal de uniformes de soldados do Exército de Napoleão Bonaparte, desenterrados em campos de batalha perto do Rio Berezina, na atual Bielorússia. Guerras de 1812. Botões dos regimentos 30° (2,2 cm de diâmetro), 48° (2,2 cm) e Napolitano (1,5 cm). Pág. 208

20. Espremedor manual de limão, em fibra, Zak design, fabricado na China (14 cm de comprimento). Pág. 216

21. Jarra para servir vinho em *bodegones* de Buenos Aires, Argentina, na década de 1940. Cerâmica esmaltada, na forma de pinguim. Reprodução da Calma Chicha, Palermo Soho (16 cm de altura). Pág. 236

22. Caneca de alumínio para ouzo, Arahova, Grécia, 2007 (8 cm de altura x 4 cm diâmetro da boca). Pág. 240

23. Pin no formato de uma machadinha, em metal, com a inscrição Carry A. Nation, do início dos anos 1900, usado nos Estados Unidos em campanhas dos movimentos de Temperança (machadinha, 2,5 cm; haste, 5 cm). Pág. 246

24. Cartão postal do restaurante La Tour d'Argent: "Le Numéro de votre canard 45.651", Paris, anos 1800 (14 cm x 9cm). Pág. 250

25. Vidro transparente para limoncello, Sorrento, Itália, 1997 (16,5 cm de altura). Pág. 288

26. Garrafa em vidro verde para soda, com sifão, Angel Capriles, Feira de Santelmo, Buenos Aires, Argentina (30,5 cm de alura, 9,5 cm de diâmetro, na base). Pág. 302

27. Formiga em madeira pintada e arame, artesanato do Vale do Paraíba, 2012. (9 cm x 9,5 cm). Pág. 310

PRESTO AQUI uma homenagem a Aldo Buzzi (1910-2009), escritor e arquiteto italiano, autor de textos inspiradores como *A Weakness for Almost Everything*.

AGRADEÇO a Roberto Taddei pelas sugestões de edição e leitura atenta dos originais. E a Ana Paula Soares, Marino Maradei e Teruka Minamissawa, que também encararam meus textos de frente.

SAÚDO meus pares da Academia Brasileira de Gastronomia (ABG) e os companheiros de convivência do Magno Studio: Magno Silveira, Luciano Urizzi, Guilherme Oliveira, Marco Aurélio Molica, Gabriel Sá e Rafael Souza, que fotografou gentilmente a coleção de objetos.

BIBLIOGRAFIA DE REFERÊNCIA

ADRAGNA, Vincenzo, *Erice, Past and Present, Marsala*, La Medusa Editrice, s.d.

ALLHOFF, Fritz & MONROE, David (orgs.), *Food & Philosophy, Eat, Think and be Merry*, Victoria, Blackwell Publishing, 2007

ANCHIETA, José de, "Do irmão José de Anchieta ao geral P. Diogo Laínes, Roma, carta sobre as coisas naturais de São Vicente", em *Digesto Econômico*, São Paulo, Associação Comercial de São Paulo, março e abril de 2014

APOLLINAIRE, Guillaume, *Apollinaire on Art: Essays and Reviews 1902-1918*, Nova York, The Viking Press, 1972

AQUINO, Josefina Velilla de, *Tembi'u Paraguai, Comida Paraguaya*, Assunção, Editorial Servilibro, 2010

ARISTÓFANES, *As Vespas, As Aves, As Rãs*, tradução de Mário da Gama Kury, Rio de Janeiro, Jorge Zahar Editor, 2000

ATALA, Alex, D.O.M., *Redescobrindo Ingredientes Brasileiros*, São Paulo, Melhoramentos, 2013

ATHENAEUS, *The Deipnosophists*, tradução de C.D. Yonge, volume I, Oxford, Benediction Classics, 2012

AYTO, John, *The Diner's Dictionary*, Oxford, Oxford University Press, 2012

BAILEY, Mark, *Hemingway & Bailey's Bartending Guide to Great American Writers*, Nova York, Algonquin Books of Chapel Hill, 2006

BASTOS, Augusto Roa, *Eu, o Supremo*, tradução de Galeno de Freitas, São Paulo, Paz e Terra, 1977

BEHR, Edward, *Prohibition, Thirteen Years That Changes America*, Nova York, Arcade Publishing, 1996

BELASCO, Warren, *Food, The Key Concepts*, Nova York, Berg, 2008

BENDINER, Kenneth, *Food in Painting, From Renaissance to The Present*, Londres, Reaktion Books, 2004

BENJAMIN, Sandra, *Three Thousand Years of Human History*, Hanover, Steerforth Press, 2006

BESTOR, Theodore C., *Tsukiji, The Fish Market at the Center of the World*, Berkeley, University of California Press, 2004

BÍBLIA de Estudo Arqueológica (NVI); tradução: Claiton André Kunz, Elizeu Manoel dos Santos e Marcelo Smargiasse, São Paulo, Editora Vida, 2013

BISHARA, Rawia, Olives, *Lemons & Za'atar, the Best Middle Eastern Home Cooking*, Lanham, Kyle Books, 2014

BLOCH-DANO, Évelyne, *A Fabulosa História dos Legumes*, São Paulo, Estação Liberdade, 2011

BOBER, Phyllis Pray, *Art, Culture & Cuisine – Ancient & Medieval Gastronomy*, Chicago, The University of Chicago Press, 1999

BOTTÉRO, Jean, *Everyday Life in Ancient Mesopotamia*, Baltimore, The Johns Hopkins University Press, 2001

------*La Epopeya de Gilgamesh*, Madri, Akal Ediciones, 2007

------*The Oldest Cuisine in The World*, Cooking in Mesopotâmia, Chicago, The Univesity of Chicago Press, 2004

BRANDÃO, Junito de Souza, *Dicionário Mítico-Etimológico*, Petrópolis, Editora Vozes, 2014

------Mitologia Grega, vol. I, 14ª edição, Petrópolis, Editora Vozes, 2000

BRAUDEL, Fernand, *Memory and Mediterranean*, Nova York, Vintage Books, 2002

BRAUND, David & WILKINS, John (org.), *Athenaeus and His World, Reading Greek Culture in the Roman Empire*, Exeter, University of Exeter Press, 2003

BRILLAT-SAVARIN, Jean-Anthelme, *A Fisiologia do Gosto* (tradução de Paulo Neves), São Paulo, Companhia das Letras, 1995

BROWNER, Jesse, *The Duchess Who Wouldn't Sit Down, an Informal History of Hospitality*, Nova York, Bloomsbury, 2003

------*The Uncertain Hour*, Nova York, Bloomsbury, 2007

BUNDY, Ariana, *Pomegrates and Roses, My Persian Family Recipes*, Londres, Simon & Schuster, 2012

BUZZI, Aldo, *A Weakness for Almost Everything: Notes of Life, Gastronomy, and Travel*, Hanover, Steerforth, 1999

------*The Perfect Eggss and Others Secrets*, Londres, Bloomsbury, 2006

------*Viagem à Terra das Moscas*, São Paulo, Companhia das Letras, 1998

CABRAL, Carlos, *Presença do Vinho no Brasil, Um Pouco de História*, São Paulo, Editora de Cultura, 2ª edição, 2007

CALDWELL, Andrew, *Their Last Suppers, Legends of History and Their Final Meals*, Kansas, Andrews McMeel Publishing, 2010

CALLOW, Simon, *Dickens' Christmas – A Victorian Celebration*, Nova York, Harry N. Abrams, 2003

CÂMARA, Fortunato da, *Os Mistérios do Abade de Priscos*, Lisboa, A Esfera dos Livros, 2013

CAMBA, Julio, *La Casa de Lúculo, o El Arte de Comer*, Madrid, Reino de Crelia, 2010

CAMILLERI, Andrea, *Gli Arancini di Montalbano*, Milão, Mondadori, 2001

-------*O Cão de Terracota*, tradução de Joana Angélica D'Avila Melo, Rio, Record, 2000

-------*O Ladrão de Merendas*, tradução de Joana Angélica d'Avila Melo, Rio, Record, 2000

CAMPO, Stefania, *I Segreti dela Tavola di Montalbando, Le Ricette di Andrea Camilleri*, Turim, Il Leone Verde Edizione, 2009

CAMUS, Albert, *Algerian Chronicles*, Londres, The Belknap Press of Harvard Univesity Press, 2013

CANFORA, Luciano, *O Mundo de Atenas*, São Paulo, Companhia das Letras, 2011

CARSTARPHEN, Dee, *The Conch Book*, Miami, Pen and Ink Press, 1983

CASCUDO, Luis da Camara, *História da Alimentação no Brasil*, Volumes 1 e 2, São Paulo/Belo Horizonte, Editora da Universidade de São Paulo e Editora Itatiaia, 1983

CAVALCANTE, Messias S., *Comidas dos Nativos do Novo Mundo*, São Paulo, Sá Editora, 2014

CHAUCER, Geoffrey, *Os Contos de Canterbury*, São Paulo, Editora 34, 2014

CHILD, Julia & PRUD'HOMME, Alex, *Minha Vida na França*, São Paulo, Seoman, 2009

CIPRIANI, Arrigo, Harry's Bar – *The Life and Times of the Legendary Venice Landmark*, Nova York, Arcade Publishing, 2011

------- *The Harry's Bar Cookbook*, Nova York, Bantam Books, 1991

CLAFIN, Kyri W. & SCHOLLIERS. Peter (org.), *Writing Food History*, a Global Perspective, Londres, Bloomsbury, 2012

COE, Andrew, Chop Suey, *A Cultural History of Chinese Food in the United States*, Nova York, Oxford University Press, 2009

COELHO, Vera Penteado (org.), *Karl von den Steinen: Um Século de Antropologia no Xingu*, São Paulo, Edusp/Fapesp, 1993

COLLINS, Billy, *The Art of Drowning*, Pittsburgh, University of Pittsburgh Press, 1995

CORTÁZAR, Julio, *Imagen de John Keats*, Buenos Aires, Punto de Lectura, 2004

------- *Os Prêmios*, Rio de Janeiro, Civilização Brasileira, 1975

------- *Prosa do Observatório*, 1974, Editora Perspectiva, 1974

CORRA, Giuseppe, *Sicily, Culinary Crossroads*, Nova York, Oronzo Editions, 2009

COULOMBE, Charles A., *The Muse in The Bottle*, Nova York, Citadel Press, 2002

D'ABBEVILLE, Claude, *História da Missão dos Padres Capuchinhos na Ilha do Maranhão e Terras Circinnvizinhas*, tradução de Sérgio Milliet, Brasília, Edições do Senado Federal – Vol. 105, 2008

DALBY, Andrew, *Food in the Ancient World*, From A to Z, Nova York, Rutledge, 2003

-------*Siren Feasts*, A History of Food and Gastronomy in Greece, Nova York, Routledge, 1997

-------*Tastes of Byzantium*, The Cuisine of a Legendary Empire, Nova York, I.B. Tauris, 2010

DAVIDSON, Alan, *The Oxford Companion of Food*, Nova York, Oxford University Press, 2006

DAVIDSON, James N., *Courtesans & Fishcakes, The Consuming Passions of Classical Athens*, Nova York, Harper Perennial, 1999

DAVIS, Jennifer J., *Defining Culinary Authority, the Transformation of Cooking in France, 1650-1830*, Baton Rouge, Louisiana State University Press, 2013

DICKENS, Cedric, *Drinking with Dickens*, Londres, New Amsterdam, 1980

DICKENS, Charles, *As Aventuras do Sr. Pickwick*, tradução de Otávio Mendes Cajado, São Paulo, Editora Abril, 1979

-------David Copperfield, tradução de José Rubens Siqueira, São Paulo, Cosac Naify, 2014

DILVESTRE, Rob, *Collectible Meals – Second Helping*, Blooming, Indiana, Unlimited Publising, 2004

DODDS, E.R., *The Greeks and the Irrational*, Berkeley, University of California Press, 1951

DÓRIA, Carlos Alberto, *A Formação da Culinária Brasileira*, São Paulo, Publifolha, 2009

------- E-Boca Livre, São Paulo, Edições Tapioca, 2015

DORNENBURG, Andrew & PAGE, Karen, *What to Drink with What You Eat*, Nova York, Little Broown and Company, 2014

DRUKER, Marjorie & SILVERSTEIN, Clara, *New England Soup Factory Cookbook, More than 100 Recipes from the Nation's Best Purveyor of Fine Soup*, Nashville, Thomas Nelson, 2007

DUMAS, Alexandre, *Memórias Gastronômicas*, Rio de Janeiro, Jorge Zahar Editor, 2005

-------*Napoleão, Uma Biografia Literária*, Rio de Janeiro, Jorge Zahar Editor, 2005

-------*O Cavaleiro de Sainte-Hermine*, São Paulo, Martins Fontes, 2008

-------*O Visconde de Bragelonne*, São Paulo, Edição Saraiva,1954

ELLWANGER, George H., *The Pleasures of the Taste*, Lexington, The Cornell University Library Digital Collecions, 2011

ESCOFFIER, A., *The Escoffier Cook Book, a Guide to the Fine Art of Cookery*, Nova York, Crown Publishers, Inc, 1969

ESQUIVEL, Laura, *Íntimas Suculencias, Tratado Filosófico de Cocina*, Madri, Ollero & Ramos Editores, 1998

FAAS, Patrick, *Around the Roman Table, Food and Feasting in Ancient Rome*, Chicago, The University of Chicago Press, 1994

FERGUSON, Priscilla *Parkhurst, Accounting for Taste, The Triumph of French Cuisine*, Chicago, The University of Chicago Press, 2004

FERREIRA, José Guilherme R., *Vinhos no Mar Azul, Viagens Enogastronômicas*, São Paulo, Terceiro Nome, 2009

FERRY, David, *Gilgamesh, a New Rendering in English Verse*, Nova York, Farrar, Straus ans Giroux, 1992

FLANDRIN, Jean-Louis & MONTANARI, Massimo, *História da Alimentação*, São Paulo, Estação Liberdade, 1998.

FITZGERALD, F. Scott, *Pileques*, São Paulo, Companhia das Letras, 2013

FITZPATRICK, Joan, *Food in Shakespeare, Early Modern Dietaries and the Plays*, Hants, Asgate, 2007

FLETCHER, Nichola, *Charlemagne's Tablecloth. A Piquant History of Feasting*, Nova York, St. Martin's

Press, 2004

FLOYD, Janet & FORSTER, Laurel (org.), *The Recipe Reader, Lincoln*,
University of Nebraska Press, 2010

FOSSALUZZA, Giorgio, *La Chiesa di San Giorgio in San Polo di Piave e Gli Affreschi di Giovanni di Francia*, Treviso, Gruppo Per San Giorgio, 2010

FRANTZÉN, Björn & LINDEBERG, Daniel, *World-Class Swedish Cooking, Artisanal Recipes from One of Stockholm's Most Celebrated Restaurants*, Nova York, Skyhorse Publishing, 2013

FREEDMAN, Paul (org.), *Food, The History of Taste*, Berkeley, University of California Press, 2007

FRIED, Dinah, *Fictitious Dishes*, Harper Design, 2014

FULLER, Robert C., *Religion and Wine, a Cultural History of Wine Drinking in the United States*, Knoxville, University of Tennessee Press, 1996

FUSSELL, Betty, *The Story of Corn*, Albuquerque, University of New Mexico Press, 2004

GIGANTE, Denise, *Gusto – Essential Writings in Nineteenth-Century Gastronomy*, Nova York, Routledge, 2005

------- Taste, A Literary History, New Haven, Yale University Press, 2005.

GILBAR, Steven, *Chicken à La King & The Buffalo Wing, Food Names and The People and Places That Inspired Them*, Cincinnati, Writer's Digest Books, 2008

GOLDSTEIN, Darra (org.), *The Gastronomica Reader*, Berkeley, University of California Press, 2010

GOLLNER, Adam Leith, *Os Caçadores de Frutas, uma História de Natureza, Aventura, Comércio e Obsessão*, São Paulo, Larousse, 2009

GRACE, Virginia R., Amphoras and the Ancient Wine Trade, Atenas, American School of Classic Studies, 1980

GREEN, Peter, *From Ikaria to The Stars*, Austin, University of Texas Press, 2004

GREENE, Gael, *Insatiable, Tales from a Life of Delicious Excess*, Nova York, Waraner Books, 2006

GRIMES, William, *Appetite City, a Culinary History of New York*, Nova York, North Point Press, 2009

GROCOCK, Christopher, GRAINGER, Sally, *Apicius, A Critical Edition With na Introduction na na English Translation of the Latin Recipe Text Apicius*, Londres, Prospect Books, 2006

HAGHENBECK, Francisco, *O Segredo de Frida Kahlo*, São Paulo, Planeta, 2009

HAMILTON, Richard & TODOLI, Vicente (orgs.), *Food For Thought, Thought for Food*, Nova York, Actar, 2009

HARVEY, Bonnie Carman, *Carry. A. Nation – Saloon Smasher and Prohibitionist*, Aldershot, Enslow Publishers, Inc., 2002

HATTOX, Ralph S., *Coffee and Coffeehouses, The Origins of a Social Beverage in the Medieval Near East*, Seattle, University of Washington Press, 1996

HEALY, John F., *Pliny The Elder, Natural History, a Selection*, Londres, Penguim Books, 2004

HEMINGWAY, Ernest, *O Adeus às Armas*, Bertrand Brasil, 2014.

------ *O Velho e o Mar*, Rio de Janeiro, Bertrand Brasil, 2005

------ *Paris é Uma Festa*, Rio de Janeiro, Bertrand Brasil, 2006

HEMINGWAY, Mary W., *How it Was*, Nova York, Ballantine Books, 1977

HERRERA, Hayden, *Frida, a Biografia*, Rio de Janeiro, Editora Globo, 2011

HESKETT, Randall & BUTLER, Joel, *Divine Vintage, Following the Wine Trail from Genesis to the Modern Age*, Nova York, Palgrave Macmillan, 2012

HILFERTY, Trish & NORRINGTON-DAVIES, Tom, *Game, a Cookbook*, Bath, Absolute Press, 2010

HOBHOUSE, Henry, *Seeds of Change, Six Plants That Transformed Mankind*, Emeryville, Shoemaker & Hoard, 2005

------- *Seeds of Wealth, Five Plants That Made Man Rich*, Emeryville, Shoemaker & Hoard, 2005

HOFFMAN, Susanna, *The Olive and the Caper, Adventures in Greek Cooking*, Nova York, Workman Publishing, 2004

HÖLLMANN Thomas O., *The Land of the Five Flavors – a Cultural History of Chinese Cuisine*, Nova York, Columbia University Press, 2014

HOMERO, *Ilíada*, tradução de Haroldo de Campos, Volume I, São Paulo, Editora Mandarim, 2001

------ *Ilíada*, tradução de Haroldo de Campos, Volume II, São Paulo, ARX, 2002

HUGHES-HALLETT, Penelope, *The Imortal Dinner, a Famous Evening of Genius and Laughter in Literary London, 1817*, Chicago, A New Amsterdam Book, 2002.

JACOB, H.E., *Six Thousand Years of Bread, Its Holy and Unholy History*, Nova York, Skyhorse Publishing, 2007

JENKINS, Jessica Kerwin, *Encyclopedia of the Exquisite, an Anecdotal History of Elegant Delights*, Nova York, Doubleday, 2010

JOUARY, Jean Paul & ADRIÀ, Ferran, *Ferran Adria and el Bulli: The Art, The Philosophy, The Gastronomy*, Nova York, The Overlook Press, 2014

KEAVENEY, Arthur Peter, *Lucullus, A Life, Piscataway*, Georgias Press, 2009

KELLY, Ian, *Carême, Cozinheiro dos Reis*, Rio de Janeiro, Jorge Zahar Editor, 2005

KIERKEGAARD, Soren, *In Vino Veritas*, tradução de José Miranda Justo, Lisboa, Antígona, 2005

KOERNER, Lisbet, *Linnaeus, Nature and Nation*, Cambridge, Harvard University Press, 1999

KOVACS, Maureen Gallery, *The Epic of Gilgamesh*, Redwood City, Stanford University Press, 1985

KRAMER, Matt, *A Passion for Piedmont, Italy's Most Glorious Regional Table*, Nova Yorrk, William Morrow and Company, Inc., 1997

KURLANSKY, Mark, *Choice Cuts – A Savory Selection of Food Writing from Around the World Throughout History*, Nova York, Ballantine Books, 2002

LACARRIÈRE, Jacques, *Grécia, um Olhar Amoroso*, Rio de Janeiro, Ediouro,2003

LANDGREN, Margareta Schildt, *Simply Swedish, Flavors for Every Season*, Malmö, Kakao Förlag, 2004

LANG, Jenifer Harvey (org.), *Larousse Gastronomique*, Nova York, Crown Publishers, 1988

LAS CASAS, Emannuel de, *Memorial de Sainte Helene: Journal of the Private Llife and Conversations of the Emperor Napoleon at Saint Helena, 1823*, Book on Demand, Amazon

LAWS, Bill, *Fifty Plants that Changed the Course of History*, Nova York, Firefly Books, 2011

LE, Stephen, *100 Million Years of Food, What Our Ancestral Ate and Why it Matters Today*, Nova York, Picador, 2016

LEHER, Jonah, *Proust was a Neuroscientist*, Nova York, Houghton Mifflin Company, 2007

LEITE, Sebastião Uchoa, *Crítica de Ouvido*, São Paulo, Cosac &Naify, 2003

LENTZ, Thierry, *Napoleão*, São Paulo, Editora Unesp, 2007

LERI, João, *Historia de Uma Viagem Feira à Terra do Brasil*, tradução de Tristão de Alencar Araripe, Revista do Instituto Histórico e Geográfico, Rio de Janeiro, 1889

LESSA, Luís Carlos, *Chimarrão*, Separata da Revista do Arquivo nffl CLV, São Paulo, Departamento de Cultura, 1953

LÉVI-STRAUSS, Claude, *O Cru e o Cozido*, São Paulo, CosacNaify, 2004

LILLIS, Michael & FANNING, Ronan, *Calúnia, Elisa Lynch e a Guerra do Paraguai*, São Paulo, Editora Terceiro Nome, 2009

LIN, Hsiang Ju & LIN, Tsuifeng, *Chinese Gastronomy*, Nova York, Pyramid Publications, 1972

LOBATO, Monteiro, *A Barca de Gleyre*, São Paulo, Editora Brasiliense, 1951

LOPES, J.A. Dias, *A Canja do Imperador*, São Paulo, Companhia Editora Nacional, 2004

LUDWIG, Emil, *Napoleon*, Nova York, Pocket Books, Inc., 1965

MABEY, Richard, *Foos For Free*, Londres, HarperCollins Publishers, 2004

McGOVERN, Patrick E., *Uncorking the Past*, Berkeley, University of California Press, 2009

MARCHAND, Louis-Joseph, *In Napoleon's Shadow. The Memoirs of Louis- Joseph Marchand, Valet and Friend of the Emperor, 1811-1821*, Open Library, Proctor Jones Publication, 1998

MARNHAM, Patrick, *Dreaming With His Eyes Open, A Life of Diego Rivera*, Berkeley, University of Calofornia Press, 2000

MARTÍNEZ, J.M. Blázquez & RODRÍGUEZ, J. Remesal, *Estudios sobre el Monte Testaccio (Roma) V*, Barcelona, Publicacions i Edicions de la Universitat de Barcelona, 2009

MAUROIS, André, *Napoleão*, tradução de Vera Giambastiani, Rio, Globo Livros, 2013

MELVILLE, Herman, *Moby Dick*, tradução de Berenice Xavier, Volumes I e II, Rio de Janeiro, Livraria José Olympio Editora, 1957

METHENY, Karen Bescherer & BEAUDRY, Mary C. (org.), *Archaeology of Food – na Encyclopedia*, Volumes I e II, Maryland, 2015

MICHEL, Dominique, *Vatel et la Naissance de la Gastronomie*, Paris, Fayard, 1999

MONTAIGNE, Michel de, *Dos Canibais*, tradução de Luiz Antonio Alves Eva, São Paulo, Alameda Casa Editorial, 2009

MONTANARI, Massimo, *Comida Como Cultura*, tradução de Letícia Martins de Andrade, São Paulo, Editora Senac, 2008

MOORE, William P., *Dining With Hemingway, Food and Drinks Collected from Papa's Works*, Lexington, Lulu.com, 2008

MORITZ, Karl Philipp, *Viagem de um Alemão à Itália*, tradução de xxxSão Paulo, Humanitas e Imprensa Oficial, 2008

MORTON, Thimothy, *Culture of Taste – Theories of Appetite*, Londres, Palgrave Macmillan, 2004.

MUHLSTEIN, Anka, *Balzac's Omelette*, Nova York, Other Press, 2011

MUNILLA, Miguel Ángel Muro, *El Caliz de Letras, Historia del Vino en la Literatura*, Briones, Fundación Dinastia Vivanco para la Investigación y Divulgación de la Cultura e Historia del Vino, 2006

MURRAY, Sarah, *Moveable Feasts, From Ancient Rome to the 21st Century, the Incredible Journeys of the Foof We Eat*, Nova York, St. Martin's Press, 2007

MUSSELMAN, Lytton John, *Figs, Dates, Laurel, and Myrrh, Plants od the Bible and the Quran*, Portland, Timber Press, 2007

NASRALLAH, Nawal, *Dates, a Global History*, Londres, Reaktion Books, 2011

NEPOMUCENO, Rosa, *O Jardim de D. João*, Rio de Janeiro, Casa da Palavra, Dona Rosa Produções, 2007

NILSON, Magnus, *Fäviken*, Londres, Phaidon, 2012

NUNES, Sebastião, *História do Brasil (Novos Estudos Sobre Guerrilha Cultural e Estética da Provocaçam)*, São Paulo, Altana, 1992

OLSON, S. Douglas e SENS, Alexander, *Archestratus of Gela, Greek Culture and Cuisine in the Fourth Century BCE*, Nova York, Oxford University Press, 2003

ONFRAY, Michel, *A Razão Gulosa, Filosofia do Gosto*, Rio, Rocco, 1990

------ *O Ventre dos Filósofos, Crítica da Razão Dietética*, Rio, Rocco, 1990

OZERSKY, Josh, *The Hamburguer, a History*, New Haven, Yale University Press, 2008

PATTON, William, *Bible Wines, or the Laws of Fermentation and Wines of the Ancients*, Whitefish, Kessinger Publishing, 2010

PARKER, Scott F. e AUSTIN, Michael W. (org.), *Coffee, Philosophy for Everyone*, Oxford, Wiley-Blackwell, 2011

PAUWELS, Louis, *As Paixões Segundo Dalí*, Rio de Janeiro, Editora Expressão e Cultura, 1968

PECK, Garrett, *The Prohibition Hangover, Alcohol in America from Deomon Rum to Cult Cabernet*, New Brunswick, Rutgers University Press, 2009

PENTEADO, J.R. Whitaker, *O Folclore do Vinho*, Lisboa, Centro do Livro Brasileiro, 1980

PEPYS, Samuel, *The Diary of Samuel Pepys*, Londres, George Newnes Ltda., 1902

PESSOTTI, Isaías, *A Lua da Verdade*, São Paulo, Editora 34, 1997

------- *Aqueles Cães Malditos de Arquelau*, São Paulo, Editora 34, 1993

------- *O Manuscrito de Mediavilla*, São Paulo, Editora 34, 1995

PILCHER, Jeffrey M, *! Que Vivan los Tamales!, Food and the Making of Mexican Identity*, Albuquerque, University of New Mexico Press, 1999

PRITCHARD, James B. (org.), *Ancient Near Eastern Texts Relating to the Old Testament*, Princeton, Princeton University Press, 1969

REARDON, Joan (org.) *As Always, Julia, The Letters of Julia Child & Avis Devoto*, Nova York, Houghton Mifflin Harcourt, 2010

RECIPE CLUB OS SAINT PAUL'S ORTHODOX CATHEDRAL, The Complete Book of Greek Cooking, Nova York, Harper Perennial, 1991

RENTERIA, Enrique, *Sabor Moderno, da Europa ao Rio de Janeiro na República Velha*, Rio, Forense Universitária, 2007

REYNIÈRE, Grimod De La, *Manual dos Anfitriões*, tradução de xxxSão Paulo, Editora DeGustar, 2005

RIBEIRO, Darcy, *Diários Índios – Os Urubu-Kaapor*, São Paulo, Companhia das Letras, 1996

RINALDI, Mariangela & VINCINI, Mariangela, *La Storia è Servita, Vizi e Virtú dei Grande Della Storia*, Milão, Ugo Mursia Editore, 1996

RIVERA, Diego, *My Art, My Life*, Nova York, Dover Publications, Inc., 1991

RIVERA, Guadalupe & COLLE, Marie-Pierre, *Frida's Fiestas, Recipes and Reminiscences of Life with Frida Kahlo*, Nova York, Clarkson Potter/Publishers, 1994

ROBB, Peter, *Midnight in Sicily*, Nova York, Picador, 2007

RODEN, Claudia, *The Food of Spain*, Nova York, HarperCollins Publishers, 2011

ROLIN, Olivier, *Paisagens Originais*, Rio de Janeiro, Difel, 2002

ROWE, Silvena, *Purple Citrus & Sweet Perfume, Cuisine of the Eastern Mediterranean*, Nova York, Ecco/HarperCollins Publishers, 2011

RUBINSTEIN, Arthur, My Young Years, Nova York, Alfred A. Knopf, 1999

RUPP REBECCA, *How Carrots Won the Trojan War, Curious (but True) Stories of Common Veegetables*, North Adams, Storey Publishing, 2011

SALDANHA, Roberta Malta, *Dicionário Tradutor de Gastronomia em Seis Línguas*, São Paulo, Antonio Bellini Editora & Cultura, 2007

SCRAFFORD, Barbara, *Literary Feasts, Recipes from the Classics of Literature*, Lincoln, iUniverse, 2005

SAMUELSSON, Marcus, *Aquavit and the New Scandinavian Cuisine*, Nova York, Houghton MIfflin Company, 2003

SANTOS, Sérgio de Paula, *Memórias de Adega e Cozinha*, São Paulo, Senac, 2007

------ *Vinhos, a Mesa e o Copo*, Porto Alegre, L&PM Editores, 1992

------ *Vinho e Cultura*, São Paulo, Melhoramentos,1989

SATIN, Morton, *Death in the Pot – The Impacto f Food Poisoning on History*, Nova York, Prometheus Books, 2007

SCHAMA, Simon, *O Desconforto da Riqueza, a Cultura Holandesa na Época de Ouro*, tradução de Hildegard Feist. São Paulo, Companhia das Letras, 1992

SCIASCIA, Leonardo, *O Dia da Coruja*, tradução de Mario Fondelli, Rio, Rocco, 1995

SEGNIT, Niki, *The Flavour Thesaurus*, Londres, Bloomsbury Publishing, 2010

SHAFIA, Louisa, The New Persian Kitchen, Berkeley, Ten Speed Press, 2013

SIMETI, Mary Taylor, *On Persephone's Island*, Nova York, Vintage Books, 1995

SIMETI, Mary Taylor & GRAMMATICO, Maria, *Bitter Almonds, Recollections and Recipes from a Sicilian Girlhood*, Nova York, Bantam Book, 2002

SMITH, Michael Llewellyn, *Athens, A Cultural and Literary History, Northampton*, Interlink Books, 2004

SMITH, Roger C., *The Maritime Heritage of the Cayman Islands, Gainesville*, University Press of Florida, 2000

SOKOLOV, Raymond, *Why We Eat What We Eat*, Nova York, A Touchstone Book, 1993

SOSNOWSKI, Vivienne, *When the Rivers Ran Red*, Nova York, Palgrave Macmillan, 2009

SPANG, Rebecca S., *A Invenção do Restaurante, Paris e a Moderna Cultura Gastronômica*, Rio de Janeiro, Editora Record, 2003

SPARY, E.C., *Eating the Enlightnment, Food and Sciences in Paris, 1670-1760*, Chicago, The University os Chicago Press, 2012

SPECK, Maria, *Ancient Grains for Modern Meals*, Ten Speed Press, 2011

STADEN, Hans, *Hans Staden: primeiros registros escritos e ilustrados sobre o Brasil e seus habitantes*, tradução de Angel Bojadsen, São Paulo, Editora Terceiro Nome, 1999

STEIN, Gertrude, *A Autobiografia de Alice B. Toklas*, tradução de José Rubens Siqueira, São Paulo, CosacNaify, 2009

------- *Autobiografia de Todo Mundo*, tradução de Júlio Castañon Guimarães, São Paulo, CosacNaify, 2010

STENDHAL, *A Cartuxa de Parma*, tradução de Paulo Moreira, Rio, Livraria Independência Editora, s.d.

STORAGE, Patricia, *Dinner With Persephone*, Nova York, Vintage Departuress, 1997

STRONG, Roy, Feast, *A History of Grand Eating*, Orlando, Harcourt, 2002

SUTTON, David E., *Remembrance of Repasts – Na Anthropology of Food and Memory*, Nova York, Berg, 2001

TALLET, Pierre, *A Culinária no Antigo Egito*, Barcelona, Folio, 2006

TOKLAS, Alice B., *O Livro de Cozinha de Alice B. Toklas*, tradução de Helena Londres, São Paulo, Companhia das Letras, 1996

TOSI, Renzo, *Dicionário de Sentenças Latinas e Gregas*, São Paulo, Martins Fontes, 2010

TREFAUT, Maria da Paz, *Dona Brazi, cozinha tradicional amazônica*, São Paulo, BEI, 2013

VAN VLIET, Eugenia R., *Dinners with Famous Women, From Cleopatra to Indira Ghandi*, Nova York, iUniverse Star, 2004

VAMOSH, Miriam Feinberg, *Food at the Time of the Bible, From Adam's Apple to the Last Supper*, Herzlia, Palphot, 2004

VARELA, Consuelo (org.), Cristóval Colón, *Los Cuatro Viajes*, Testamento, Madrid, Alianaza Editorial, 2007

VARRIANO, John, *Tastes and Temptations*, Food and Art in Renaissance Italy, Berkeley, University of California Press, 2009

----- *Wine, a Cultural History*, London, Reaktions Books, 2010

VASAK, Vladimir, Roberto Doisneau, Paris Les Halles Market, Paris, Flammarion, 2011

VIDAL-NAQUET, Pierre, *O Mundo de Homero*, tradução de São Paulo, Companhia das Letras, 2000

VINES, Stephen, *Gurus da Gastronomia, 20 Pessoas que Mudaram a Maneira de Comer e Pensar a Alimentação*, tradução de Camila Werner, São Paulo, Editora Prumo, 2012

VISER, Margaret, *Much Depends on Dinner*, Nova York, Grove Press, 2008

VOVELLE, Michel, *A Revolução Francesa*, 1789-1799, São Paulo, Editora Unesp, 2012

WALSH, Carey Ellen, *The Fruit of the Vine: Viticulture in Ancient Israel*, Winona Lake, Eisenbrauns, 2000

WARHOL, Andy, *A Filosofia de Andy Warhol*, Rio, Cobogó, 2008

WARHOL, Andy & FRANKFURT, Suzie, *Wild Raspberries*, Nova York, Bulfinch Press, 1997

WEINBERG, Florence M., *The Wine and the Will*, Detroit, Wayne State University Press, 1972

WENGER, Shaunda Kennedy & JENSEN, Janet Kay, *The Book Lover's Cookbook, Recipes Inspired by Celebrated Works of Literature, and the Passages That Feature Them*, Nova York, Ballantine Books, 2005

WILKINS, John M. & HILL, Shaun, *Food in the Ancient World*, Victoria, Blackwell Publishing, 2008.

WILSON, Bee, *Consider the Fork, a History of How We Cook and Eat*, Nova York, Basic Books, 2012

WOLFE, Linda, *The Literary Gourmet, Menus from Masterpieces*, Lincoln, iUniverse, 2000

WOLFMAN, Peri; GOLD, Charles, *Forks, Knives & Spoons*, Nova York, Clarkson Potter/Publishers, 1994

WRANGHAN, Richard, *Catching Fire – How Cooking Made us Human*, Nova York, Basic Books, 2009

ZOHARY, Daniel & HOPF, Maria, *Domestication of Plants in The Old World, The Origin and Spread of Cultivated Plants in West Asia, Europe and Nile Valley*, Oxford, Oxford University Press, 2004

ZOLA, Emile, *The Belly of Paris*, (tradução de Mark Kurlansky), Nova York, Modern Library, 2009

Este livro foi composto na fonte
Scala Regular e Scala Sans em
corpo 10.5 / 14.5 e impresso
no papel Pólen 90 g/m^2